Joni Seager

DER FRAUEN ATLAS

Ungleichheit verstehen:
164 Infografiken und Karten

Aus dem Englischen von
Renate Weitbrecht und Gabriele Würdinger

Carl Hanser Verlag

Titel der Originalausgabe:
The Women's Atlas · Oxford, Myriad Editions 2018

1. Auflage 2020

ISBN 978-3-446-26829-6

First published by Myriad Editions www.myriadeditions.com

Umschlag: Anzinger und Rasp, München
Motiv: Tasiania/iStock/Getty Images Plus
Satz: Sandra Hacke, Dachau
Druck und Bindung: PNB Print Ltd., Silakrogs
Printed in Latvia

FSC
www.fsc.org
MIX
Paper from responsible sources
FSC® C084698

Inhalt

Einleitung

Dies ist nicht nur ein Atlas über Frauen. Es ist eine feministische Neukartierung der Welt, bei der die Erfahrungen von Frauen näher betrachtet und ernst genommen werden.

Feminismus bedeutet für mich, dem Leben von Frauen ebenso viel Aufmerksamkeit und Interesse zu schenken, wie dem Leben von Männern zuteil wird. Oft scheint der Alltag normaler Frauen viel mit dem Alltag normaler Männer gemeinsam zu haben, und manchmal ist das auch so. Aber tatsächlich unterscheiden sich die Lebenswirklichkeiten von Männern und Frauen erheblich, was den Aufbau von Beziehungen, das Bestreiten des Lebensunterhalts und das Maß an Selbstbestimmtheit betrifft. Auch zwischen Frauen können da beträchtliche Unterschiede bestehen.

Keine feministische Autorin entgeht der herausfordernden Frage »Warum Frauen?«. Chimamanda Ngozi Adichie beantwortet sie in ihrem pointierten Essay »Mehr Feminismus!« für uns alle:

»Manche fragen: ›Warum der Begriff Feminismus? Warum kann man nicht einfach sagen, dass man an die Menschenrechte glaubt?‹ Weil es unaufrichtig wäre. Natürlich sind Frauenrechte ein Teil der Menschenrechte im Allgemeinen, aber sich für den verschwommenen Ausdruck Menschenrechte zu entscheiden heißt, spezifische und spezielle Probleme zu leugnen. Man könnte dann so tun, als wären es nicht die Frauen gewesen, die jahrhundertelang ausgeschlossen waren. Man könnte leugnen, dass Frauen von dieser Problematik betroffen sind, dass es nicht darum geht, ein Mensch, sondern insbesondere eine Frau zu sein. Jahrhundertelang hat die Welt die Menschen in zwei Gruppen eingeteilt und eine Gruppe ausgeschlossen und unterdrückt. Es ist nur fair, dass die Lösung des Problems dem Rechnung trägt.«

Seit der Veröffentlichung der ersten Ausgabe des Frauen-Atlasses im Jahr 1987 hat sich die Situation der Frauen in mancherlei Hinsicht deutlich verbessert. Fortschritte bei der Alphabetisierung und Ausbildung von Frauen und Mädchen führen die Liste globaler Erfolgsgeschichten an. Inzwischen haben Frauen fast überall auf der Welt das volle Wahlrecht. Die meisten Regierungen haben

Abkommen unterzeichnet, die die Frauenrechte anerkennen. Die Einkommensunterschiede zwischen Männern und Frauen sind inzwischen ins allgemeine Bewusstsein vorgedrungen. Die fast allgegenwärtigen Belästigungen von und Übergriffe auf Frauen durch Männer, ob auf der Straße, am Arbeitsplatz oder im privaten Umfeld, wurden von Frauen, die sich organisierten, ans Licht der Öffentlichkeit gebracht.

Die Bedeutung dieser Fortschritte sollte nicht unterschätzt werden, doch die Liste solcher Erfolgsgeschichten ist leider entmutigend kurz. Leute, die außerhalb des Feminismus stehen, denken oft, dass Feministinnen wütend sind. Darauf antworte ich: »Nur einen Teil des Tages.« Es gibt tatsächlich gute Gründe, wütend zu sein. Im vergangenen Jahrzehnt erlebten viele Frauen rund um den Globus eine absolute Verschlechterung ihrer Lebensqualität. Verbesserungen an einem Ort sind nicht unbedingt auf andere Orte übertragbar. Wir bleiben eine geteilte Welt. Die wirtschaftliche Ungleichheit ist so extrem, dass selbst der IWF darin eine globale Krise sieht. Der Reichtum befindet sich in den Händen von immer weniger Menschen, und meistens in den Händen von Männern. Die globalisierte Weltwirtschaft basiert auf der Ausbeutung »flexibler« Märkte von unterbezahlten Arbeitskräften. In diesem Zusammenhang ist die wachsende Zahl von Frauen in Lohnarbeit nur bedingt ein Zeichen von Fortschritt. Anhaltende bewaffnete Konflikte zerrütten viele Länder. Vom Sudan bis Afghanistan leben Millionen von Menschen unter sehr schwierigen Bedingungen, weil in ihrem Land bewaffneter Terror herrscht. Für Frauen bringt die Militarisierung der Männer besondere

»Auf der Weltkarte der Frauen gibt es nur wenige ›entwickelte‹ Länder.«

Gefahren und Härten mit sich, unter anderen Massenvergewaltigungen, die Erosion ihrer Rechte und die ständige Herausforderung, inmitten des Chaos die Familie zu versorgen und den Haushalt aufrechtzuerhalten. Religiöser Fundamentalismus und ein Wiederaufleben konservativer Intoleranz bedrohen in vielen Ländern der Welt die Frauenrechte. Millionen von Frauen rund um den Globus fristen ein Leben, in dem sie kaum mehr als Leibeigene sind. Weltweit floriert die systematische Versklavung und Unterdrückung von Frauen im großen Stil, insbesondere der organisierte Sexhandel.

Auf der Weltkarte der Frauen gibt es nur wenige »entwickelte« Länder. Angesichts der Erfahrungen von Frauen weltweit stellen sich Fragen nach der Richtigkeit herkömmlicher Unterscheidungen zwischen »entwickelten« und »unterentwickelten« Ländern. Die staatliche Gleichgültigkeit gegenüber der Ermordung von Ureinwohnerinnen in Kanada, von Jesidinnen im Irak und von Maquiladora-Arbeiterinnen in Mexiko spricht der Vorstellung vom modernen Staat Hohn. In Südkorea, den Vereinigten Arabischen Emiraten und Malawi brauchen verheiratete Frauen die Genehmigung des Ehemannes für eine Abtreibung.

Diese Vergleiche mögen unfair erscheinen – wie gezielt herausgepickte Negativbeispiele, die die tatsächlich erreichten Fortschritte im Leben von Frauen relativieren. Aber für die Frauen, die unter diesen Bedingungen leben müssen, ist es kein Trost, dass sich die Situation der Frauen anderswo verbessert. Eine steigende Flut hebt nicht unbedingt alle Boote. Frauen haben nicht automatisch Anteil an weitreichenden sozialen Fortschritten – es sei denn, soziale Gleichheit wird engagiert durchgesetzt. Feministinnen warnen schon lange, dass Fortschritte bei der Stärkung von Frauen nicht für selbstverständlich gehalten werden sollten: Sie sind fragil, umkehrbar und immer gefährdet. Diese Warnung scheint momentan so begründet wie nie zuvor. Bestenfalls können wir sagen, dass von Polen bis zu den USA, von Nigeria bis Russland die Unterdrückung von Frauen die Herrschenden völlig kaltlässt. Schlimmstenfalls legen viele Fakten nahe, dass etliche Regierungen entschlossen scheinen, Fortschritte bei der Selbstbestimmung von Frauen rückgängig zu machen.

Soweit echte Verbesserungen im Leben von Frauen erreicht worden sind, sind sie meistens feministischen Initiativen zu verdanken, die sich organisierten – sie sind heute stärker, vielfältiger und kompetenter denn je. Internationale feministische Netzwerke durchbrachen die Isolation der Frauen voneinander. Überall sind Feministinnen besser darüber informiert, welche Probleme und Möglichkeiten in Kulturen und an Orten außerhalb ihres unmittelbaren Erfahrungsbereichs bestehen. Im 21. Jahrhundert brauchen wir Führungspersönlichkeiten aus Politik und Zivilgesellschaft, die auf diese feministischen Fundamente aufbauen, um sich aktiv – nicht nur verbal – für soziale Gerechtigkeit für Frauen einzusetzen.

Als Feministin glaube ich, dass ein internationaler und weitgehend vergleichender Ansatz die Gesellschaftsanalyse und den sozialen Aktivismus bereichern kann. Doch ein globaler Ansatz bringt zwangsläufig gewisse Verallgemeinerungen mit sich, die problematisch sind und, wenn sie nicht überprüft werden, die feministische Analyse untergraben können. Die Welt der Frauen wird sowohl von Gemeinsamkeiten als auch von Unterschieden bestimmt. Überall auf der Welt tragen Frauen die Hauptverantwortung für das Aufziehen von Kindern, die Aufrechterhaltung von Familien und die Empfängnisverhütung. Reiche wie arme Frauen werden vergewaltigt, leiden unter den Folgeschäden illegaler Abtreibungen sowie der Herabwürdigung durch Pornografie. Doch wenn wir etwas aus den modernen feministischen Bewegungen gelernt haben, dann dass tatsächlich bestehende Unterschiede zwischen Frauen nicht durch pauschale Verallgemeinerungen verschleiert werden dürfen. Diese Unterschiede zeigen sich an den Bruchlinien von Race, Alter, Sexualität, Religion, Gesellschaftsschicht und Herkunftsland.

Als Geografin habe ich einen Weg gefunden, Gemeinsamkeiten und Unterschiede gleichermaßen anzuerkennen. Im besten Fall kann die Visualisierung von Daten – insbesondere in Form von Karten – gleichzeitig Gemeinsamkeiten und Unterschiede veranschaulichen. Die Kartierung ist ein hervorragendes Hilfsmittel, um Muster, Kontinuitäten und Gegensätze aufzuzeigen. Nun, da ich diese Muster präsentiert habe, hoffe ich, dass dieser Atlas zu ebenso vielen Fragen anregt, wie er beantwortet.

Es braucht eine Gemeinschaft, um ein Projekt wie dieses zu verwirklichen. Zum Glück habe ich starke Netzwerke aus Freund*innen und Familienmitgliedern, auf deren Unterstützung, politische Solidarität, Zuspruch, Humor und Intelligenz ich zählen kann. Ihr wisst, wen ich meine – danke!

Ohne meine Partnerin Cynthia Enloe läuft nichts. Ihr großzügiges und liebenswürdiges Wesen und ihr messerscharfer analytischer Verstand ergänzen sich perfekt. Sie macht mich zu einer besseren Denkerin und zu einem besseren Menschen.

Ohne Myriad Editions, einen von Frauen geführten, kleinen, aber einflussreichen Verlag mit einer großen Vision, wäre dieses Buch praktisch nicht möglich gewesen. Die Verlagsleiterin Candida Lacey und die Kreativdirektorin Corinne Pearlman bewiesen viel Fantasie, Hilfsbereitschaft und Ausdauer. Die Lektorin Dawn Sackett und die Designerin Isabelle Lewis sind wahre Zauberkünstlerinnen, die mit Leidenschaft, Sachverstand und Kreativität das Beste aus dem Buch herausholten. Dieses Projekt stellte die Geduld von uns allen auf die Probe, doch die Gelassenheit von Myriad siegte.

Abgesehen von diesen besonderen Danksagungen habe ich nie vergessen, wie viel ich den sozialen und intellektuellen Leistungen der unzähligen – größtenteils nicht genannten und nicht gewürdigten – Feministinnen verdanke, die jahrelang und oft unter großem persönlichen Einsatz die Einzigen waren, die darauf beharrten, dass es wichtig ist, Fragen zur Situation der Frauen zu stellen.

Joni Seager
Cambridge, Massachusetts

Frauen in der Welt

Der Einfluss staatlicher Politik auf das Leben von Frauen sollte nicht unterschätzt werden. Regierungen und Regime schaffen den äußeren Rahmen, in dem Haushalte und Familien gegründet werden und gedeihen – oder eben nicht.

Der Staat bestimmt die Grenzen des akzeptablen Verhaltens, sexueller Ausdrucksmöglichkeiten, der wirtschaftlichen Teilhabe und der Bürgerbeteiligung. Er legt die Bedingungen des Zugangs zu Gesundheits-, Ausbildungs- und Zivilschutzeinrichtungen fest. Er entscheidet über das Wahlrecht, die reproduktiven Rechte und den Umweltschutz.

Regierungen und Personen, die nach Regierungsgewalt streben, stürzen viele Millionen Menschen weltweit ins Chaos und verursachen Krisen. Staatliche Organe entscheiden, welches Verhalten diskriminierend ist, was dann strukturelle, institutionelle und ganz alltägliche Auswirkungen hat.

Alle Staaten sind patriarchalisch. Selbst auf der individuellen Ebene und in zahllosen alltäglichen Situationen profitieren Männer auf alle möglichen Arten von der Allgegenwart und scheinbaren Normalität des Patriarchats.

»Patriarchat heißt tagtäglicher Sexismus, aber es ist mehr als tagtäglicher Sexismus. Zum Patriarchat gehört Frauenfeindlichkeit, aber es umfasst mehr als Frauenfeindlichkeit. Das Patriarchat erzeugt Ungleichheit zwischen den Geschlechtern, aber seine Auswirkungen greifen tiefer als die Ungleichheit zwischen den Geschlechtern.«

Cynthia Enloe, *The Big Push*

Diskriminierung beenden

Unterzeichnerstaaten der UN-Konvention zur Beseitigung jeder Form von Diskriminierung der Frau (CEDAW), auch Frauen-Konvention genannt

März 2018

- unterzeichnet, aber nicht ratifiziert
- weder unterzeichnet noch ratifiziert
- unterzeichnet und ratifiziert

USA

1980 unterzeichnete Präsident Carter die CEDAW, aber damit sie Gesetz werden kann, muss der Senat sie ratifizieren. Konservative Politiker und religiöse Gruppen lehnen dies ab. 2010 erklärte Family Watch International bei einer Anhörung im US-Senat, »die Ratifizierung der CEDAW schwäche existierende Schutzvorkehrungen für Frauen ... indem sie eine Neudefinition der unverzichtbaren Rollen anstrebe, die Frauen ... als Ehefrauen und Mütter ... in unserer Gesellschaft spielen. Das Ziel der CEDAW ist, weltweit geschlechtsneutrale Gesellschaften zu schaffen ... Viele der Gruppen, die die USA dazu drängen, die CEDAW zu ratifizieren, tun das in dem Bestreben, radikale Frauenrechte durchzusetzen, die die Mehrheit der amerikanischen Bevölkerung ablehnt ...«

Nachzügler

Die letzten Unterzeichner der CEDAW • 2006: die Cookinseln • Brunei • die Marshallinseln • Oman

Die CEDAW ist der einzige umfassende internationale Vertrag über Frauenrechte. Regierungen, die sie ratifizieren, sind – zumindest auf dem Papier – verpflichtet, politische Konzepte zu entwickeln, um die Diskriminierung von Frauen zu beenden.

Nur die USA und Palau haben diese Frauenkonvention unterzeichnet, ohne sie zu ratifizieren, was bedeutet, dass sie nicht an den Vertrag gebunden sind. Vier Länder haben sie weder unterzeichnet noch ratifiziert.

Iran 2001 wurde ein Vorschlag der iranischen Regierung, die CEDAW (mit Einschränkungen) zu akzeptieren, vom Wächterrat mit der Begründung abgelehnt, die CEDAW stünde im Widerspruch zu mehreren Artikeln der iranischen Verfassung und den »Grundprinzipien des Islam über das Erbrecht, das Blutgeld, die Scheidung, die Zeugenschaft, das Pubertätsalter, den Hidschab und die Polygamie«. Frauengruppen im Iran fordern weiterhin die Anerkennung der CEDAW.

Palau 2010 sagte Königin Bilung Gloria Salii von Palau: »Wir wollen nicht irgendeinem Abkommen mit anderen Staaten beitreten und dann feststellen, dass es in Konflikt mit unserer Kultur steht. Wir werden [die CEDAW] unterstützen, sind aber noch nicht bereit …«

Sudan Präsident Omar al-Bashir lehnt die CEDAW schon seit Langem mit der Begründung ab, sie widerspreche den Werten des Sudan. »Wir werden die CEDAW-Konvention nicht unterzeichnen, weil sie gegen die Moral und die Prinzipien der Familie verstößt.«

Tonga 2015 wollte die Regierung die Ratifizierung der CEDAW vorantreiben. Doch Gegner der Konvention, darunter die Katholische Frauenliga, protestierten dagegen und ersuchten den König, die Regierung davon abzuhalten. Sie argumentierten, die CEDAW würde dem Land die gleichgeschlechtliche Ehe und die Abtreibung aufzwingen und weitere negative Auswirkungen haben.

• 2009: Katar • 2011: Nauru • 2014: Palästina • 2015: der Südsudan

Diskriminierung messen

Es gibt keine einfache Methode, die Lage von Frauen rund um den Globus zu vergleichen, und es ist unklug, das nur unter einem Aspekt zu versuchen. Nichtsdestotrotz gibt es interessante Möglichkeiten, Licht auf wichtige Aspekte der Gesamtsituation und der allgemeinen Lebensqualität zu werfen.

Der vom Weltwirtschaftsforum entwickelte Globale Gendergap-Index misst in jedem Land die Größe der Lücke zur Gleichstellung von Frauen und Männern in den Bereichen Gesundheit und Lebenserwartung, Zugang zu Bildung, wirtschaftliche Teilnahme und Teilhabe und politische Beteiligung. Die im Ranking höchstplatzierten Länder haben den insgesamten Gendergap zu mehr als 80 Prozent geschlossen.

Der jährlich von der OECD veröffentlichte Sozialinstitutionen- und Gender-Index (SIGI) misst, wie stark Frauen aufgrund der gesellschaftlichen Verhältnisse in ihren Ländern diskriminiert werden. SIGI untersucht zivilgesellschaftliche Normen und Praktiken wie Familiengesetze, die Bevorzugung von Söhnen, Rechte auf körperliche Autonomie und Unversehrtheit sowie den Zugang zum Arbeitsmarkt, zu finanziellen Ressourcen und zu bürgerlichen Freiheiten, um zu bestimmen, in welchem Ausmaß die gesellschaftlichen Strukturen der Länder Frauen diskriminieren. Der regionale Überblick auf Seite 16 zeigt den Anteil von Ländern in der jeweiligen Region, in denen eine starke bis geringe institutionelle Diskriminierung herrscht.

Weltweit wird der Gendergap im Bildungsbereich wahrscheinlich um das Jahr 2030 geschlossen sein. Aber der Gendergap im Bereich der wirtschaftlichen Teilnahme und Teilhabe wird, beim derzeitigen Tempo, wohl weitere 217 Jahre bestehen bleiben.

Beide Indizes verdeutlichen, dass Geschlechtergleichheit teilweise dadurch entsteht, dass Regierungen sich zu Gleichheitsprinzipien bekennen und Gleichstellungspolitik betreiben. Es ist zum Beispiel kein Zufall, dass die skandinavischen Länder in beiden Indizes weit oben stehen – in diesen Ländern sind Geschlechtergleichheit und die Stärkung der Frauen erklärte Ziele staatlicher Politik.

Der Globale Gendergap-Index

2017

Länder-Ranking

- 1–20 (kleinster Gendergap, größte Parität)
- 21–55
- 56–90
- 91–125
- 126–144 (größter Gender-gap, geringste Parität)
- nicht in den Rankings enthalten

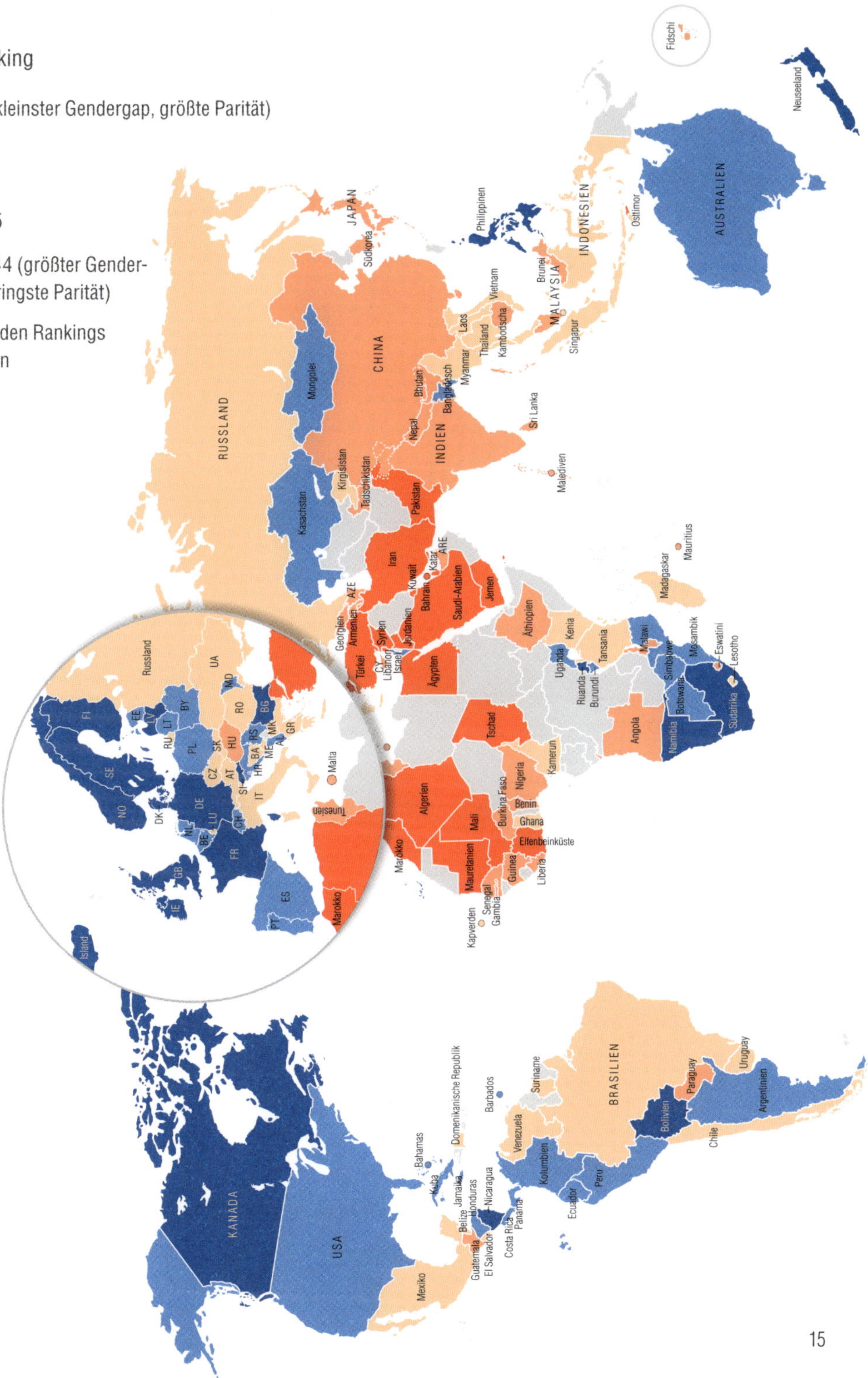

Diskriminierung von Frauen

Relatives Ausmaß der Diskriminierung in der Gesellschaft nach dem Sozialinstitutionen- und Gender-Index (SIGI)

Prozentualer Anteil von Ländern in ausgewählten Regionen
2014

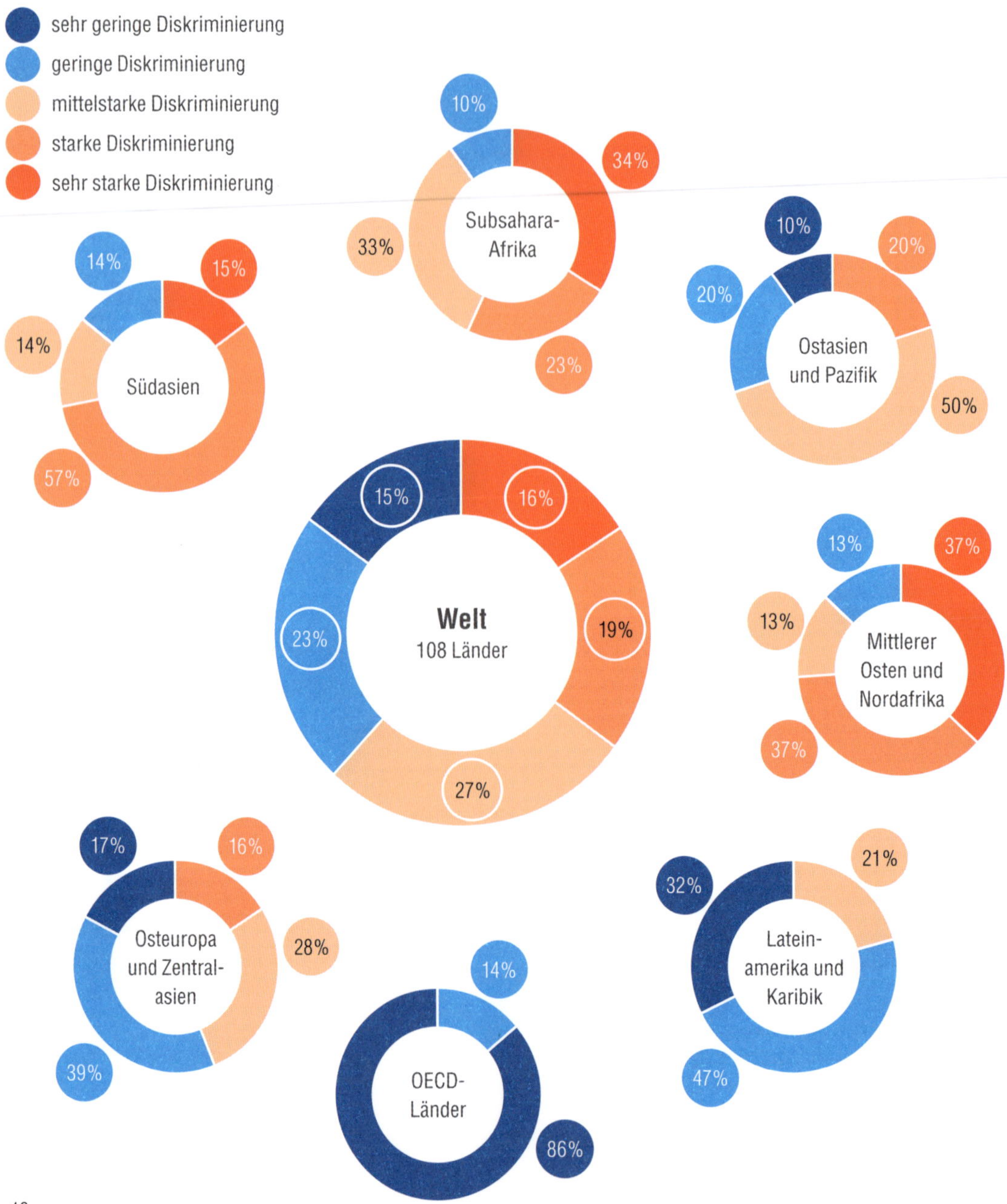

Lebenserwartung

Durchschnittliche Lebenserwartung von Frauen bei der Geburt
2015

Höchste Lebenserwartung

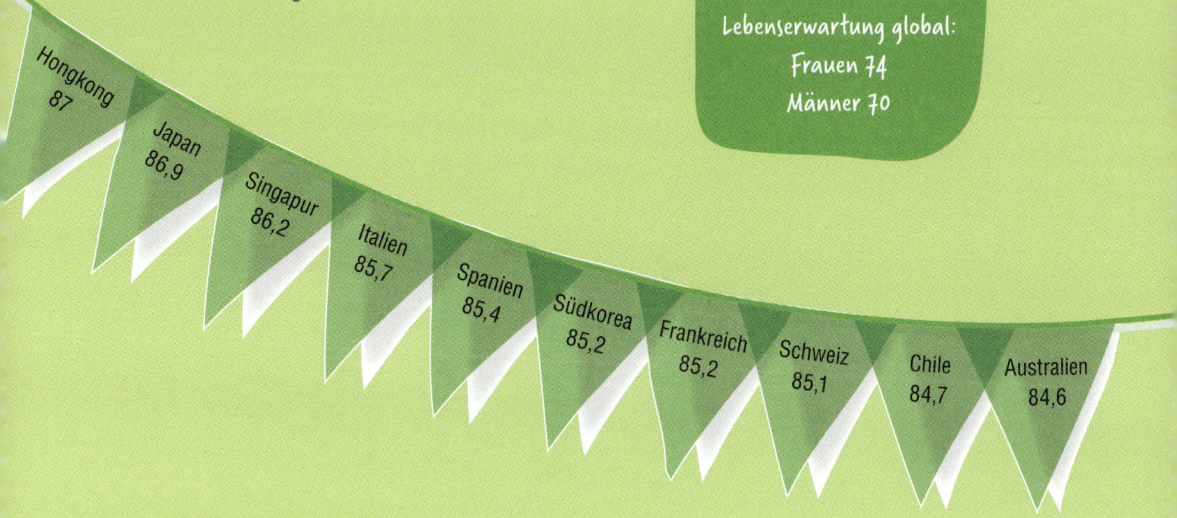

Durchschnittliche Lebenserwartung global:
Frauen 74
Männer 70

Die Lebenserwartung ist ein irreduzibler Indikator für allgemeines Wohlbefinden. Für viele Frauen – und Männer – auf der Welt ist das Leben kurz und hart. Fast überall leben Frauen länger als Männer. Aber am unteren und oberen Ende der Skala verringert sich der Gendergap.

Alle Länder, in denen die Lebenserwartung von Frauen unter 60 Jahren liegt, befinden sich in Subsahara-Afrika. Die höchste Lebenserwartung haben Frauen wie Männer in Ostasien, doch unter den ersten Zehn im Ranking sind auch andere wohlhabende und entwickelte Länder.

Niedrigste Lebenserwartung

Rechte von Lesben

»Lesbische Existenz beinhaltet sowohl einen Tabubruch als auch die Ablehnung einer erzwungenen Lebensweise. Sie ist außerdem ein direkter oder indirekter Angriff gegen das männliche Anrecht auf Frauen. Aber sie ist noch mehr, auch wenn wir sie vielleicht zunächst nur als Form der Patriarchatsverweigerung, als Akt des Widerstands wahrnehmen.«

Adrienne Rich, *Zwangsheterosexualität und lesbische Existenz*

Frauen, die aus heterosexuellen Normen ausbrechen, sind doppelt subversiv: Sie outen sich als Mitglieder einer sexuellen Minderheit und werden zudem als Frauen wahrgenommen, die männliche Autorität ablehnen.

Lesben bezahlen einen hohen Preis für diesen Nonkonformismus. Ihnen drohen »korrektive Vergewaltigungen«, »Ehrenmorde«, soziale Ausgrenzung, körperliche Misshandlungen und materielle Benachteiligung. In den meisten Ländern, in denen Homosexualität strafbar ist, kriminalisieren die entsprechenden Gesetze seltsamerweise eigentlich nur homosexuelles Verhalten von Männern oder spezielle Sexualpraktiken, die vor allem mit schwulen Männern in Verbindung gebracht werden. Diese Gesetzeslücke schützt Frauen nicht, denn in allen Fällen werden die Gesetze auch auf Lesben angewandt, wenn der Staat das will, aber sie ist ein interessanter Indikator für die willkürliche Missachtung von Frauen im Allgemeinen und von Lesben im Besonderen.

Selbst wo Homosexualität nicht kriminalisiert wird, werden die Rechte von LGBTI-Menschen oft nicht geschützt, nicht einmal anerkannt. Doch es ist beeindruckend, wie lesbische Frauen und schwule Männer sich in den letzten drei Jahrzehnten organisiert haben. In vielen Ländern wird die lesbische Identität inzwischen toleriert, selbst wenn sie nicht völlig akzeptiert wird. Innerhalb von LGBTI-Gemeinschaften ist die Politik der Integration in die Mehrheitsgesellschaft umstritten, insbesondere bei Lesben, da die Einbindung in patriarchalische Gesellschaftsstrukturen nicht unbedingt befreiend ist.

Mehr als zwei Geschlechter

Im größten Teil der Welt berücksichtigen die rechtlichen Schutzsysteme bisher nicht, dass es nicht nur zwei Geschlechter, sondern auch Gender- oder Geschlechtsidentitäten wie transgender, transsexuell oder intersexuell gibt.

Befreiungsbewegungen von Gender-Minderheiten drängen Regierungen, ihren Gender-Identitäten Rechnung zu tragen. In den meisten Ländern fordern sie für Personen, die transgender oder genderdivers sind, als ersten Schritt das gesetzliche Recht, in offiziellen Dokumenten ihren Namen und ihre Gender-/Geschlechtsidentität zu ändern.

In vielen Ländern kann das amtlich eingetragene Geschlecht nicht geändert werden. Anderswo ist das zwar möglich, aber nur unter untragbaren Bedingungen, zum Beispiel erst nach einer abgeschlossenen operativen Geschlechtsumwandlung.

Allmählich werden Fortschritte erzielt. Einer davon ist, dass Australien, Neuseeland, Deutschland, Indien, Nepal, Bangladesch, Pakistan und weitere Länder inzwischen den Eintrag eines »dritten Geschlechts« in offizielle Dokumente erlauben.

Pioniere

· Kanada, 2017: Einführung des Geschlechtseintrags »X« in amtlichen Dokumenten, einschließlich Reisepässen.

· Bolivien, 2016: Ein »Genderidentitätsgesetz« gestattet es Transgender-Menschen über 18 Jahren, auf Antrag ihren Namen und ihre Geschlechtsidentität in offiziellen Dokumenten zu ändern.

· Irland, 2015: Nach dem »Gender Recognition Act« darf die Genderidentität selbst angegeben werden.

· Bangladesch, 2013: Hijra – biologische Männer mit einer weiblichen Geschlechtsidentität – werden offiziell als drittes Geschlecht anerkannt. Das wird auch in Pässen und Personalausweisen eingetragen.

· Deutschland, 2013: Erkannte als erstes europäisches Land ein »unbestimmtes Geschlecht« in Geburtsurkunden an. 2017 entschied das Bundesverfassungsgericht, dass alle amtlichen Dokumente entweder die Möglichkeit bieten müssen, ein drittes Geschlecht einzutragen, oder ganz auf Geschlechtseinträge verzichten sollen.

· Neuseeland, 2012: In Pässen kann dort seit 2012 der Geschlechtseintrag »X« stehen, der »nicht näher bezeichnet« bedeutet. 2015 führte das statistische Amt des Landes (Statistics New Zealand) »genderdivers« als neue Identitätskategorie ein.

· Nepal, 2007: In offiziellen Dokumenten wurde ein drittes Geschlecht als »Sonstige« hinzugefügt, und bei der Volkszählung von 2011 bestand die Möglichkeit, sich als »weder männlich noch weiblich« zu registrieren.

· Australien, 2003: In Geburtsurkunden und Pässen kann »X« als Geschlecht oder Gender gewählt werden.

Rechtlicher Status von Schwulen

Mai 2017

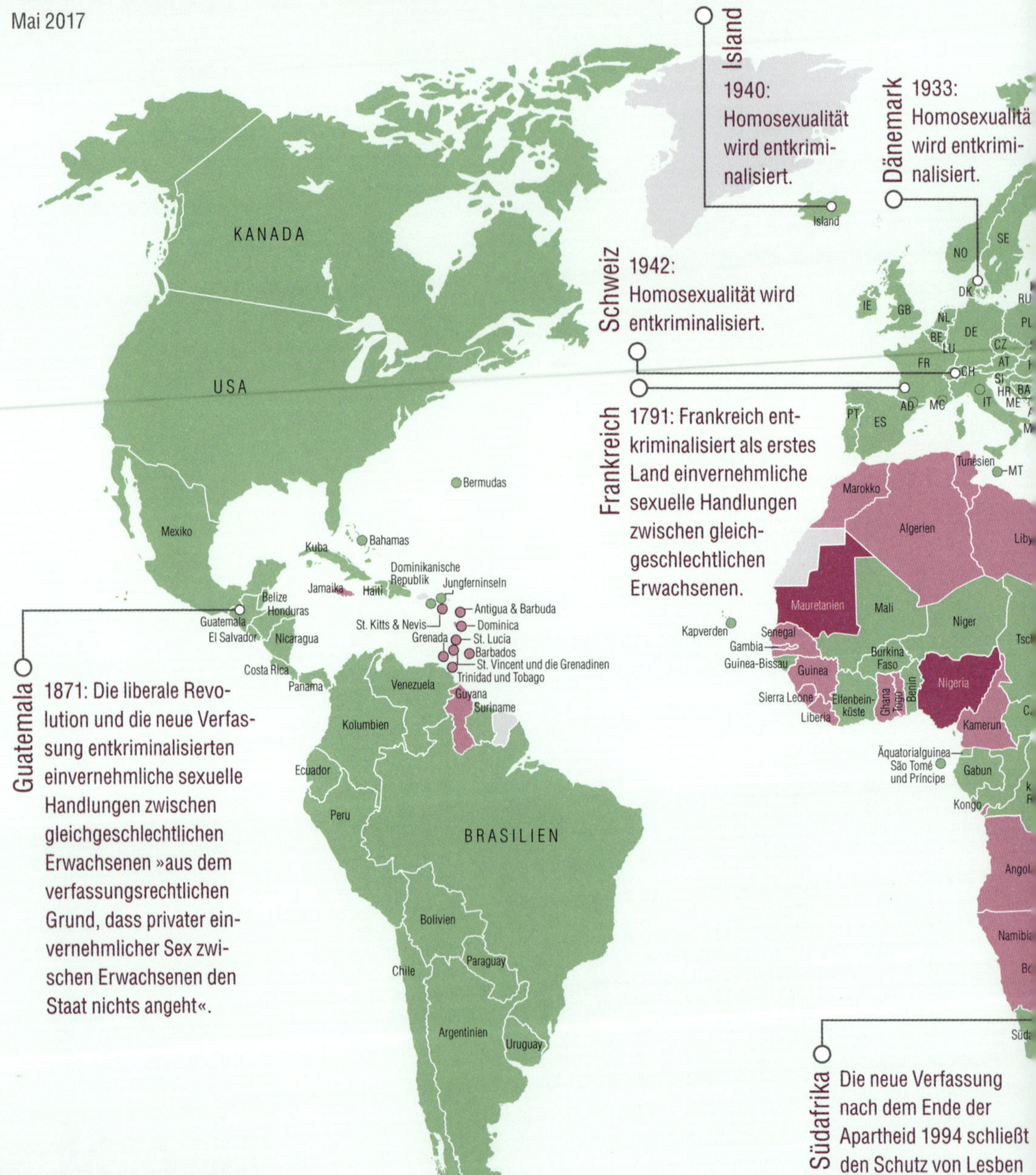

Nachzügler

Länder, die in den letzten Jahren Gesetze aufhoben, die Lesben/Schwule kriminalisiert hatten (ausgewählte Beispiele):

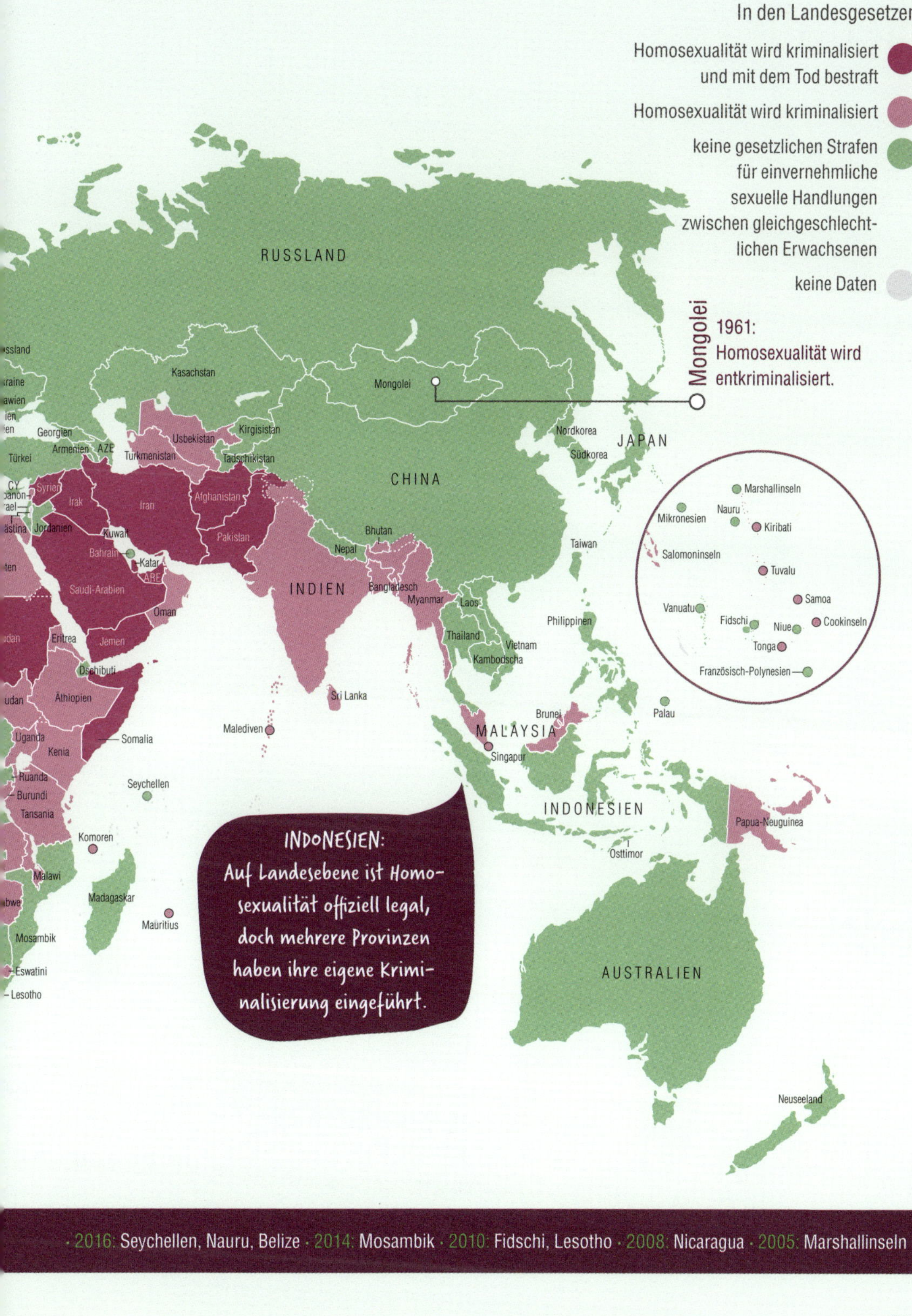

· 2016: Seychellen, Nauru, Belize · 2014: Mosambik · 2010: Fidschi, Lesotho · 2008: Nicaragua · 2005: Marshallinseln

Heiraten

Durchschnittsalter von Frauen bei der ersten Heirat

Daten von 2015 oder aktueller

- 30 und älter
- 21–29
- 20 und jünger
- keine Daten

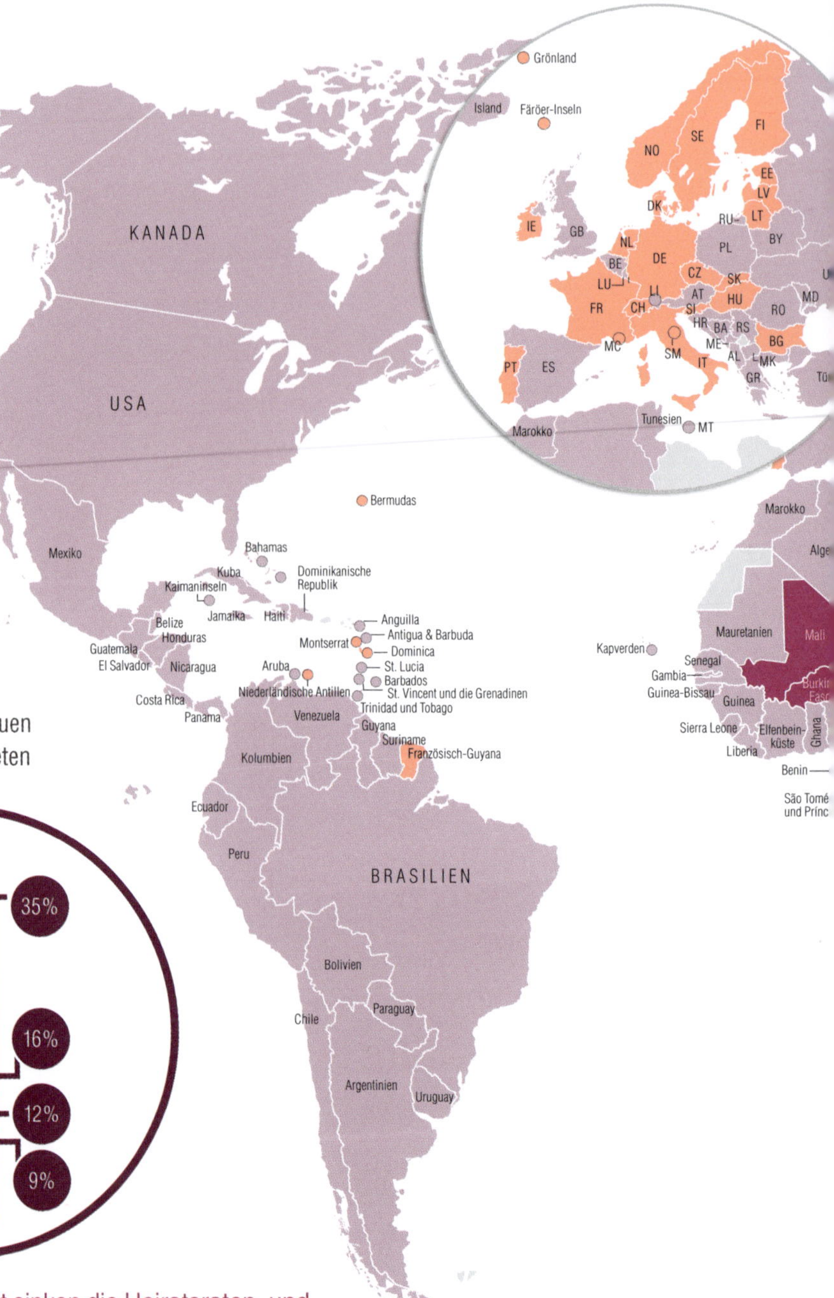

Oder nicht …

Anteil von 45-jährigen Frauen in den USA, die nie heirateten 2014

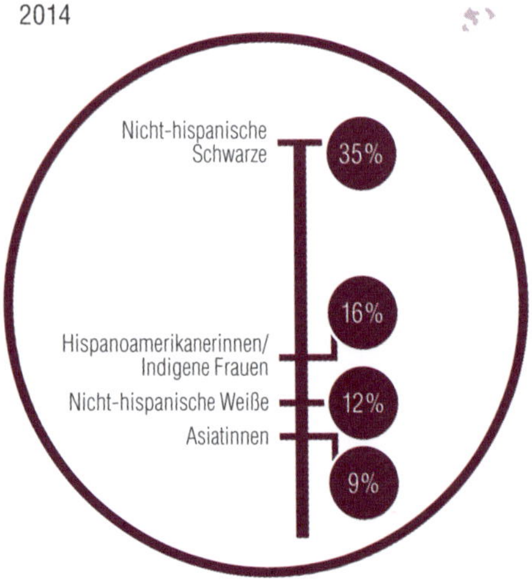

Im größten Teil der Welt sinken die Heiratsraten, und Männer wie Frauen heiraten später. Dass Frauen später – oder gar nicht – heiraten, steht in direktem Zusammenhang mit einem höheren Bildungsniveau und wirtschaftlicher Unabhängigkeit sowie einer zunehmenden gesellschaftlichen Akzeptanz von anderen Partnerschaftsmodellen.

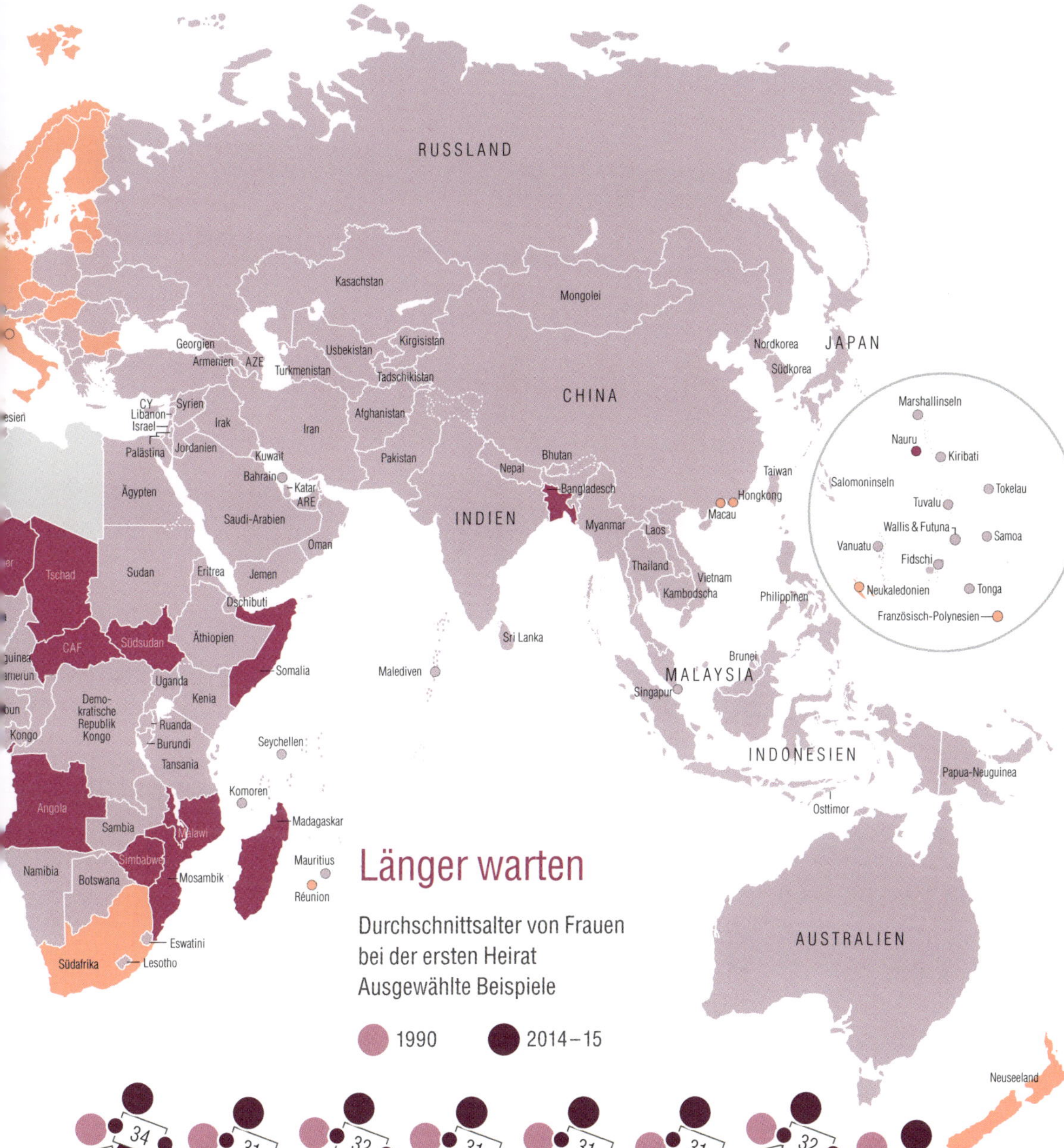

Länger warten

Durchschnittsalter von Frauen bei der ersten Heirat
Ausgewählte Beispiele

1990 2014–15

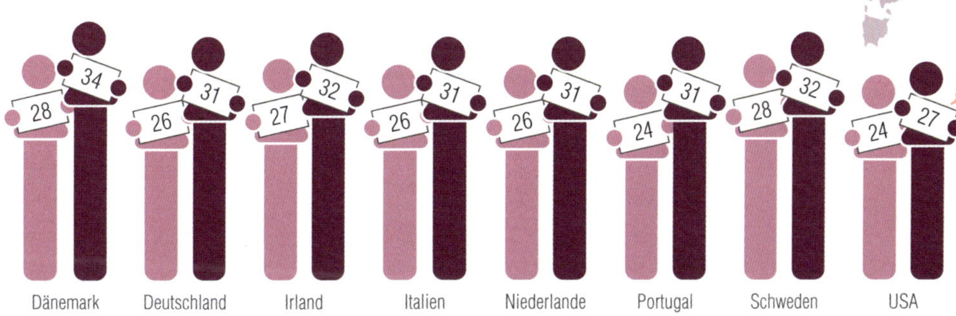

Scheidung tut weh

– ist heute aber einfacher denn je

Scheidungen pro 100 Ehen
Ausgewählte europäische Beispiele

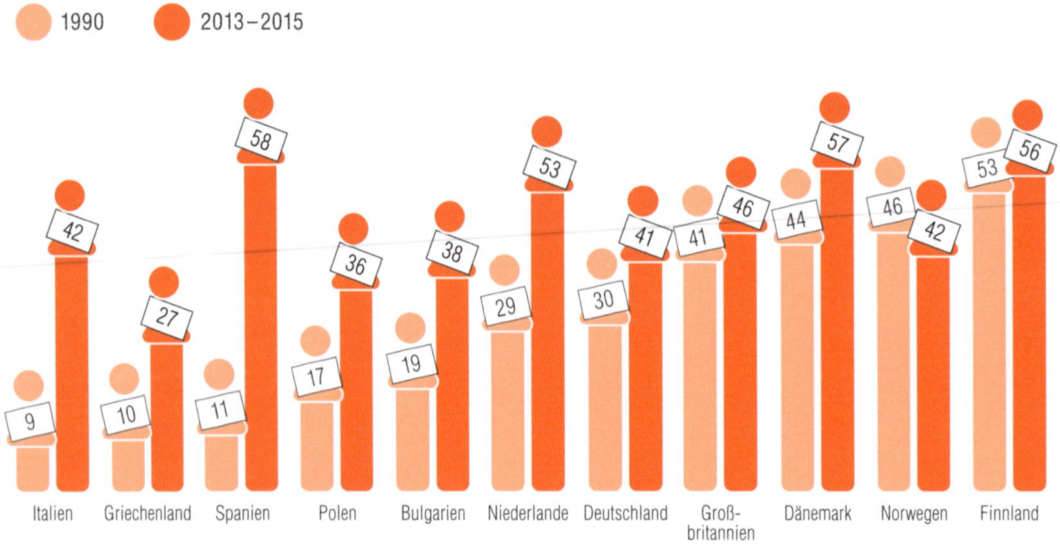

Bildung und Scheidung in den USA

Anteil der ersten Ehen, die bei Frauen vor ihrem 46. Lebensjahr mit einer Scheidung endeten
2013

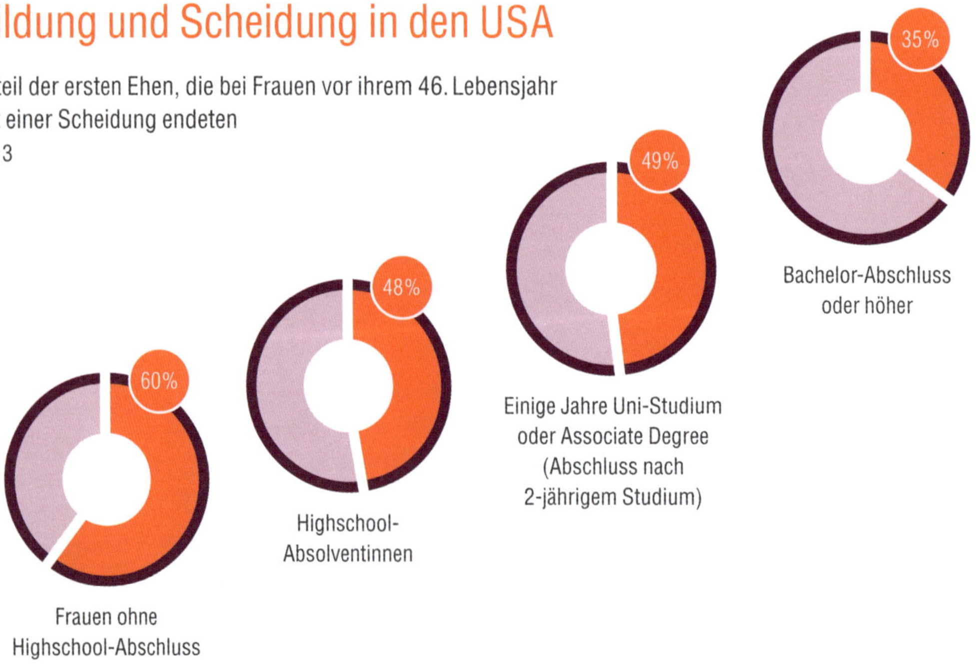

Gleichgeschlechtliche Ehe

Anerkennung in den Landesgesetzen

2017

2000	2003	2005	2006	2009	2010
Niederlande	Belgien	Kanada Spanien	Südafrika	Mexiko* Norwegen Schweden * nur in einigen Bundesstaaten	Argentinien Island Portugal

2012	2013	2014	2015	2016	2017
Dänemark	Brasilien England Wales Frankreich Neuseeland Uruguay	Luxemburg Schottland	Finnland Grönland Irland USA	Kolumbien	Australien Österreich Bermuda Deutschland Taiwan

ABER!

2018 hob die Regierung von Bermuda ihr Gesetz, das die gleichgeschlechtliche Ehe ermöglichte, wieder auf. Das war weltweit die erste Rücknahme der Ehe für alle.

Eingetragene gleichgeschlechtliche Lebenspartnerschaften

Anerkennung in den Landesgesetzen

Normalerweise keine Gleichstellung mit der Ehe
Dezember 2017

Kinderehen in den USA

Anzahl der Kinderehen pro 10 000 Ehen
2010

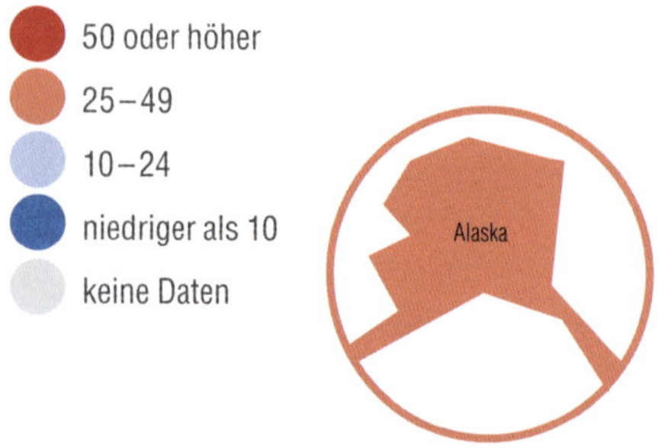

Im größten Teil der USA sind Kinderehen legal. In mehr als der Hälfte der US-amerikanischen Bundesstaaten gibt es kein Mindestheiratsalter, und in jedem Bundesstaat können Minderjährige (unter 18) heiraten. Bei 16- bis 18-Jährigen genügt in den meisten Bundesstaaten die Zustimmung der Eltern. Minderjährige unter 16 Jahren dürfen mit Zustimmung eines Gerichts heiraten, oft weil das Mädchen schwanger ist.

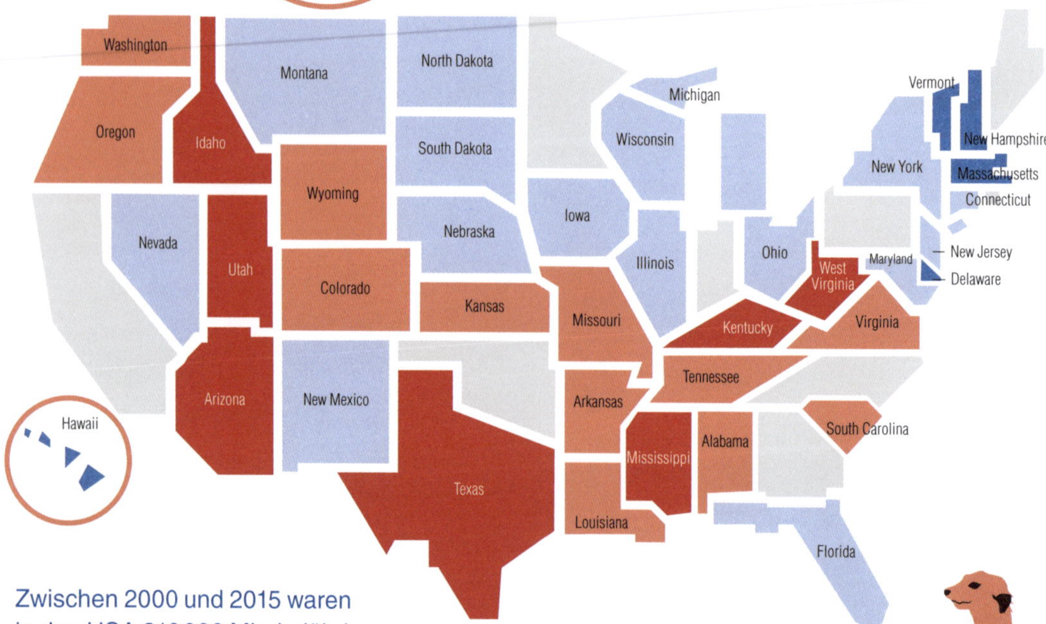

Zwischen 2000 und 2015 waren in den USA 210 000 Minderjährige verheiratet.

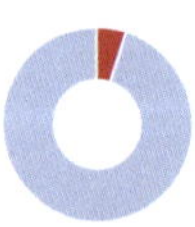

5 % waren 15 oder jünger. In Tennessee waren 3 Mädchen erst 10 Jahre alt.

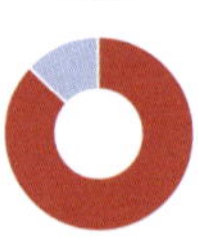

87 % waren Mädchen.

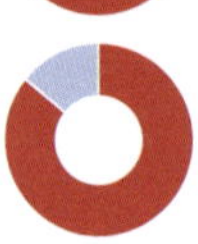

86 % heirateten Erwachsene.

#Übrigens

2017 startete eine 17-jährige Pfadfinderin eine Kampagne für eine Gesetzesreform, durch die das Mindestheiratsalter in New Hampshire auf 18 Jahre erhöht werden sollte. Republikanische Mitglieder der Legislative von New Hampshire schmetterten den Gesetzentwurf ab. Der republikanische Abgeordnete David Bates erklärte: »Wenn wir dieses Gesetz verabschieden, sorgen wir für immer dafür, dass jedes Kind, das eine Minderjährige zur Welt bringt, außerehelich geboren wird.«

Kinderehen weltweit

Genderungleichheit, »traditionelle Praktiken«, patriarchalische Vorstellungen von der Notwendigkeit männlichen »Schutzes«, um die Familienehre zu wahren, soziale und wirtschaftliche Unsicherheit, Gewohnheitsrechte oder religiöse Gesetze, die die Kinderehe rechtfertigen, sowie ein unzureichender Rechtsrahmen leisten Kinderehen Vorschub.

Oft werden Mädchen als Handelsware betrachtet. Mädchen, die in ärmlichen Verhältnissen und ländlichen Gegenden leben, werden mit der größten Wahrscheinlichkeit jung verheiratet. Doch der Anteil der Kinderehen verringert sich: Eine von vier heute lebenden Frauen wurde als Kind verheiratet; Anfang der 1980er Jahre war es noch jede Dritte.

Geld kauft Zeit

Kinderehen sind in Südasien und Subsahara-Afrika am häufigsten. 33% aller Kinderbräute der Welt leben in Indien.

Bei jungen Mädchen aus dem ärmsten Fünftel der Weltbevölkerung ist die Wahrscheinlichkeit, dass sie heiraten oder von den Eltern verheiratet werden, zweieinhalb Mal so groß wie bei jungen Mädchen aus dem reichsten Fünftel.
Indien: Das Durchschnittsalter bei der ersten Heirat beträgt bei Frauen aus dem reichsten Fünftel 20 Jahre, bei Frauen aus dem ärmsten Fünftel 15 Jahre.
Dominikanische Republik: Die Hälfte der ärmsten Frauen heiratete mit rund 17, die reichsten Frauen im Schnitt mit 21 Jahren.

Die jüngsten Bräute

Prozentualer Anteil der heute 20–24 Jahre alten Frauen, die vor ihrem 18. Lebensjahr zum ersten Mal verheiratet wurden.
Höchste Prozentanteile der Welt – neueste Daten, 2008–2014:

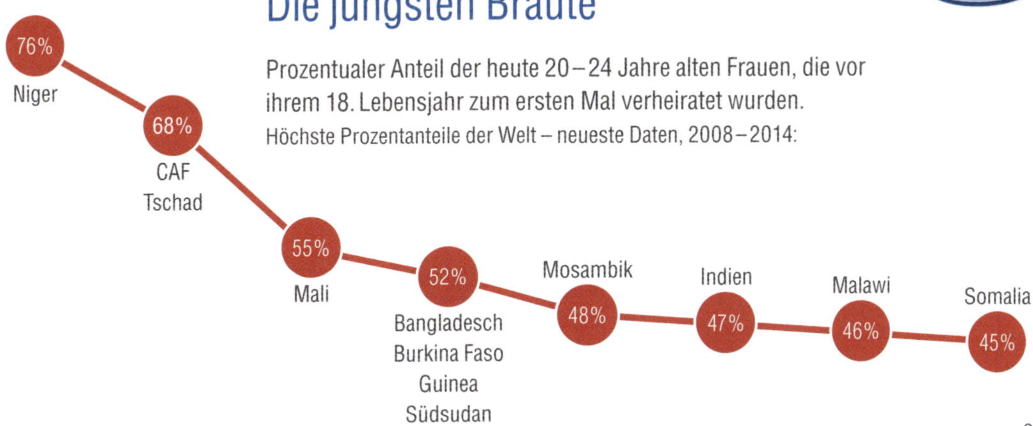

Haushaltsgröße

Durchschnittliche Zahl der Personen pro Haushalt

Daten seit 2014

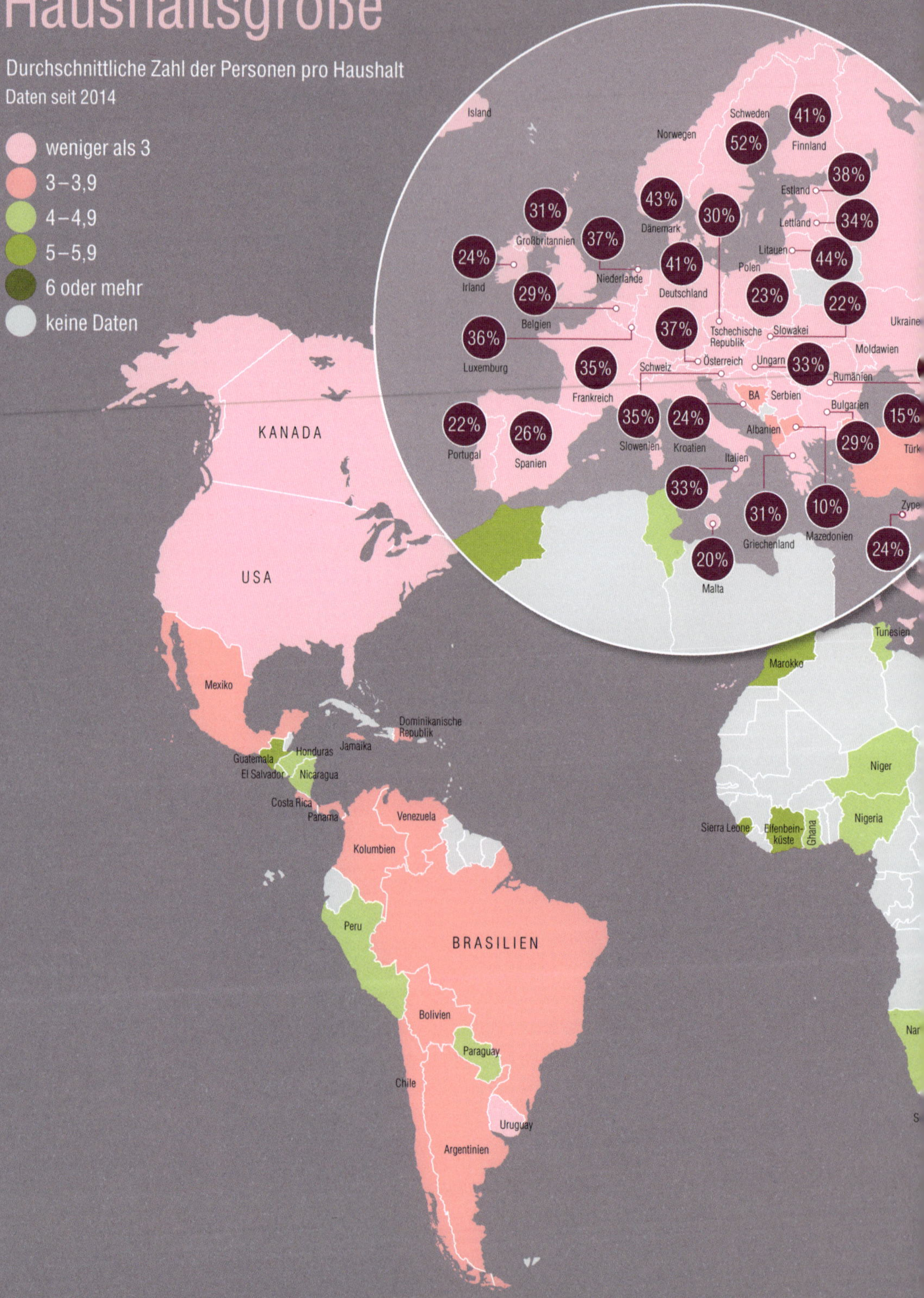

Einpersonenhaushalte in Europa

Einpersonenhaushalte sind der am schnellsten zunehmende Haushaltstyp der Welt. Weltweit sind nur etwa 15% der 2 Milliarden Haushalte Einpersonenhaushalte, aber in den postindustriellen reicheren Ländern, insbesondere in Europa, machen sie den größten Block aus. 2016 waren 33% aller Haushalte in der EU Einpersonenhaushalte. Den höchsten Anteil der Welt hat Schweden mit erstaunlichen 52%. Frauen bilden dabei die Mehrheit.

Alleinlebende

% Prozentualer Anteil der Einpersonenhaushalte.
Neueste Daten seit 2014

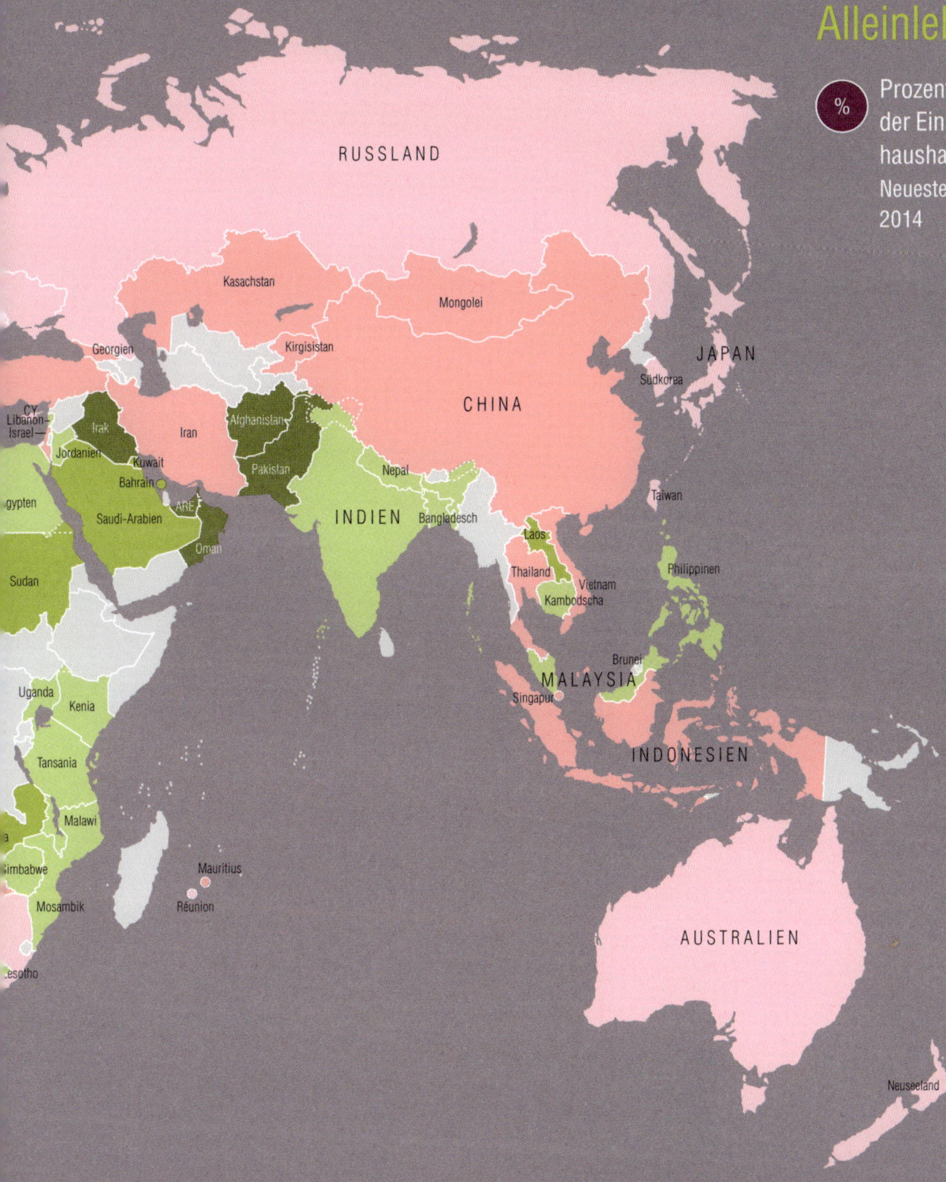

Nicht alle Haushalte sind gleich

Armut, Race und Geschlecht in den USA

2016

Anteil der Familienhaushalte, deren Mitglieder unter der Armutsgrenze leben

Anteil von Frauenhaushalten mit Kindern (aber ohne Ehemann), deren Mitglieder in Armut leben

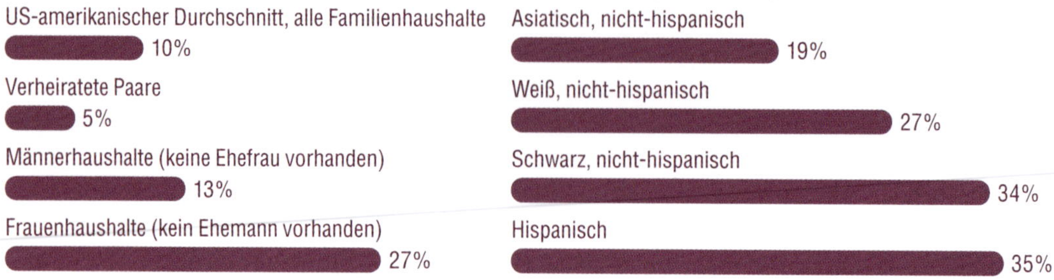

Armut in Europa

Anteil europäischer Einpersonenhaushalte, die unter erheblicher materieller Deprivation leiden

Ausgewählte Beispiele, 2016

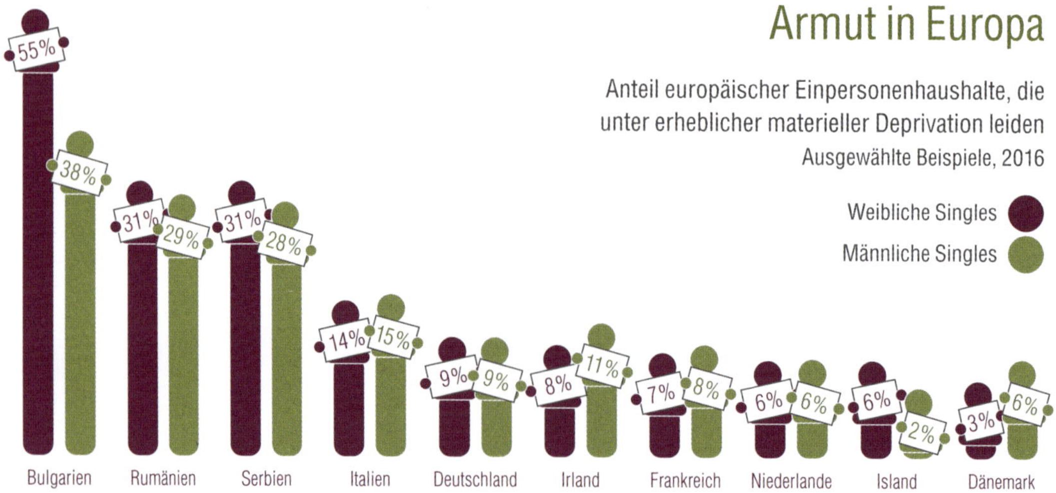

»Materielle Deprivation« bedeutet, dass die Betroffenen sich Dinge nicht leisten können, die die meisten Leute als wünschenswert oder sogar notwendig betrachten, um ein angemessenes Leben zu führen. Um materielle Deprivation zu erkennen, wird eine Kombination von neun bestimmten »normalen« Dingen überprüft, die als typisch für akzeptable Lebensbedingungen gelten. Zum Beispiel, ob jemand sich Folgendes leisten kann: jedes Jahr einen einwöchigen Urlaub anderswo als zu Hause, jeden zweiten Tag eine Mahlzeit mit Fleisch, Geflügel oder Fisch oder entsprechenden vegetarischen Nahrungsmitteln, die ausreichende Heizung der Wohnung, Gebrauchsgüter wie eine Waschmaschine, einen Farbfernseher, ein Telefon oder ein Auto. Ein weiteres Kriterium ist, ob eine Person ihre Hypothekenrate oder Miete, Rechnungen für Strom, Wasser und dergleichen sowie unerwartete Kosten fristgerecht bezahlen kann.

Flüchtlinge

16,5 Millionen Menschen leben als Flüchtlinge außerhalb ihrer Heimat, und weitere 32 Millionen sind Binnenflüchtlinge. Etwa 50% der Flüchtlinge weltweit sind Frauen. Für weibliche Flüchtlinge ist das Leben, ob in Lagern oder in vorübergehenden Unterkünften, besonders hart. Unter schwierigen Bedingungen tragen sie die Hauptverantwortung für die Familie und den Haushalt und erhalten wenig Unterstützung und Schutz. Vergewaltigungen, Sexhandel und Zwangsprostitution gehören zu den Gefahren, denen geflüchtete Frauen und Mädchen ausgesetzt sind, besonders in Lagern, die sowohl sichere Zufluchtsorte als auch Orte der Ausbeutung und des Missbrauchs sein können.

Die größten Flüchtlingspopulationen

2018

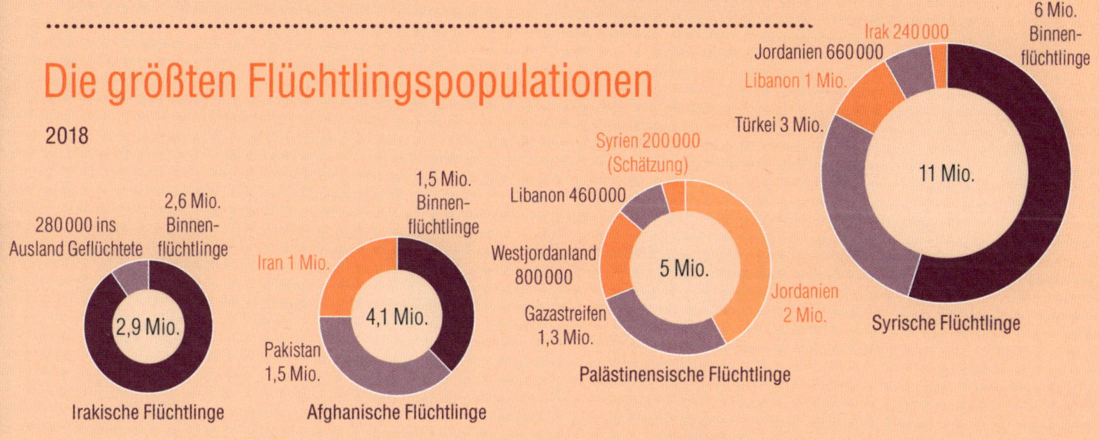

Die größten Flüchtlingslager

Daten seit 2017

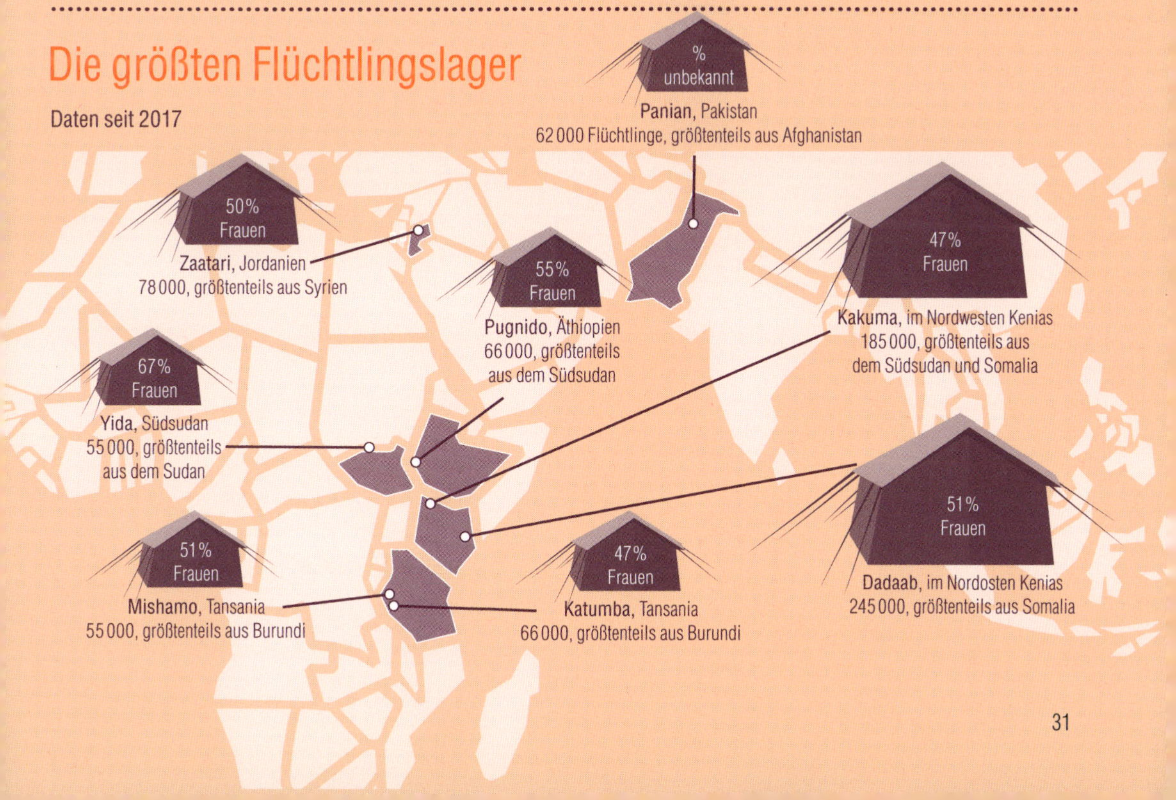

Krisengebiete

Anhaltende militärische und wirtschaftliche Krisen 2018

Millionen von Menschen weltweit wurden um ihr »normales« häusliches Familienleben gebracht. Stattdessen bestimmt eine anhaltende und extreme Krisensituation ihren Alltag. Oft erleben Frauen und Mädchen inmitten von Krieg und Vertreibung besonders viel häusliche und sexuelle Gewalt – und der Frauenhandel floriert. Viele Familien versuchen extreme Notsituationen zu bewältigen, indem sie Mädchen im Kindesalter verheiraten, die Kinder zur Arbeit schicken und/oder sich aus wirtschaftlichen Gründen trennen. Frauenarbeit, die Haushalt und Familie erhält, lindert in Krisen zumindest die schlimmste Not.

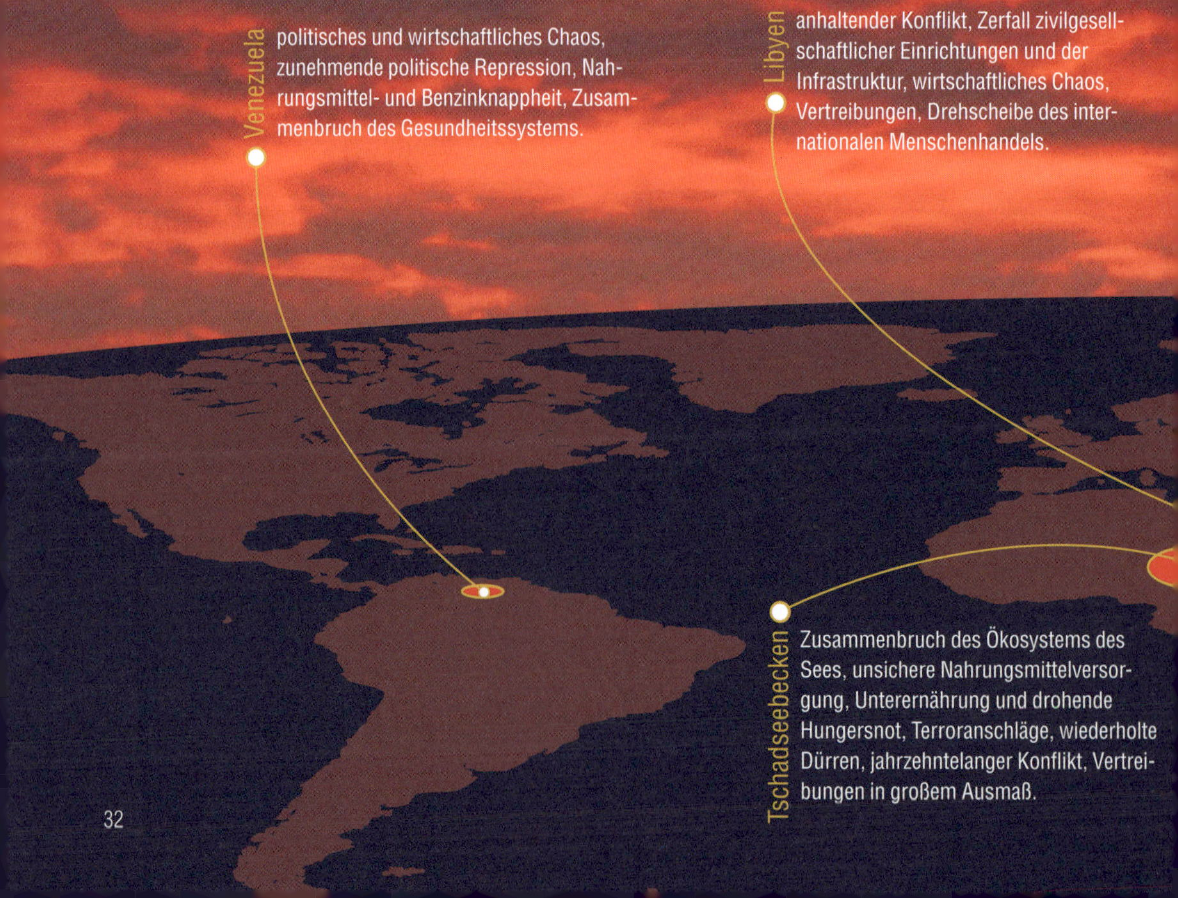

Demokratische Republik Kongo
bewaffnete Auseinandersetzungen, die sich episodisch verschärfen, politische Instabilität, wirtschaftlicher Niedergang, Vergewaltigungen, Gruppenvergewaltigungen und Zwangsprostitution in epidemischen Ausmaßen.

Südsudan
Bürgerkrieg, Kriegsverbrechen – u. a. Vergewaltigungen, Gruppenvergewaltigungen, Zwangsprostitution und Folter in epidemischen Ausmaßen, wirtschaftliches Chaos, Zerstörung der öffentlichen Infrastruktur, Hunger, Vertreibung.

Palästina
Gaza-Blockade durch Israel: Engpässe bei der Versorgung mit Nahrungsmitteln, Wasser, Benzin und Strom sowie in der Gesundheitsversorgung, Zusammenbruch der öffentlichen Infrastruktur, Vertreibung.

Syrien
Bürgerkrieg, an dem auch ausländische Parteien beteiligt sind, willkürliche Angriffe auf Zivilisten und die zivile Infrastruktur, vielerorts Zerstörung von Krankenhäusern, Wohnraum, der Nahrungsmittel- und Wasserversorgung und anderer Lebensgrundlagen, Vertreibungen in großem Umfang.

Irak
lang andauernder Konflikt, an dem aus- und inländische Streitkräfte beteiligt sind, fundamentalistischer Terror, prekäre Regierungsverhältnisse, wenig institutioneller Schutz von Frauen und Mädchen vor Vergewaltigungen und anderer Gewalt.

Somalia
aufeinanderfolgende Dürren, Hungersnot, Bürgerkrieg, Terroranschläge, schwache zivile Infrastruktur und Staatsführung.

Jemen
von inländischen und ausländischen Parteien geführter Krieg, weitverbreitete Gewalt gegen Zivilisten, Zerstörung von Wohnraum, des Gesundheits- und Kommunikationswesens, der Wasser- und Nahrungsmittelversorgung und anderer Lebensgrundlagen, Hungersnot, Cholera-Ausbrüche.

Afghanistan
erneut eskalierender Konflikt, religiös motivierte Gewalt, Anschläge auf die zivile Infrastruktur, u. a. auf Krankenhäuser und Schulen, Angriffe auf Mädchen und Frauen (2017 waren zwei Drittel der zivilen Opfer Frauen und Kinder), Vertreibungen, hohe Säuglingssterblichkeit, Mangelernährung, wirtschaftliche Instabilität, endemische Polio.

Kaschmir
bewaffneter Konflikt, der sich episodisch verschärft, Vergewaltigungen als Mittel der Repression von Zivilisten.

Myanmar
gewaltsame Repression, Vertreibung der ethnischen Minderheit der Rohingya, systematische Vergewaltigungen und Folterungen von Rohingya-Frauen durch Sicherheitskräfte.

Nordkorea
Hungersnöte und Mangelernährung, gewaltsame Unterdrückung bürgerlicher und politischer Freiheiten, wirtschaftliche Unfähigkeit, willkürliche Hinrichtungen, Zwangsarbeit in Straflagern.

Burundi
hohe Ernährungsunsicherheit, Cholera-Ausbrüche, politische Instabilität, systematische Folterungen und Vergewaltigungen durch regierungsnahe Sicherheitskräfte, wirtschaftliches Chaos.

CAF
eskalierender Bürgerkrieg, konfessionelle Konflikte, politische Instabilität, Angriffe auf Zivilisten, einschließlich weitverbreiteter Vergewaltigungen.

Friedensstifterinnen

In vielen Ländern haben Frauenbewegungen durch erfolgreiche Interventionen mitgeholfen, bewaffnete Konflikte zu beenden oder einzudämmen und die Bedingungen des Friedens zu formulieren.
Zu diesen Ländern gehören vor allem Argentinien, Chile, Kolumbien, die Demokratische Republik Kongo, Liberia, Nordirland und Tunesien.

Resolution 1325 Nach jahrelangem Engagement erreichten Frauen, dass die UNO im Jahr 2000 die Resolution 1325 verabschiedete. Sie verpflichtet Regierungen, Frauen als autorisierte und gleichberechtigte Partner an Friedensverhandlungen zu beteiligen und sicherzustellen, dass die Interessen von Frauen in den Wiederaufbauplänen nach der Beilegung von Konflikten berücksichtigt werden.

Frauen am Friedensverhandlungstisch

Anteil von Frauen an den offiziell verhandelnden Personen
Ausgewählte Beispiele

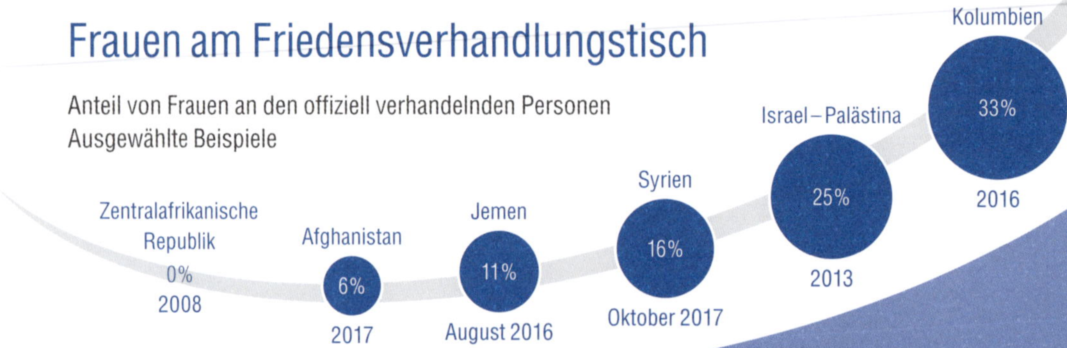

Friedenssicherung

Anteil von Frauen an den Militär- und Polizeikräften von UN-Friedensmissionen mit mehr als 500 Einsatzkräften
seit Januar 2018

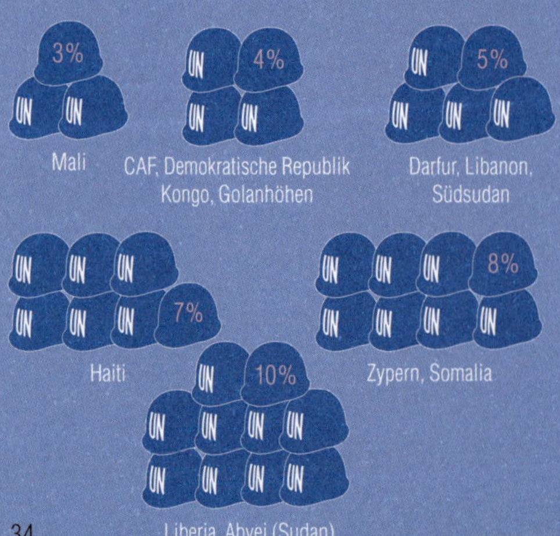

»Selbst die Schutzkräfte müssen überwacht werden«
Gita Sahgal, Amnesty International

Sexueller Missbrauch und sexuelle Ausbeutung – einschließlich Vergewaltigungen, Sexhandel und Prostitution – durch UN-Friedensschützer sind seit den 1990er-Jahren in Bosnien und Herzegowina, Kambodscha, der Zentralafrikanischen Republik, der Demokratischen Republik Kongo, Haiti, Liberia, Sierra Leone, dem Südsudan und Osttimor dokumentiert.
Die einzelnen truppenstellenden Länder sind für die strafrechtliche Verfolgung von kriminellen Aktivitäten ihrer entsandten Einsatzkräfte zuständig, was es besonders schwierig macht, Täter zur Rechenschaft zu ziehen.

#HashtagFeminismus

Wie Frauen »in ihre Schranken gewiesen« werden

Als politisches Fazit könnte man sagen, dass Frauen praktisch überall Beschränkungen unterworfen sind, was ihr Auftreten und ihre Kleidung in der Öffentlichkeit sowie ihr öffentliches und privates Verhalten betrifft. Aber in vielen Ländern werden Frauen im ganz wörtlichen Sinne »in ihre Schranken gewiesen«.

Das geschieht auf vielfältige Weise – durch wirtschaftliche Diskriminierung, durch Rechtssysteme, die Frauen nicht als vollwertige Menschen behandeln, weil sie ihnen beispielsweise Reproduktionsrechte verweigern. Gewalt oder die glaubhafte Androhung von Gewalt ist das mit Abstand brutalste Machtinstrument. Für Millionen von Frauen beginnt die Gewalt zu Hause. Die Familie ist oft keineswegs ein sicherer Hort, sondern eine Keimzelle der Gewalt. Häusliche Gewalt ist weltweit eine allgegenwärtige Konstante im Leben von Frauen. Statistiken über häusliche Gewalt sind bekanntlich unzuverlässig. Teilweise deshalb, weil Gewalt gegen Frauen vom Staat oft ignoriert oder sogar stillschweigend gebilligt wird – mit der Begründung, sie sei »Privatsache«.

»Ehrenmorde« und »Heiratedeinen-Vergewaltiger-Gesetze« gehören zu den krassesten Ausdrucksformen des patriarchalischen Bestrebens, Frauen innerhalb der engen Grenzen von Ehe und Heim unter der Kontrolle von Männern zu halten. Nur dank des außerordentlichen Muts von Fraueninitiativen, die gegen diese Praktiken kämpfen, sind sie zumindest mancherorts inzwischen Vergangenheit.

»Männer haben Angst,
dass Frauen über sie lachen könnten.
Frauen haben Angst,
dass Männer sie töten könnten.«

Margaret Atwood

Königreich der Mündel

In Saudi-Arabien setzt der Staat seine Macht besonders rigoros ein, um Frauen in ihre Schranken zu weisen. Das dortige Rechtssystem basiert fast völlig auf religiösen Gesetzen. Religiöse Fatwas darüber, was Frauen tun oder nicht tun dürfen, sind mit staatlichen Vorschriften verknüpft, die Frauen Beschränkungen auferlegen. »Männliche Vormundschaft« ist das Kernprinzip dieses Kontrollsystems: Jede saudische Frau braucht einen männlichen Vormund. Normalerweise ist es der Vater oder Ehemann, manchmal auch ein Bruder oder sogar ein Sohn, der die Macht hat, eine ganze Reihe wichtiger Entscheidungen für sie zu treffen.

Frauen brauchen die Erlaubnis eines männlichen Vormunds, um:

- ins Ausland zu reisen
- einen Pass zu beantragen
- zu heiraten
- mit einem Staatsstipendium im Ausland zu studieren

Weitere Beschränkungen betreffen die Arbeit, die Gesundheit und den Sozialstatus von Frauen:

- Private Einrichtungen/Unternehmen dürfen von einer Frau die Erlaubnis ihres männlichen Vormunds verlangen, bevor sie sie beschäftigen. Es ist zwar nicht gesetzlich vorgeschrieben, dass Frauen die Erlaubnis ihres Vormunds brauchen, um zu arbeiten, doch Arbeitgeber, die eine solche Erlaubnis fordern, werden nicht bestraft.
- Von Frauen kann eine Einverständniserklärung ihres Vormunds verlangt werden, wenn sie sich medizinisch behandeln lassen wollen.
- Jüngere Gerichtsurteile unterstützten männliche Vormunde, die Frauen verboten, das Haus allein zu verlassen.
- Bei einer Scheidung muss die männliche Vormundschaft vom Ehemann auf einen anderen Mann übertragen werden. Doch während des Scheidungsverfahrens bleibt der Ehemann der Vormund, selbst wenn er gewalttätig war.

»Wir müssen alle innerhalb der Grenzen leben, die unsere Väter oder Ehemänner für uns abstecken.«

Zahra, eine 25-jährige saudische Frau

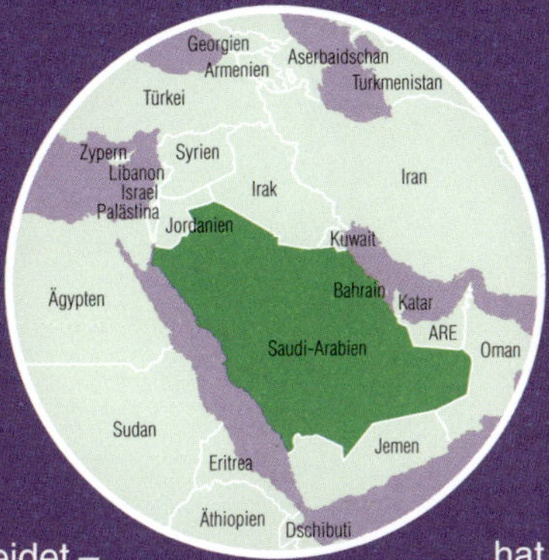

Ausgehen in Saudi-Arabien

- Frauen müssen in der Öffentlichkeit »züchtig« gekleidet – d.h. von Kopf bis Fuß verhüllt – sein. Diese Vorschrift kann tödlich sein: 2002 starben 15 Schulmädchen bei einem Brand in ihrem Schlafsaal, nachdem die Religionspolizei sie daran gehindert hatte, das Gebäude zu verlassen, und keine Feuerwehrleute hineingelassen hatte, weil die Mädchen nicht angemessen gekleidet waren.
- Frauen dürfen keine Zeit mit Männern verbringen, mit denen sie nicht verwandt sind. In öffentlichen Gebäuden, öffentlichen Transportmitteln, Parks, Banken und Schulen herrscht Geschlechtertrennung.
- Frauen dürfen keine öffentlichen Schwimmbecken benutzen, die Männern zugänglich sind.
- Ärztinnen dürfen keine männlichen Patienten behandeln. Ärzte dürfen weibliche Patienten mit Erlaubnis ihres männlichen Vormunds behandeln.

Der lange Weg zum Wandel

Seit den frühen 2000er-Jahren hat die saudische Regierung einige der Vorschriften zur Arbeit und Ausbildung von Frauen gelockert. Der größte Durchbruch steht unmittelbar bevor:

Bis 1990 galt für saudische Frauen ein »gewohnheitsrechtliches Verbot«, selbst Auto zu fahren. 1990 provozierte eine Protestaktion von 47 Frauen, die im Konvoi durch die Straßen von Riad fuhren, eine Gegenreaktion – das Verbot wurde damals offizielle Regierungspolitik. Sie löste aber auch im ganzen Land weitere Protestaktionen von Frauen aus, die sich dem Verbot widersetzten, unterstützt von ein paar männlichen Sympathisanten. 2017 verkündete die Regierung schließlich, dass es saudischen Frauen ab Juni 2018 gestattet sein würde, Auto zu fahren. Die Regierung bestritt, dass die Protestaktionen der Frauen diese Entscheidung beeinflussten.

Gesetzlich zu Gehorsam verpflichtet

Nur einige der Länder, in denen verheiratete Frauen ihren Ehemännern gehorchen müssen:

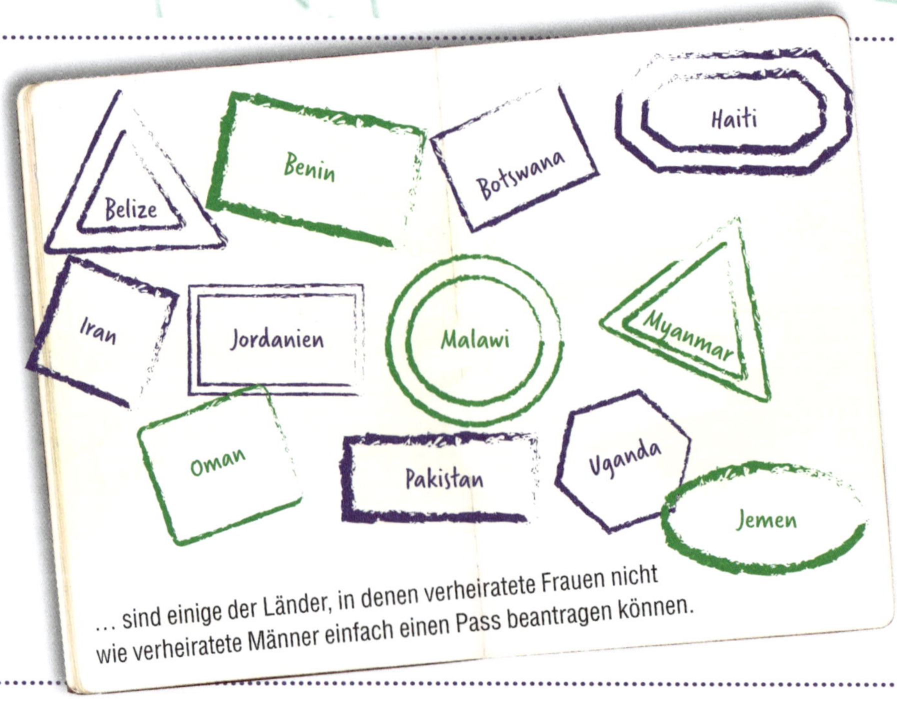

UND …

Demokratische Republik Kongo
Verheiratete Frauen brauchen die Erlaubnis des Ehemannes für Rechtsgeschäfte wie das Eröffnen eines Bankkontos.

Kuwait
Ehemänner haben ein einseitiges Scheidungsrecht. Ehefrauen können nur in begrenzten Fällen die Scheidung beantragen.

Sudan
Frauen brauchen die Erlaubnis eines männlichen Vormunds für Ausweispapiere und Reisen im In- und Ausland.

Bekleidungsvorschriften

2013/2014

50 Länder reglementierten durch mindestens ein Gesetz auf lokaler oder nationaler Regierungsebene, wie Frauen sich aus religiösen Gründen kleiden sollten:

- 38 Länder hatten Vorschriften, die es Frauen verboten, unter bestimmten Umständen religiöse Kleidung zu tragen.
- 11 Länder hatten Vorschriften, die Frauen verpflichteten, unter bestimmten Umständen religiöse Kleidung zu tragen.
- 1 Land, nämlich Russland, hatte beides: In Tschetschenien mussten Frauen in öffentlichen Gebäuden Kopftücher tragen. In Stawropol waren Hidschabs in öffentlichen Schulen verboten.

Nur einige der Sachen, die Dich in Schwierigkeiten bringen können

Einige Regierungen erließen im Namen der Aufrechterhaltung von Anstand und Ordnung Kleidungsvorschriften für Frauen. Was Frauen wo verboten wurde:

- Sudan: »unanständige Kleidung«, z.B. Hosen und kurze Röcke
- Nordkorea: Hosen
- Uganda: kurze Röcke, Shorts
- Saudi-Arabien: nackte Haut und unverhüllte Haare
- Frankreich: Burkas
- Österreich: Burkas

Die öffentliche Meinung

Sollten Frauen selbst entscheiden können, wie sie sich kleiden?

Prozentualer Anteil der Befragten, die fanden, dass Frauen ihre Kleidung selbst auswählen können sollten

2013

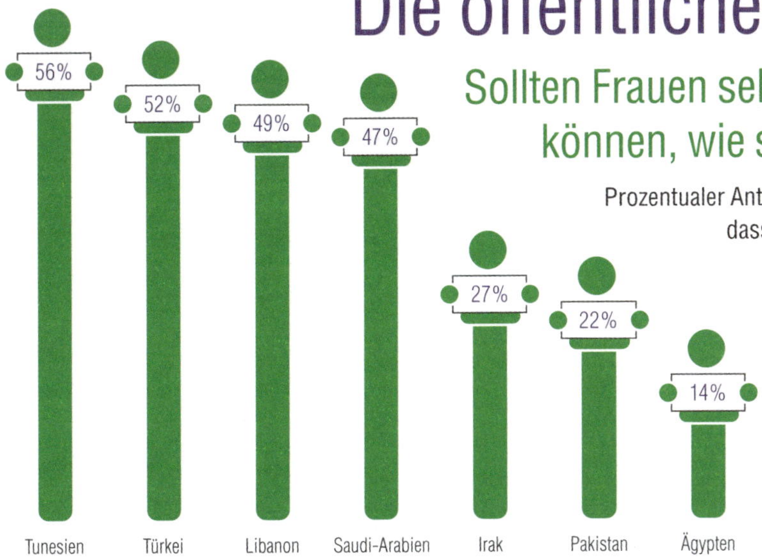

»Ehrenmorde«

In vielen Teilen der Welt besteht für Frauen und Mädchen die Gefahr, Opfer eines sogenannten »Ehrenmords« zu werden, wenn sie eines Verhaltens verdächtigt werden, das als unzüchtig, als Verstoß gegen die Geschlechternormen oder als sexuelle Verfehlung betrachtet wird. »Ehrenmorde« werden typischerweise von Familienmitgliedern, meistens von Brüdern oder Vätern, begangen, um die Familienehre wiederherzustellen, die nach ihren Vorstellungen durch das Verhalten der Frau verletzt wurde. Für LGBTI-Menschen ist die Gefahr, Opfer eines »Ehrenmords« zu werden, besonders groß, da ihre bloße Existenz traditionelle Geschlechternormen infrage stellt.

Weitere Formen von Gewalt im Namen der »Ehre« sind die Zwangsverheiratung, die Verschleppung und das Einsperren von »fehlgeleiteten« Frauen und Mädchen. Zu den Ländern, in denen besonders häufig »Ehrenmorde« begangen werden, gehören:

Afghanistan
Nach dem afghanischen Strafgesetzbuch kann ein Mann, der einen »Ehrenmord« beging, nachdem er seine Frau beim Ehebruch ertappt hatte, maximal zu 2 Jahren Gefängnis verurteilt werden.

Iran
Das Strafgesetzbuch gewährt Vätern und anderen Familienmitgliedern, die »Ehrenmorde« begehen, Strafminderung.

Ägypten
»Ehrenmorde« geschehen insbesondere in ländlichen Gebieten.

Marokko

Irak
Das Gesetz erlaubt Strafminderungen bei Straftaten aus Gründen der »Ehre«. Zum Beispiel beschränkt eine Klausel die Strafe für Mord auf maximal 3 Jahre Gefängnis, wenn der Angeklagte seine Frau oder eine weibliche Abhängige aufgrund des Verdachts tötete, dass sie Ehebruch beging.

Bangladesch

Indien
2015 erfasste die Polizei 251 Fälle.

Jemen
»Ehrenmorde« geschehen insbesondere in ländlichen Gebieten.

Kuwait
Das Strafgesetzbuch stuft einige Verbrechen im Namen der Ehre nur als Vergehen ein.

Pakistan
Ein Gesetz von 2004 über »Ehrenmorde« und der ›Prevention of Anti-Women Practices Act‹ von 2011 kriminalisieren Gewalt gegen Frauen im Namen traditioneller Praktiken. Doch trotz dieser Gesetze werden jedes Jahr Hunderte von Frauen Opfer von »Ehrenmorden«. Eine Studie von 2009 ergab, dass mindestens 21% aller in Pakistan begangenen Morde (an Männern und Frauen) »Ehrenmorde« an Frauen waren. 55% der dokumentierten »Ehrenmorde« wurden mit Schusswaffen verübt, 11% mit Äxten.

Jordanien

Syrien
Das Gesetz erlaubt es Richtern, gesetzliche Strafen für Mord und Körperverletzung zu mindern, wenn der Angeklagte glaubhaft versichert, dass er die Tat beging, um die Ehre zu verteidigen.

Tschetschenien

»Gerechtfertigte« Schläge

Anteil der Frauen und Männer zwischen 15 und 49 Jahren, die es »gerechtfertigt« finden, wenn ein Mann seine Ehefrau aus einem oder mehreren der folgenden 5 Gründe schlägt: Das Essen ist angebrannt. Sie streitet mit ihm. Sie geht aus, ohne es ihm zu sagen. Sie vernachlässigt die Kinder. Sie verweigert den Geschlechtsverkehr.

Ausgewählte Beispiele, Daten seit 2011

Überraschenderweise bejahen in den meisten Ländern mehr Frauen als Männer die Frage, ob es gerechtfertigt sein kann, die Ehefrau zu schlagen.

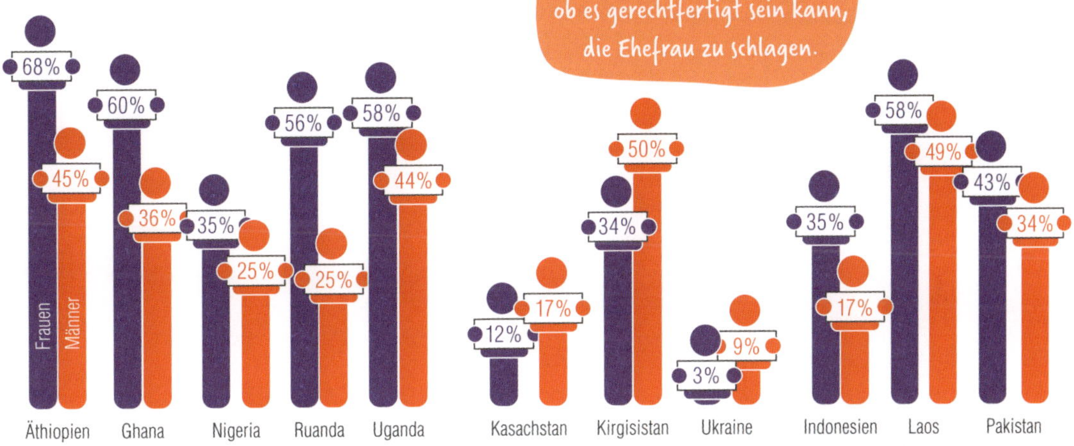

Darüber sprechen oder nicht

In vielen Ländern sucht weniger als die Hälfte der Frauen, die Gewalt erfahren, Hilfe. Von den Frauen, die Hilfe suchen, wenden sich die meisten an die Familie und Freund*innen. Nur sehr wenige gehen zur Polizei.

Prozentualer Anteil von Frauen zwischen 15 und 49 Jahren, die Gewalt erfuhren und Hilfe suchten

Ausgewählte Beispiele, Daten von 2000–2013

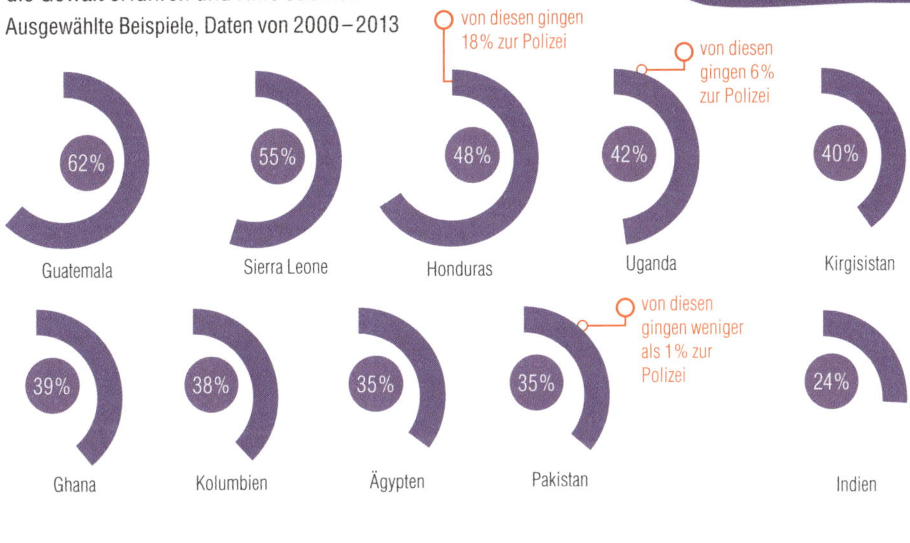

Häusliche Gewalt nach Ländern

Frauen, die mindestens einmal in ihrem Leben körperliche Gewalt durch einen Beziehungspartner erfuhren

Daten seit 2010

- 20% und weniger
- 21%–35%
- 36%–50%
- mehr als 50%

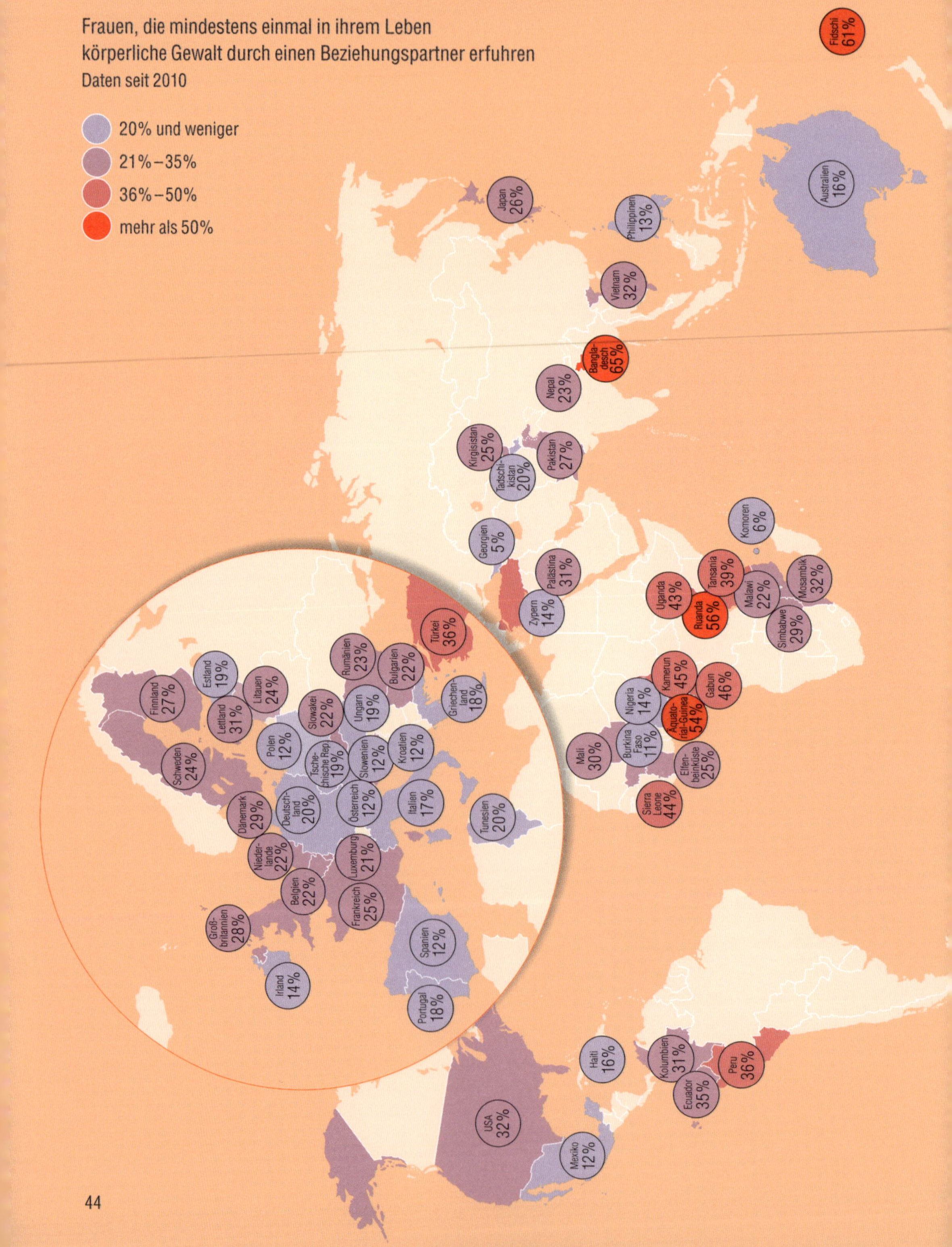

Häusliche Gewalt nach Regionen

Anteil von Frauen zwischen 15 und 69 Jahren,
die Gewalt durch einen Beziehungspartner erfuhren
Daten seit 2010

»Tagtäglich sind viele Menschen auf der Welt Folter, Hunger, Terrorismus, Demütigung und sexueller Gewalt ausgesetzt oder werden sogar ermordet, einfach weil sie Frauen sind. Verbrechen wie diese an jeder anderen Gruppe als Frauen würden als ziviler und politischer Notstand sowie als grobe Verletzung der Menschlichkeit der Opfer wahrgenommen werden.«
Charlotte Bunch

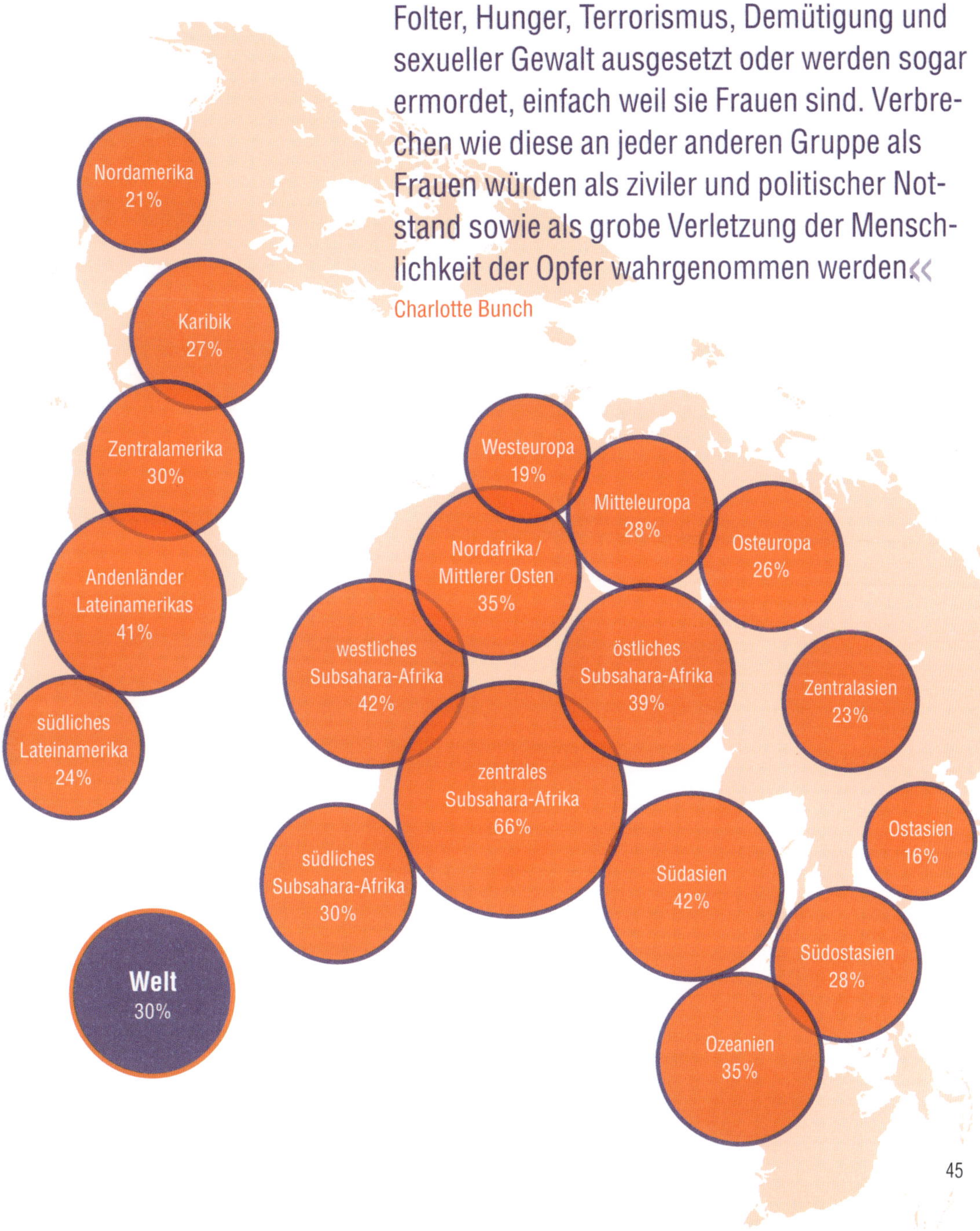

Im Fokus: Gewalt durch Partner

USA

Körperliche Gewalt durch Partner ist seit der Verabschiedung des ›Violence Against Women Act‹ im Jahr 1994 um 67% zurückgegangen.

ABER!

Sie ist immer noch weitverbreitet.

USA: Körperliche Gewalt nach Race und Ethnie

Frauen, die im Laufe ihres Lebens körperliche Gewalt durch einen Beziehungspartner erfuhren 2011

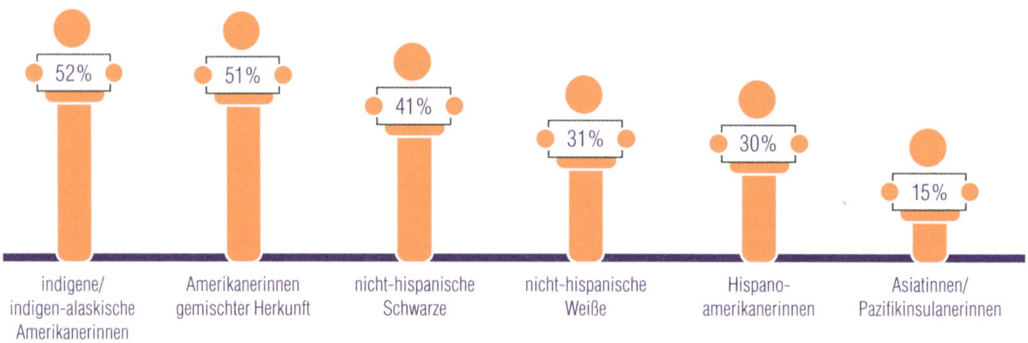

ENGLAND & WALES

In England und Wales macht häusliche Gewalt ein Drittel aller dokumentierten Gewaltdelikte aus.

Allein in einem Jahr, vom März 2015–März 2016, wurden 1,2 Millionen Frauen und 651 000 Männer Opfer von häuslicher Gewalt.

In der Dekade von 2006 bis 2016 machten 9% aller Frauen in England und Wales zwischen 16 und 59 Jahren Erfahrung mit häuslicher Gewalt; bei jungen Frauen zwischen 16 und 19 Jahren waren es 13%.

INDIEN

Von 2001–2012 waren 45–50% aller dokumentierten Straftaten, die an Frauen begangen wurden (im Gegensatz zu allgemeinen Straftaten wie Raub), Fälle von »Grausamkeit durch den Ehemann oder seine Verwandten«.

CHINA

Die für die Förderung von Frauenrechten zuständige Regierungsbehörde schätzt, dass eine von vier verheirateten Frauen geschlagen wird.

Chinas erstes Gesetz gegen häusliche Gewalt (das ›Family Violence Law‹) trat 2016 in Kraft.

Frauenhäuser

Das Jahr, in dem das erste Frauenhaus eröffnet wurde

ausgewählte Länder

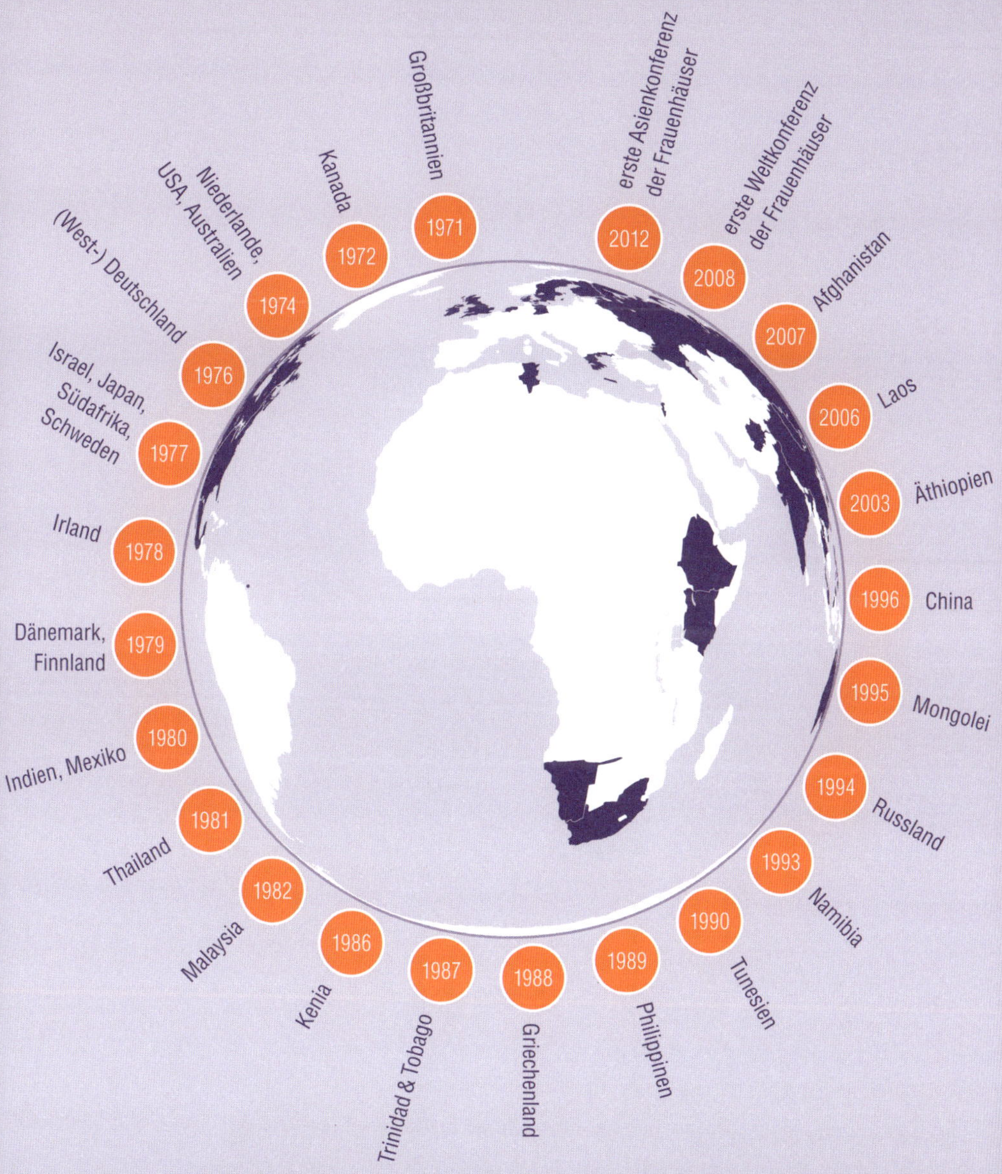

»Heirate-deinen-Vergewaltiger«-Gesetze

In vielen Ländern erlauben die Gesetze es einem Vergewaltiger, eine Bestrafung zu vermeiden, indem er das Opfer heiratet – in den meisten Fällen macht es keinen Unterschied, ob die Frau der Heirat zustimmt oder nicht. Oft sind es Familienmitglieder, die die weiblichen Opfer im Namen der Wahrung der »Familienehre« in diese Ehen zwingen. Feministische Initiativen und Menschenrechtsorganisationen verurteilen diese Gesetze scharf und setzen sich mit zunehmendem Erfolg für deren Abschaffung ein.

Ungestraft vergewaltigen

Gesetze und rechtliche Schlupflöcher gibt es noch in diesen Ländern:

BAHRAIN ✓

2016 stimmte das Parlament für die Abschaffung des Gesetzes, aber seit Juli 2017 ist die Regierung nur im Falle einer Gruppenvergewaltigung bereit, die Heiratsoption aufzuheben.

ÄQUATORIAL-GUINEA ✓

ANGOLA ✓

PALÄSTINA ✓

KAMERUN ✓

Wenn das Opfer dem Pubertätsalter entwachsen ist.

KUWAIT ✓

doppelte männliche Willkür: Der Vergewaltiger kann eine Bestrafung vermeiden, wenn er das Opfer mit der Erlaubnis von dessen männlichem Vormund rechtmäßig heiratet, und der Vormund beantragt, dass der Vergewaltiger nicht bestraft wird.

SYRIEN ✓

LYBIEN ✓

IRAK ✓

TONGA ✓

Wenn die Eltern des Opfers zustimmen.

Aufgehoben! Dank einer Feministin!

2017: Jordanien, Libanon, Tunesien · 2014: Marokko, Bolivien, Mosambik, Ecuador · 2012: Argentinien

ABAAD, eine Frauenorganisation im Libanon, setzt sich seit 2011 für Gender-Rechte und sexuelle Rechte ein. 2017 startete sie über soziale Medien eine ehrgeizige Medienkampagne gegen das »Vergewaltigungsgesetz«. Noch im selben Jahr wurde das Gesetz aufgehoben. Andere diskriminierende Gesetze bleiben bestehen.

Vergewaltigung

Anteil der Frauen, die mindestens ein Mal in ihrem Leben Opfer sexueller Gewalt wurden

Daten seit 2011

Europa Durchschnittlich führen nur 14% der Anzeigen wegen Vergewaltigungen zu einer Verurteilung.

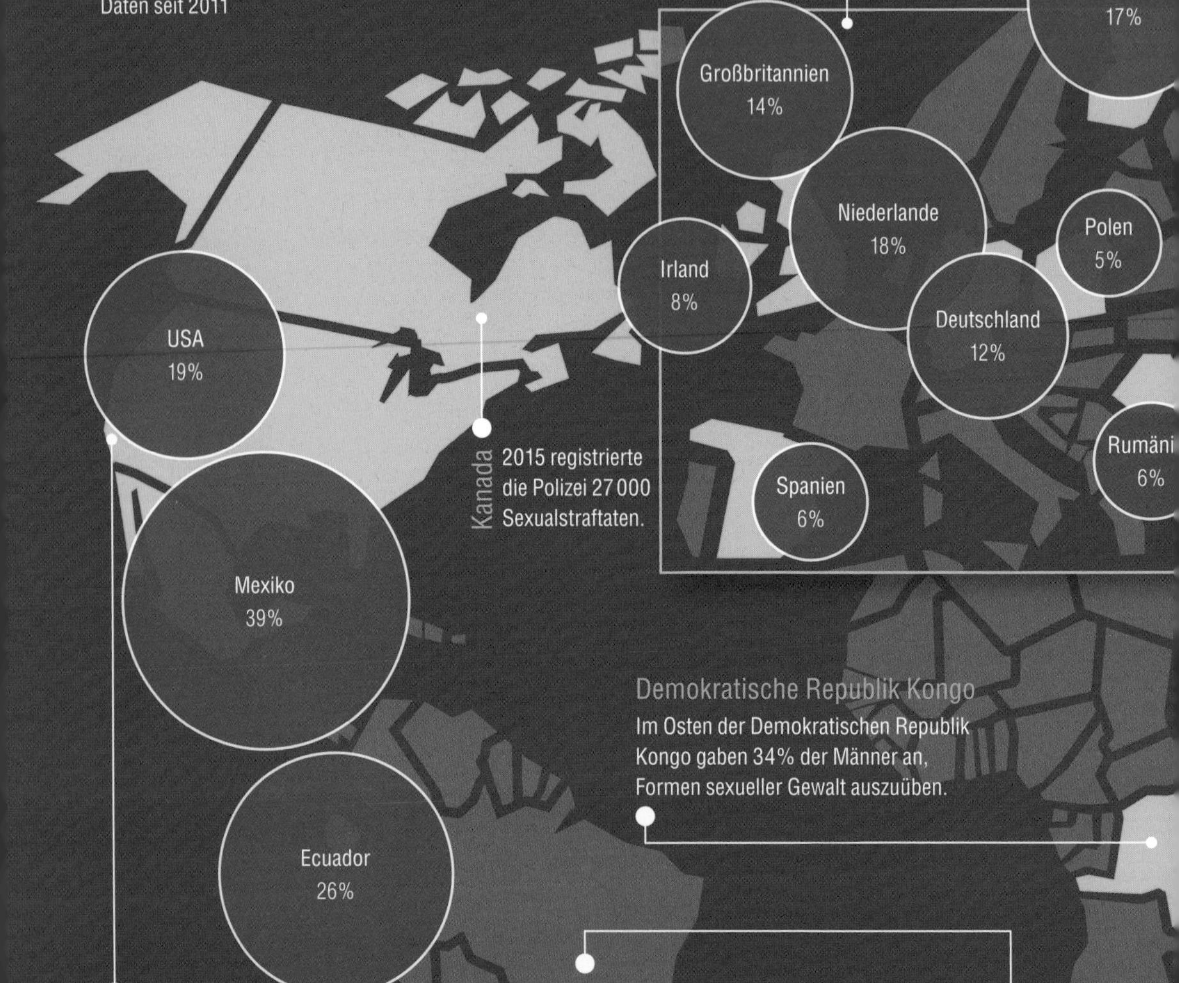

Kanada 2015 registrierte die Polizei 27 000 Sexualstraftaten.

Demokratische Republik Kongo

Im Osten der Demokratischen Republik Kongo gaben 34% der Männer an, Formen sexueller Gewalt auszuüben.

USA Im Durchschnitt wurden 19% der Frauen in den USA mindestens einmal in ihrem Leben vergewaltigt;
28% erlebten unerwünschten sexuellen Kontakt, dazu gehören gewaltsames Grabschen und Küssen.
39% der indigenen/indigen-alaskischen Amerikanerinnen wurden vergewaltigt.

Südafrika Südafrika weist weltweit eine der höchsten Vergewaltigungsquoten auf. In einer Umfrage aus dem Jahr 2009 gaben 28% der Männer an, eine Frau vergewaltigt zu haben; ein Großteil von ihnen gab mehrfache Vergewaltigung an. Von 2015 bis 2016 wurden in Südafrika 43 000 Vergewaltigungen bei der Polizei angezeigt und damit nur ein Bruchteil der tatsächlich verübten Vergewaltigungen. Menschenrechtsorganisationen schätzen, dass 40% der Südafrikanerinnen im Laufe ihres Lebens Oper einer Vergewaltigung werden und nur 1 von 9 Vergewaltigungen zur Anzeige gebracht wird. Die Verurteilungsquote von angezeigten Vergewaltigungen beträgt durchschnittlich zwischen 4 und 8%.

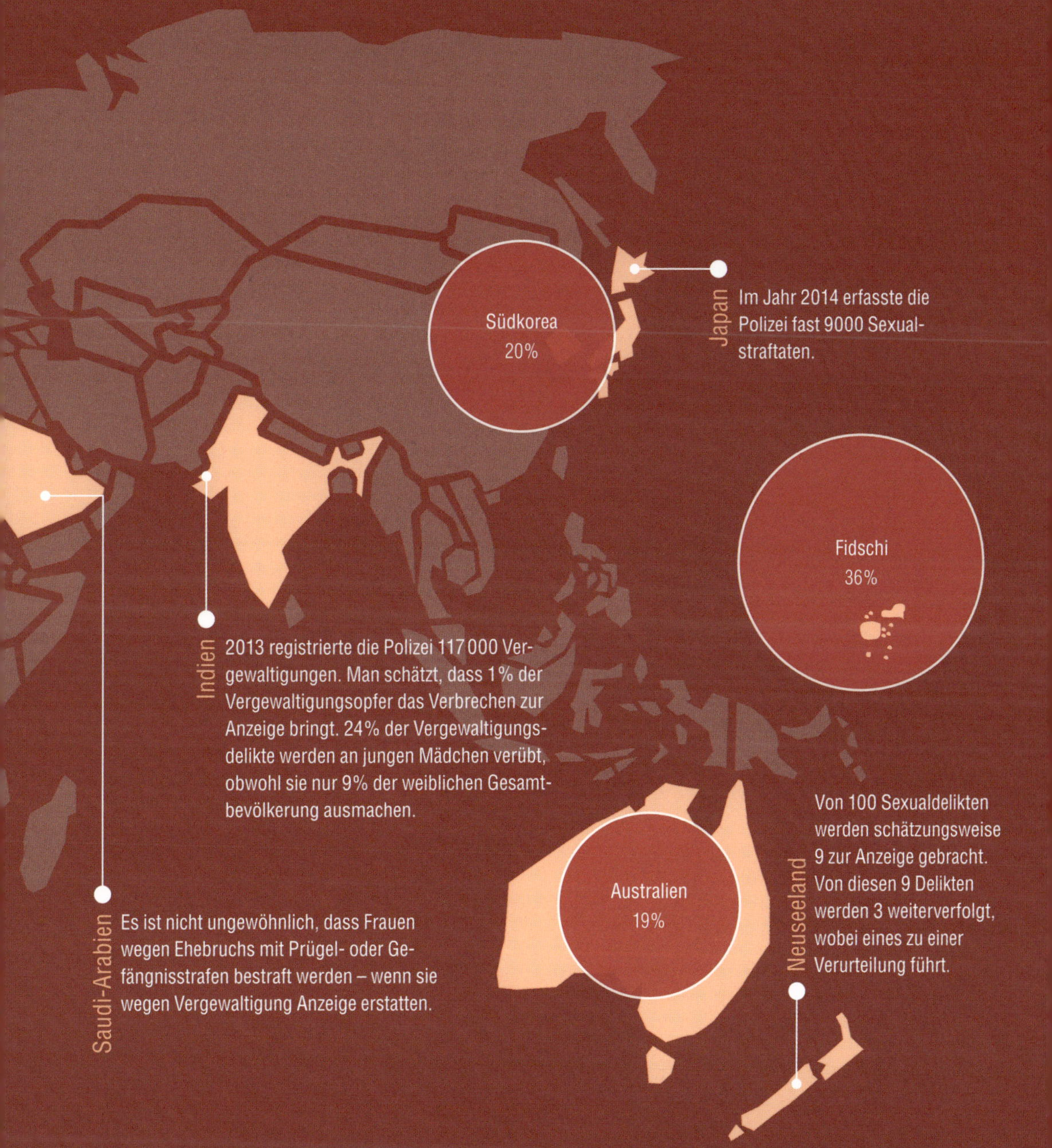
Südkorea
20%
Japan
Im Jahr 2014 erfasste die Polizei fast 9000 Sexualstraftaten.
Fidschi
36%
Indien
2013 registrierte die Polizei 117 000 Vergewaltigungen. Man schätzt, dass 1% der Vergewaltigungsopfer das Verbrechen zur Anzeige bringt. 24% der Vergewaltigungsdelikte werden an jungen Mädchen verübt, obwohl sie nur 9% der weiblichen Gesamtbevölkerung ausmachen.
Neuseeland
Von 100 Sexualdelikten werden schätzungsweise 9 zur Anzeige gebracht. Von diesen 9 Delikten werden 3 weiterverfolgt, wobei eines zu einer Verurteilung führt.
Australien
19%
Saudi-Arabien
Es ist nicht ungewöhnlich, dass Frauen wegen Ehebruchs mit Prügel- oder Gefängnisstrafen bestraft werden – wenn sie wegen Vergewaltigung Anzeige erstatten.

Vergewaltigung in Kriegsgebieten

Systematische oder weitverbreitete Vergewaltigungen von Frauen durch Soldaten/Paramilitärs als Teil eines bewaffneten Konflikts

1990er-Jahre bis 2018, soweit bekannt

Das Römische Statut des Internationalen Strafgerichtshofs aus dem Jahr 1998 definierte Vergewaltigung, sexuelle Sklaverei, Nötigung zur Prostitution, erzwungene Schwangerschaft, Zwangssterilisation oder jede andere Form sexueller Gewalt von vergleichbarer Schwere als Verbrechen gegen die Menschlichkeit sowie als Kriegsverbrechen. 2008 verabschiedete der UN-Sicherheitsrat eine Resolution gegen den Einsatz sexueller Gewalt als Kriegswaffe.

Bosnien und Herzegowina
Nach Schätzungen vergewaltigten 1992 serbische Truppen 20 000 bis 50 000 muslimische Frauen, viele davon in »Vergewaltigungslagern«.

Myanmar
Vergewaltigung ist Teil einer Vertreibungskampagne und wird systematisch eingesetzt, um die Rohingya, eine ethnische muslimische Minderheit, aus dem Land zu drängen.

Zentralafrikanische Republik
Seit 2012 schwelt im Westen des Landes ein Bürgerkrieg, im Zuge dessen bei bewaffneten Überfällen Vergewaltigung und sexuelle Sklaverei gezielt eingesetzt werden.

Demokratische Republik Kongo
Seit Jahren wird Vergewaltigung in unvorstellbarem Ausmaß verübt. Zehntausende von Menschen, darunter auch Männer, wurden entführt und brutal vergewaltigt. Eine Studie aus dem Jahr 2010 zeigte, dass 22% der Männer und 30% der Frauen im östlichen Kongo Opfer kriegerischer sexueller Gewalt wurden.

Südsudan
Vergewaltigung, auch Gruppenvergewaltigung und sexuelle Sklaverei sind straffrei. Regelmäßig werden Mädchen entführt, um Warlords als Sexsklavinnen zu dienen.

Philippinen
Es liegen immer mehr Berichte über Vergewaltigungen durch nationale Streitkräfte im Rahmen »antiterroristischer Operationen« vor, besonders in Mindanao. Präsident Duterte hat sich mehrmals über Vergewaltigungen im Zuge des Konflikts lustig gemacht, offenbar, um die Praxis zu unterstützen.

Der Vergewaltiger im eigenen Zuhause

Anteil der Frauen, die mindestens ein Mal in ihrem Leben Opfer sexueller Gewalt durch ihren Partner wurden
Ausgewählte Beispiele, Daten seit 2011

Frauen in gewalttätigen Beziehungen haben gegenüber solchen in gewaltfreien Beziehungen ein vierfach erhöhtes Risiko, sich mit einer sexuell übertragbaren Krankheit zu infizieren, darunter auch HIV.

Vergewaltigung in der Ehe

In vielen Ländern wird Vergewaltigung in der Ehe nicht explizit als Verbrechen eingestuft. In anderen, darunter auch den unten aufgeführten Ländern, ist Vergewaltigung in der Ehe erlaubt.

Iran

Artikel 1108 in Irans Zivilgesetzbuch verpflichtet Frauen, die sexuellen Bedürfnisse ihres Ehemanns jederzeit zu erfüllen. Verweigert eine Ehefrau die Ausübung von Sex mit ihrem Ehemann, stellt dies einen noshuz (Ungehorsam) dar, der ihren Anspruch auf Unterhalt zunichtemachen kann.

Indien

Im August 2017 reichte die indische Regierung einen Schriftsatz ein, um gegen eine mögliche Einstufung von Vergewaltigung in der Ehe als Gesetzesverstoß Einspruch zu erheben. Die Regierung brachte ihre Bedenken zum Ausdruck, die Kriminalisierung von Vergewaltigung in der Ehe könne »die Institution der Ehe destabilisieren und dazu missbraucht werden, den Ehemann zu schikanieren«.

Bahamas

2009 brachte ein Parlamentsabgeordneter einen Gesetzesentwurf ein, der Vergewaltigung in der Ehe unter Strafe gestellt hätte. Da der Gesetzesentwurf auf erheblichen Widerspruch stieß, wurde er wieder verworfen.

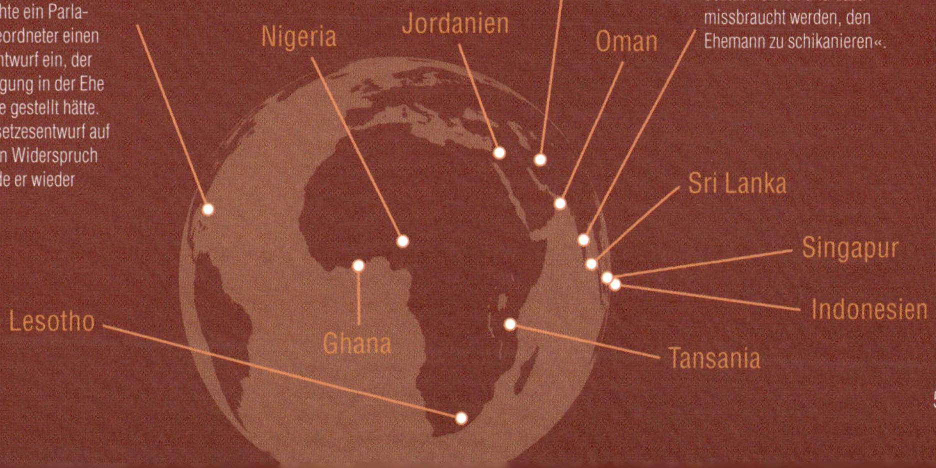

Mord an Frauen

USA

2015 wurden über 1800 Frauen und Mädchen ermordet (bei Einzelopfer-/Einzeltäterdelikten). Über 90% wurden von Männern ermordet. Zwischen 2004 und 2014 wurden 10 018 Frauen ermordet. Sehr wenige Frauen werden von Fremden getötet: Gut 50% der Morde an Frauen werden vom Beziehungspartner begangen. Nur 5% der männlichen Mordopfer werden von ihrer Beziehungspartnerin getötet.

Niemals ist im Leben einer Frau, die ihren misshandelnden Partner verlässt, das Risiko, ermordet zu werden, so groß, wie in den ersten Wochen nach der Trennung: Es steigt um das 70-Fache.

Ethnische Herkunft, Race und Mord in den USA

	Anteil der Morde im Kontext von Gewalt gegen die Beziehungspartnerin	Anteil der Morde, die mit Schusswaffen begangen werden	Mordrate pro 100 000 Einwohner
Nicht-hispanische Schwarze	51%	58%	4,4
Indigene/indigen-alaskische Amerikanerinnen	55%	39%	4,3
Hispanas	61%	49%	1,8
Nicht-hispanische Weiße	57%	53%	1,5
Aus dem Asien-Pazifik-Raum Stammende	58%	40%	1,2

Kanada

Indigene Frauen haben im Vergleich zu nicht-indigenen Frauen ein dreifach erhöhtes Risiko, Opfer von brutalem Missbrauch zu werden, und ein vierfach erhöhtes Risiko, ermordet zu werden. Ein Bericht aus dem Jahr 2014 kam zu dem Ergebnis, dass zwischen 1980 und 2012 1017 indigene Frauen ermordet und weitere 164 vermisst wurden. Man geht davon aus, dass die Dunkelziffer weitaus höher ist. International betrachtet haben Frauen, die als Prostituierte arbeiten, im Vergleich zu Nicht-Prostituierten ein 100-fach erhöhtes Risiko, ermordet zu werden, wobei die Aufklärung von Prostituiertenmorden weniger wahrscheinlich ist. In Kanada betrug die Rate aller ungeklärten Mordfälle zwischen 1991 und 2014 20%. Der Anteil ungeklärter Morde an Sexarbeiterinnen betrug 34%.

Mexiko

Hunderte, vielleicht sogar Tausende von Frauen und Mädchen wurden in den letzten 20 Jahren in Nordmexiko entführt und ermordet. Bei dieser »Häufung von Frauenmorden« treffen scheinbar mehrere Faktoren zusammen: Aktionen durch das organisierte Verbrechen, Drogenhandel und tödlich endende sexuelle Übergriffe – vor Kurzem noch unterstützt und begünstigt durch die bemerkenswerte Gleichgültigkeit der Behörden. Alleine im Jahr 2011 wurden im Zuge dieser Epidemie in einer Stadt, Ciudad Juárez, 300 Frauen ermordet.

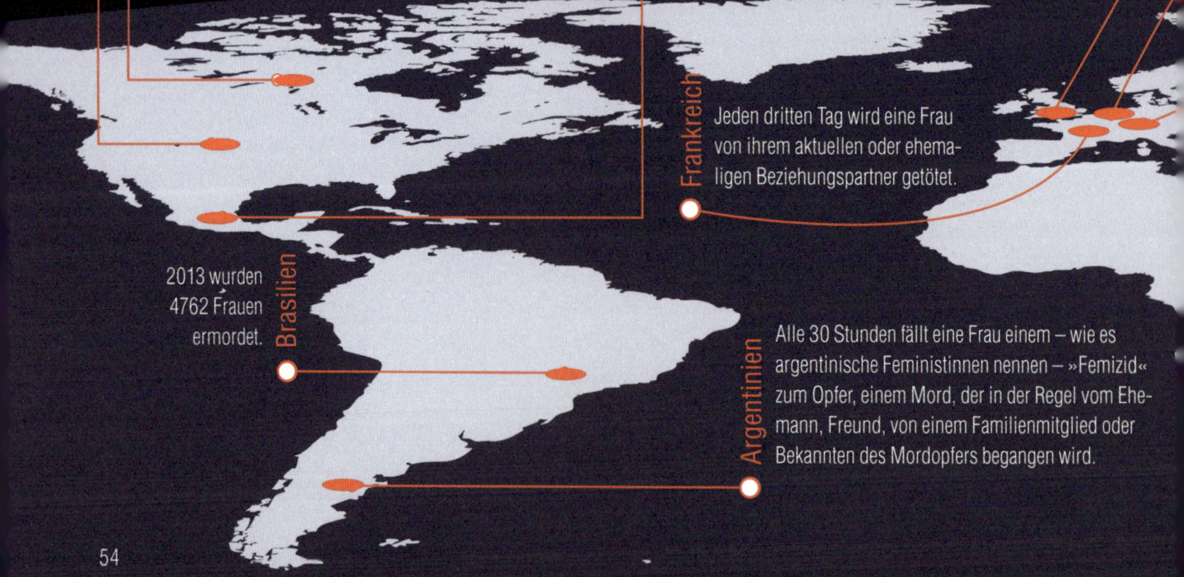

Frankreich

Jeden dritten Tag wird eine Frau von ihrem aktuellen oder ehemaligen Beziehungspartner getötet.

Brasilien

2013 wurden 4762 Frauen ermordet.

Argentinien

Alle 30 Stunden fällt eine Frau einem – wie es argentinische Feministinnen nennen – »Femizid« zum Opfer, einem Mord, der in der Regel vom Ehemann, Freund, von einem Familienmitglied oder Bekannten des Mordopfers begangen wird.

International

Die 5 Länder mit den höchsten Mordraten an Frauen und Mädchen sind:
El Salvador
Jamaika
Guatemala
Südafrika
Russland

International

Die größte Gruppe der Menschen, die gewaltsam zu Tode kommen, bilden Männer und Jungen. Doch in vielen Ländern, auch in einigen einkommensstarken, ist die Mordrate an Frauen gleich groß oder größer als die an Männern. Dazu zählen:
Österreich
Deutschland
Hongkong
Japan
Luxemburg
Neuseeland
Slowenien
Schweiz

England & Wales

Häusliche Gewalt mündet jährlich in die Tötung von 100 Frauen und 30 Männern. Durchschnittlich erleidet ein Opfer häuslicher Gewalt 35 Übergriffe, bevor es die Polizei ruft.

Niederlande

Über die Hälfte der zwischen 2011 und 2015 ermordeten Frauen starben durch die Hand ihres aktuellen oder ehemaligen Partners. Im selben Zeitraum fiel etwa nur ein Drittel der ermordeten Männer einer bekannten Person zum Opfer.

Russland

Man schätzt, dass 14 000 Frauen jährlich von ihren männlichen Beziehungspartnern ermordet werden.

Deutschland

Im Jahr 2018 wurden 140 755 Menschen, die in einer Beziehung lebten, Opfer von Mord, Körperverletzung, Vergewaltigung, sexueller Belästigung, Bedrohung oder Stalking. Darunter waren 81 % Frauen.

Weißrussland

In den ersten 10 Monaten des Jahres 2015 verzeichnete die Polizei knapp 2000 Opfer häuslicher Gewalt, von denen 76% weiblich waren. 96 Opfer häuslicher Gewalt starben infolge dieser. 169 erlitten schwere Verletzungen.

Japan

Durchschnittlich wird jeden dritten Tag eine Frau von ihrem Beziehungspartner oder Ex-Partner ermordet.

Türkei

Ende 2015 berichtete die Gruppe »Stop Women Murders Now«, dass 328 Frauen im Laufe des Jahres ermordet worden waren.

Australien

2015 wurden 80 Frauen brutal getötet, in 80% der Fälle führte häusliche Gewalt zu ihrer Ermordung.

Südafrika

Alle 6 Stunden wird eine Frau von ihrem aktuellen oder ehemaligen Partner ermordet.

Mitgiftmorde

Traditionsgemäß überließ die Familie der Braut dem Bräutigam und dessen Familie Geld und teils großzügige Geschenke, um sicherzustellen, dass die Tochter in ihrem neuen Zuhause gut versorgt war. Heute ist die Tradition der Mitgift in Indien gesetzeswidrig, wird aber nach wie vor gepflegt. Jedes Jahr gibt es Tausende von Fällen, in denen die Familie des Bräutigams nach der Hochzeit eine größere Mitgift einfordert. Oftmals münden diese Forderungen in immer dreistere Erpressungen und Schikanen, die zu Selbstmord oder der Ermordung der Braut führen. Mitgiftmorde, darunter viele Verbrennungen, die als Küchenunfälle getarnt werden, treten vereinzelt auf der ganzen Welt auf, sehr gehäuft in Bangladesch, Indien und Pakistan.

Pakistan

- Obwohl absolut betrachtet die höchste Zahl an Mitgiftmorden in Indien zu verzeichnen ist, weist Pakistan die höchste *Rate* proportional zur Einwohnerzahl auf.
- Durchschnittlich werden 2000 Frauen pro Jahr durch Mitgifterpressung getötet; die tatsächliche Zahl der Todesfälle ist wahrscheinlich wesentlich höher.

Indien

- Das Frauenministerium schätzt, dass zwischen 2012 und 2014 fast 25 000 Frauen im Kontext von Mitgiftstreitigkeiten entweder Selbstmord begingen oder ermordet wurden.
- 2015 starben schätzungsweise 7634 Frauen wegen Mitgiftstreitigkeiten.
- 2016 wurden täglich 21 Mitgiftmorde verzeichnet, die Dunkelziffer ist wesentlich höher.
- Die Verurteilungsquote bei Mitgiftmorden beträgt weniger als 35%.

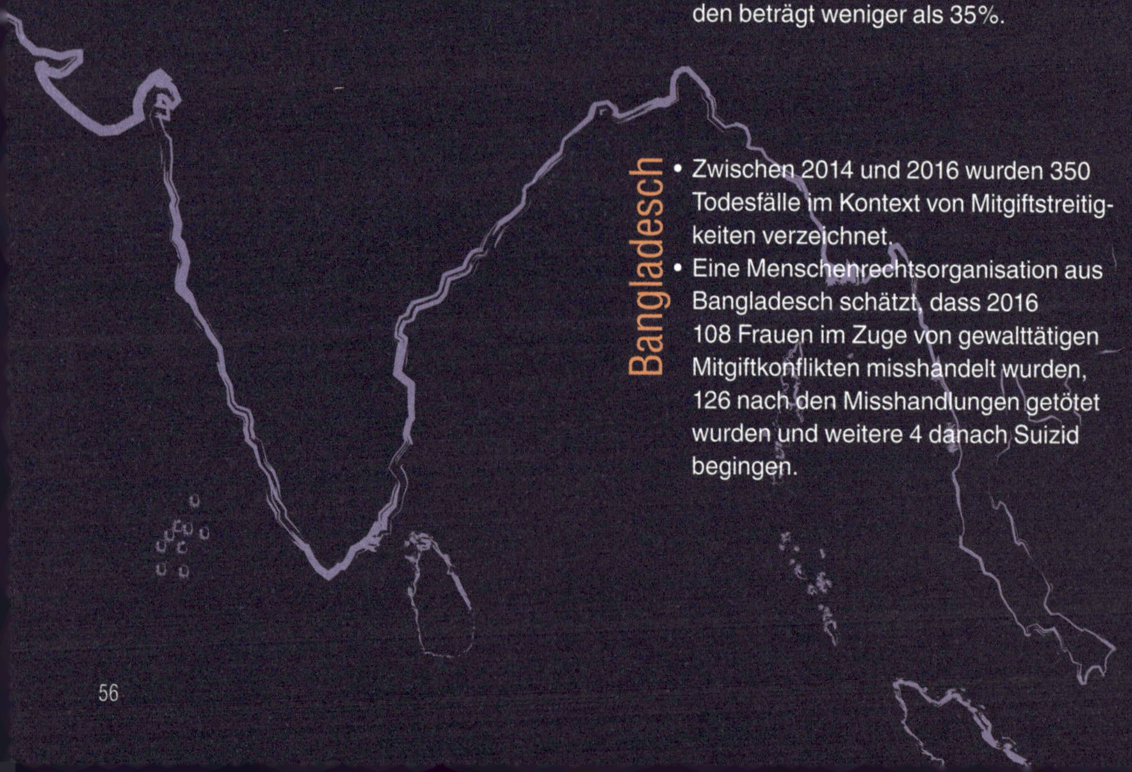

Bangladesch

- Zwischen 2014 und 2016 wurden 350 Todesfälle im Kontext von Mitgiftstreitigkeiten verzeichnet.
- Eine Menschenrechtsorganisation aus Bangladesch schätzt, dass 2016 108 Frauen im Zuge von gewalttätigen Mitgiftkonflikten misshandelt wurden, 126 nach den Misshandlungen getötet wurden und weitere 4 danach Suizid begingen.

Fundamentalistische Kriege gegen Frauen

In vielen Ländern werden Frauenrechte zunehmend durch religiösen Fundamentalismus beschnitten: Der buddhistische Fundamentalismus in Myanmar, der katholische in Polen, der christliche in den USA, der hinduistische in Indien und der islamistische in Algerien sind nur einige Beispiele.

Restriktionen gegen Frauen im Namen religiöser Traditionen stehen nur symptomatisch für größere Menschenrechtsverstöße sowie politische Repressionen. Diese florieren in einem Klima umfassender Unterdrückung, das das Leben von Frauen und Männern in unzähligen Aspekten beeinträchtigt.

In den letzten 20 Jahren erschienen schwer militarisierte fundamentalistische Bewegungen auf der Bildfläche, deren Glaubenslehren die extreme Unterdrückung der Frau als zentralen Aspekt beinhalten: Al Kaida, Boko Haram, Al-Shabaab, Taliban, ISIL (Daesch/ISIS). Die von ihnen betriebene Misogynie erreicht nie da gewesene Extreme. Gleichzeitig gibt es das Phänomen, dass Menschen ihre eigene Unterdrückung befeuern: Manche Frauen haben sich diesen Gruppen angeschlossen und proklamieren die Rechtmäßigkeit ihrer sozialen Codes.

Überall kämpfen Menschen gegen den Aufschwung des Fundamentalismus. Besonders Feministinnen setzen sich dafür ein, die Rechtmäßigkeit fundamentalistischer Vorschriften infrage zu stellen und alternative Interpretationen religiöser Texte anzubieten. In Kurdistan und Nigeria gründeten Frauen bewaffnete Widerstandsgruppen gegen fundamentalistische Kräfte.

Boko Haram

Frauenfeindliches Charakteristikum der Boko Haram:

Entführung von Schulmädchen, um sie anschließend zu einer »Ehe« zu zwingen

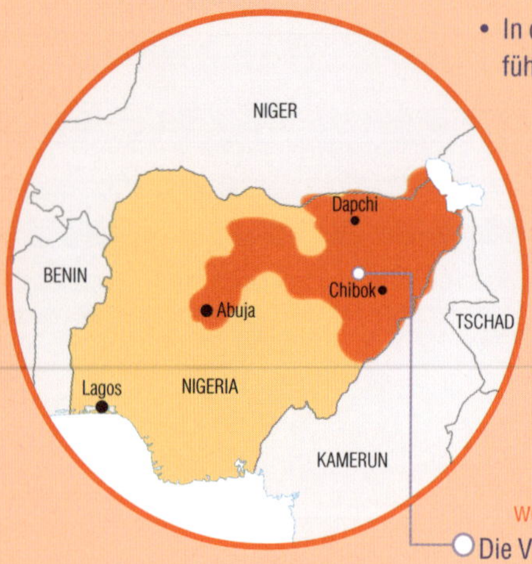

- In den letzten 10 Jahren wurden mehr als 2000 Frauen und Mädchen entführt.
- Entführte Mädchen erleiden systematische körperliche und sexuelle Gewalt, meist Gruppenvergewaltigungen. Sie werden Kämpfern zur »Ehefrau« gegeben.
- In Kämpfen werden wesentlich mehr Männer als Frauen getötet, doch ist der Frauenanteil unter den 1,8 Millionen landesinternen Entführungen in Nordostnigeria deutlich größer.
- Da Boko Haram davon ausgeht, dass Mädchen die öffentliche Aufmerksamkeit weniger stark auf sich ziehen, setzt man seit 2011 systematisch gefangene Mädchen als Selbstmordattentäterinnen ein. Von den 338 Selbstmordanschlägen der Boko Haram zwischen 2011 und 2017, bei denen das Geschlecht des Attentäters identifiziert werden konnte, wurden 244 von Mädchen oder Frauen ausgeführt.

Die Verschleppung von fast 300 Schulmädchen nähe Chibok, Nigeria, im April 2014 und die von weiteren 110 in Dapchi im Februar 2018 sind nur zwei Beispiele für die zahlreichen und fortdauernden Massenentführungen.

ISIS / ISIL / DAESCH

Frauenfeindliches Charakteristikum des ISIS:

Entwurf einer offiziellen theologischen Rechtfertigung für die Vergewaltigung und Versklavung von Mädchen und Frauen

- ISIS-Kämpfer nahmen seit 2014 über 6000 jesidische Frauen im Nordirak gefangen, um sie in ihrem Herrschaftsgebiet als Sex-Sklavinnen zu verkaufen.
- Nach Aussage von religiösen Führern des ISIS konnten alle weiblichen Bewohnerinnen des ISIS-Herrschaftsgebiets – Sklavinnen und Nicht-Sklavinnen ab 9 Jahren – von ISIS-Kämpfern als Sklavin gehalten oder ihnen als Belohnung für Plünderungen zur Ehefrau gegeben werden.
- Der ISIS fordert, dass Frauen »verborgen und verschleiert« zu sein haben: Im Herrschaftsgebiet des ISIS durften sich Frauen nicht ohne männliche Aufsicht im öffentlichen Raum bewegen. Sie hatten einen doppellagigen Schleier, eine locker sitzende Abaya sowie Handschuhe zu tragen.
- Der ISIS stellte weibliche Truppen zusammen, die andere Frauen zwangen, sich an den Verhaltenskodex zu halten.
- Sexuelle Minderheiten wurden gefoltert und ermordet, besonders Schwule. Auch Lesben wurden gnadenlos verfolgt.
- Obwohl der ISIS 2019 sein Herrschaftsgebiet verloren hat, gibt es nach wie vor einzelne ISIS-Kämpfer und -Zellen, die das Netzwerk aus Sex- und Menschenhändlern, das zur Blütezeit des ISIS etabliert worden war, aufrechterhalten.

Geburtsrechte

Millionen von Frauen bringen fast ihr ganzes Leben lang Kinder zur Welt, wobei sie bei der ersten Geburt oft selbst noch Kinder sind. Im Leben der meisten Frauen sind folgende Fragen von zentraler Bedeutung: Entscheidung für oder gegen Kinder, Anzahl und Zeitpunkt der Schwangerschaften, Beschaffung von Verhütungsmitteln und deren Anwendung, Umsetzung von Entscheidungen über Elternschaft. Doch allzu oft werden Frauen diese Entscheidungen aus der Hand genommen. Rechtliche Strukturen und kulturelle Normen unterbinden den Zugang zu Verhütungsmitteln und Abtreibung, decken Vergewaltigung in der Ehe und legen das Recht einer Frau, übers Kinderkriegen selbst zu entscheiden, in die Hände der Männer. In vielen Fällen wirkt sich das ökonomische Ungleichgewicht direkt auf die Entscheidungsfreiheit aus:

Etwa 12% der verheirateten oder in einer Beziehung lebenden Frauen würden das Kinderkriegen gerne aufschieben oder stoppen, sie haben aber keinen Zugang zu Verhütungsmitteln – allzu oft, weil sie sie sich nicht leisten können.

In welchem Maße eine Frau selbst über das Kinderkriegen entscheiden kann, wirkt sich auf all ihre anderen Lebensbereiche aus: auf ihre Ausbildung, ihre Beteiligung am Wirtschaftsleben, an Politik und Zivilgesellschaft sowie am Haushalt, außerdem auf ihre ökonomische und soziale Unabhängigkeit von Männern.

Bei der in vielen Ländern hitzig geführten Debatte über das Abtreibungsrecht geht es im Grunde genommen um nichts anderes als die Autonomie der Frau.

»Könnten Männer schwanger werden, wäre Abtreibung ein Sakrament.«

Florynce R. Kennedy

Geburten

Durchschnittliche Anzahl der Geburten pro Frau
2015

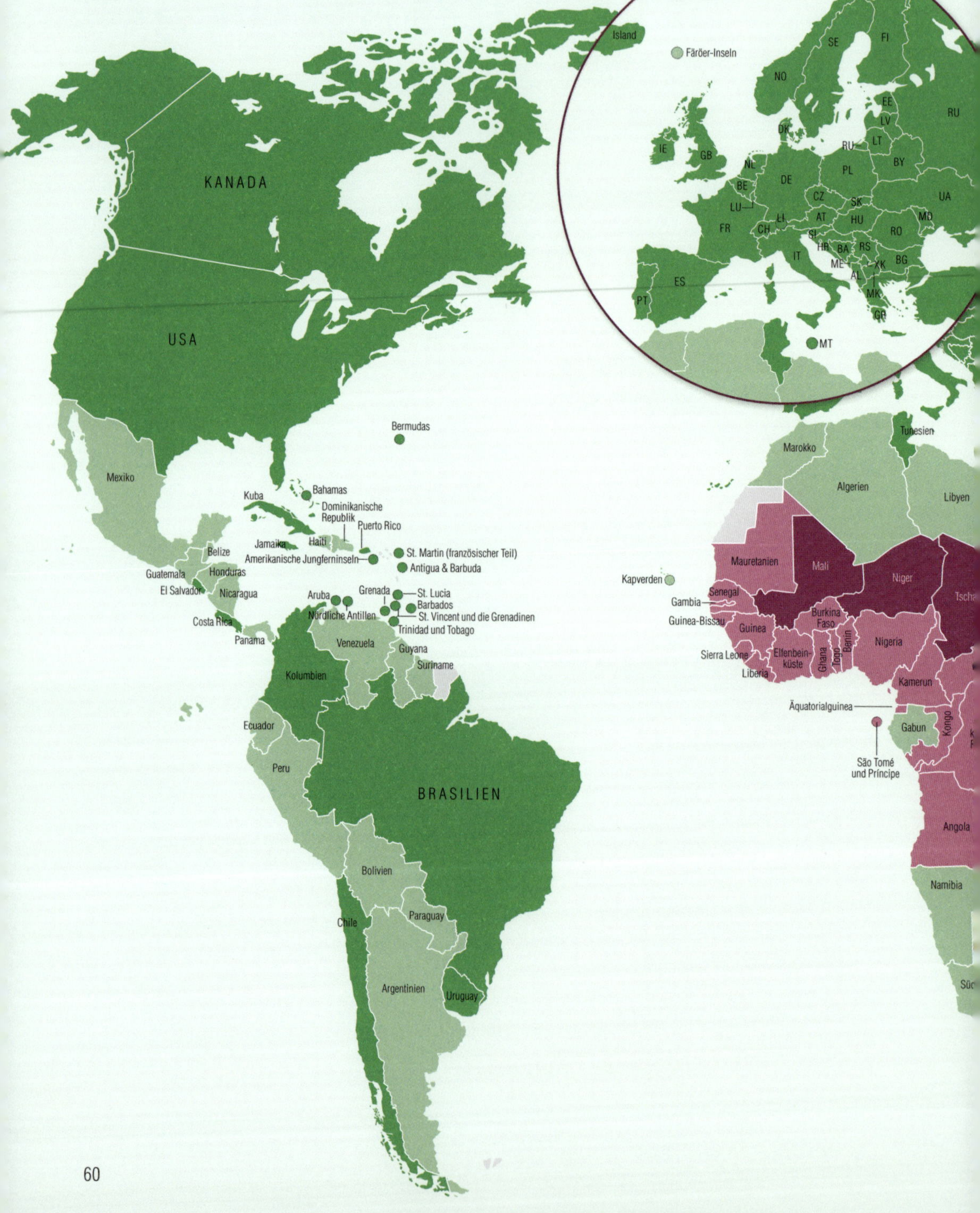

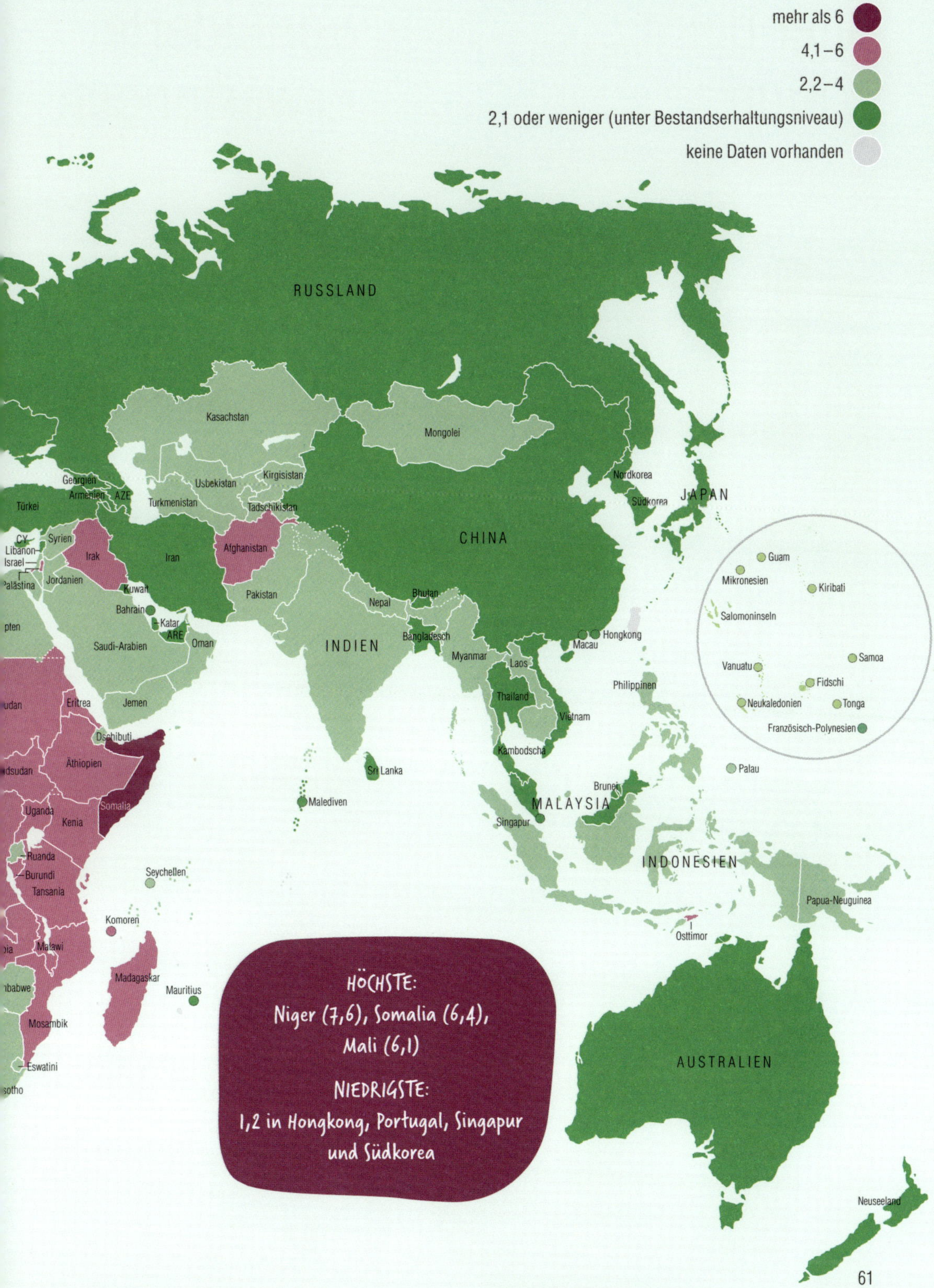
mehr als 6
4,1–6
2,2–4
2,1 oder weniger (unter Bestandserhaltungsniveau)
keine Daten vorhanden
RUSSLAND
Kasachstan
Mongolei
Georgien
Armenien
AZE
Usbekistan
Kirgisistan
Türkei
Turkmenistan
Tadschikistan
Nordkorea
Südkorea
JAPAN
CY
Libanon
Israel
Palästina
Syrien
Irak
Iran
Afghanistan
CHINA
Jordanien
Kuwait
Bahrain
Katar
ARE
Pakistan
Nepal
Bhutan
Saudi-Arabien
Oman
INDIEN
Bangladesch
Myanmar
Laos
Hongkong
Macau
Philippinen
Eritrea
Jemen
Thailand
Vietnam
Dschibuti
Kambodscha
Äthiopien
Sri Lanka
Somalia
Malediven
Brunei
MALAYSIA
Singapur
Uganda
Kenia
Ruanda
Burundi
Tansania
Seychellen
INDONESIEN
Papua-Neuguinea
Osttimor
Komoren
Malawi
Madagaskar
Mauritius
Mosambik
Eswatini
Guam
Mikronesien
Kiribati
Salomoninseln
Samoa
Vanuatu
Fidschi
Neukaledonien
Tonga
Französisch-Polynesien
Palau
AUSTRALIEN
Neuseeland
HÖCHSTE:
Niger (7,6), Somalia (6,4), Mali (6,1)
NIEDRIGSTE:
1,2 in Hongkong, Portugal, Singapur und Südkorea

Alter beim 1. Kind

Durchschnittsalter von Frauen
Ausgewählte Beispiele
Daten seit 2010

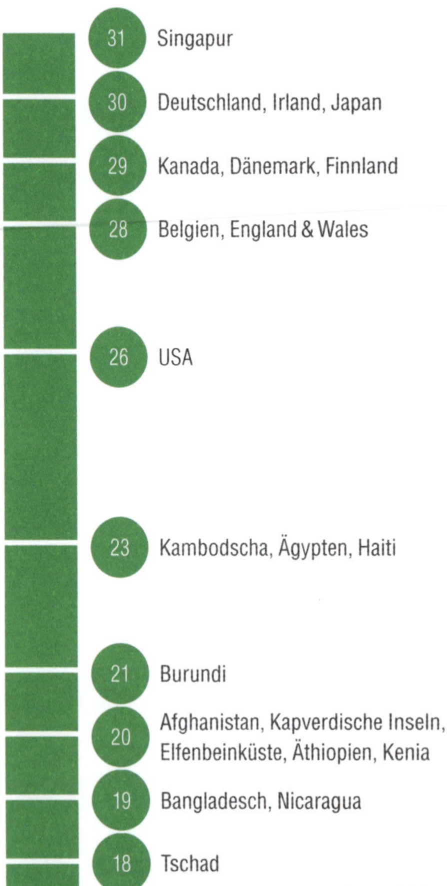

Die meisten postindustriellen Länder befinden sich deutlich unter dem Bestandserhaltungsniveau von 2,1 Geburten pro Frau. Regierungen sind besorgt angesichts der Folgen von sinkenden Bevölkerungszahlen bei steigendem Durchschnittsalter. Für solche Länder gilt Immigration als bester Weg, um das Bevölkerungsniveau zu halten oder zu steigern.

Veränderte Erwartungen

Durchschnittliche Anzahl der Geburten pro Frau

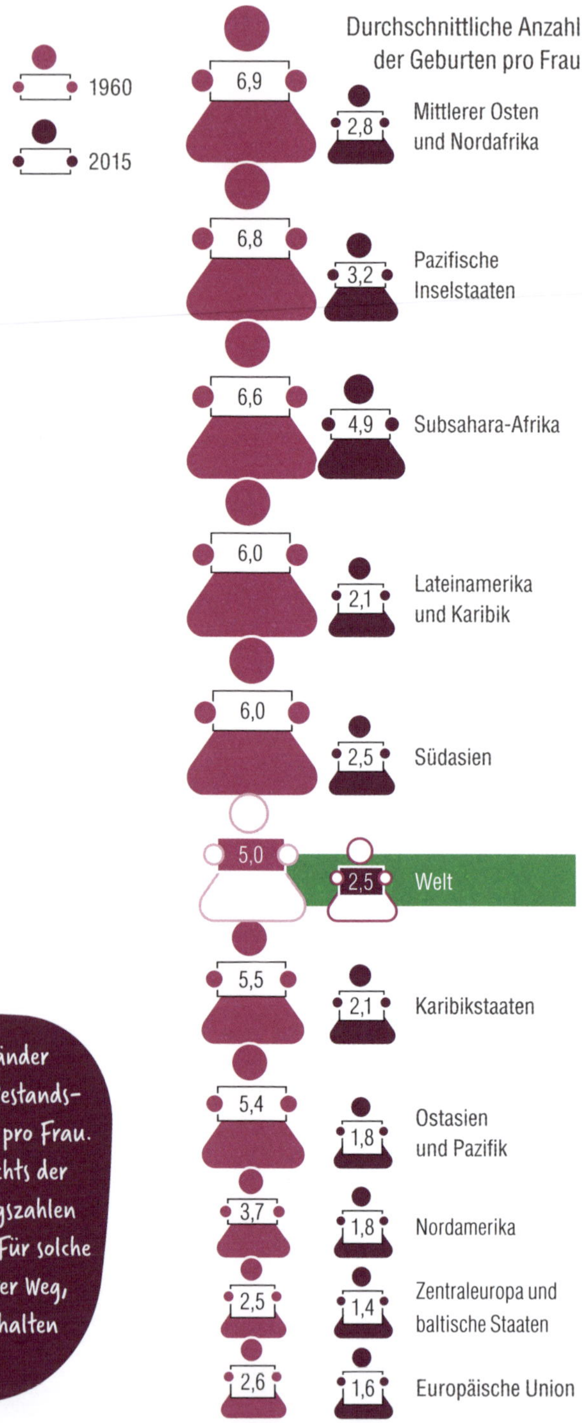

Verhütung ist immer noch Frauensache

Weltweit betrachtet ist die Sterilisation der Frau die verbreitetste Verhütungsmethode. Die Sterilisation des Mannes ist effektiver, ihre Durchführung mit weniger Kosten verbunden und außerdem komplikationsärmer als die der Frau, trotzdem wird sie seltener vorgenommen.

Insgesamt machen Verhütungsmethoden, die die direkte Beteiligung des Mannes erfordern – männliche Sterilisation (Vasektomie), Männerkondom und Coitus interruptus –, lediglich einen kleinen Anteil der Verhütungspraxis aus.

Zu den »modernen« Methoden zählen: Sterilisation, Intrauterinpessar (IUP), Verhütungsimplantate, Dreimonatsspritze, orale Kontrazeptiva, Kondome und die Pille danach.

Zu den »traditionellen« Methoden gehören: Zyklusbeobachtung, Kräutermedizin, Coitus interruptus, Abstinenz.

Verhütungsmethoden

Weltweit verhüten 64% der Frauen in heterosexuellen Beziehungen mit einer bestimmten Methode oder einem Hilfsmittel. Folgende Methoden werden angewandt:

Weltweiter Durchschnitt, 2015

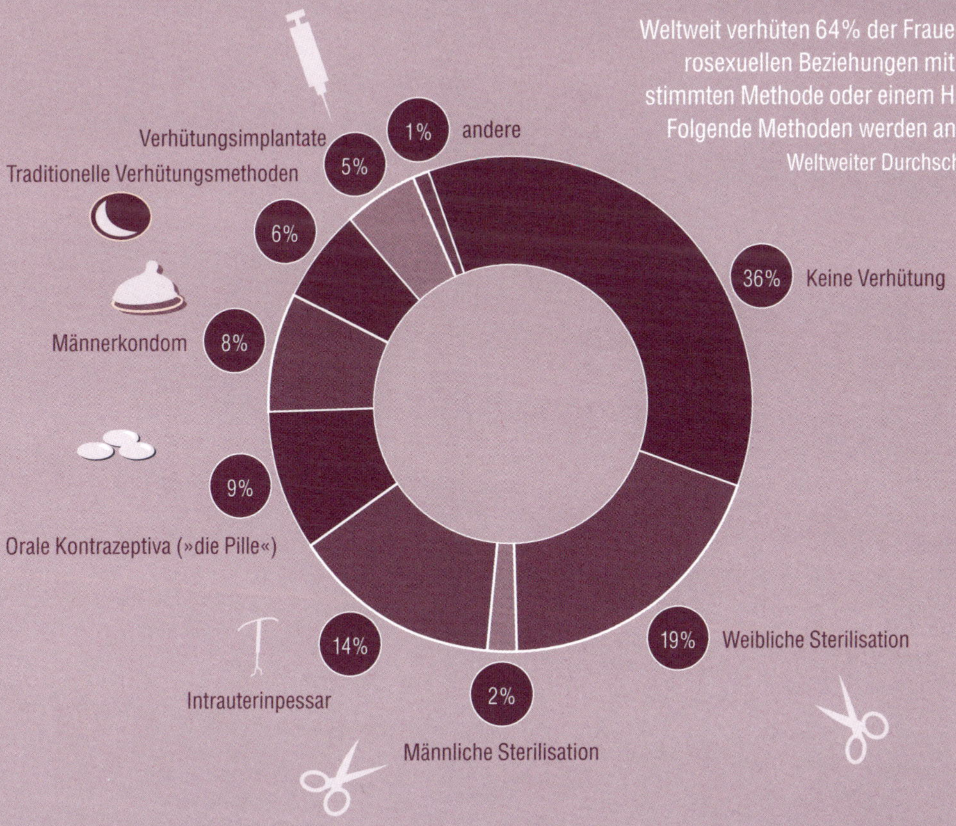

Verwendung von Verhütungsmitteln

Anteil der Frauen zwischen 14 und 49 Jahren, die in heterosexuellen Beziehungen leben und »moderne« Verhütungsmittel verwenden
2017

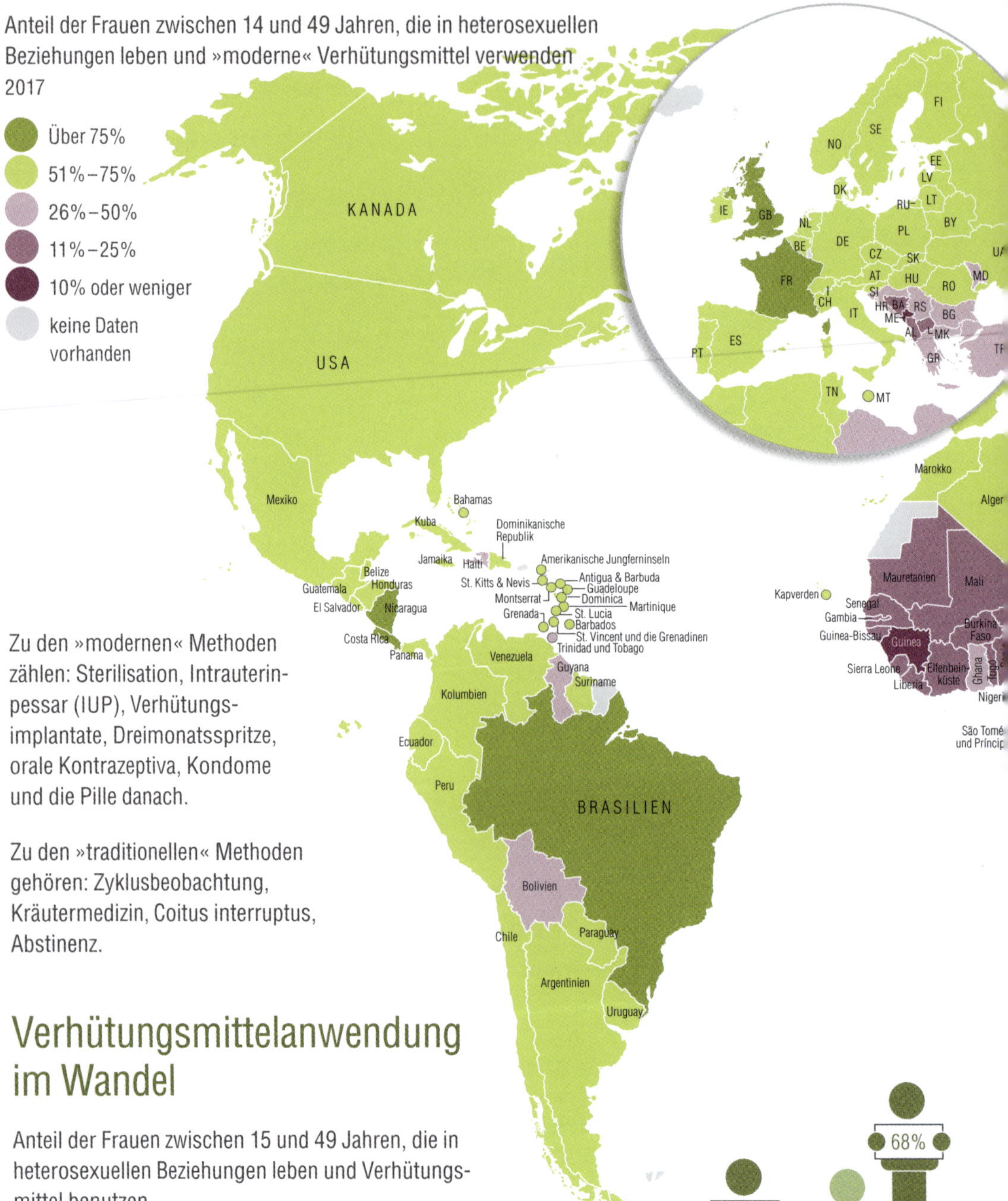

Zu den »modernen« Methoden zählen: Sterilisation, Intrauterinpessar (IUP), Verhütungsimplantate, Dreimonatsspritze, orale Kontrazeptiva, Kondome und die Pille danach.

Zu den »traditionellen« Methoden gehören: Zyklusbeobachtung, Kräutermedizin, Coitus interruptus, Abstinenz.

Verhütungsmittelanwendung im Wandel

Anteil der Frauen zwischen 15 und 49 Jahren, die in heterosexuellen Beziehungen leben und Verhütungsmittel benutzen
(moderne und traditionelle in Kombination)

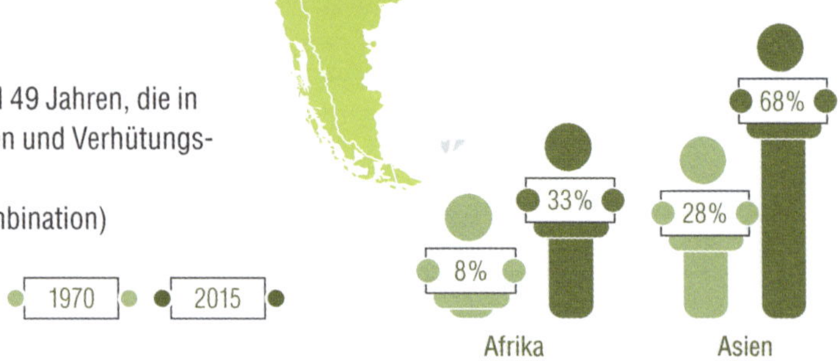

2015 benutzten weltweit 57 % der fortpflanzungsfähigen Frauen ein modernes Verhütungsmittel. In 54 Ländern (davon 34 afrikanischen) konnte der Bedarf an modernen Verhütungsmitteln weniger als zur Hälfte gedeckt werden.

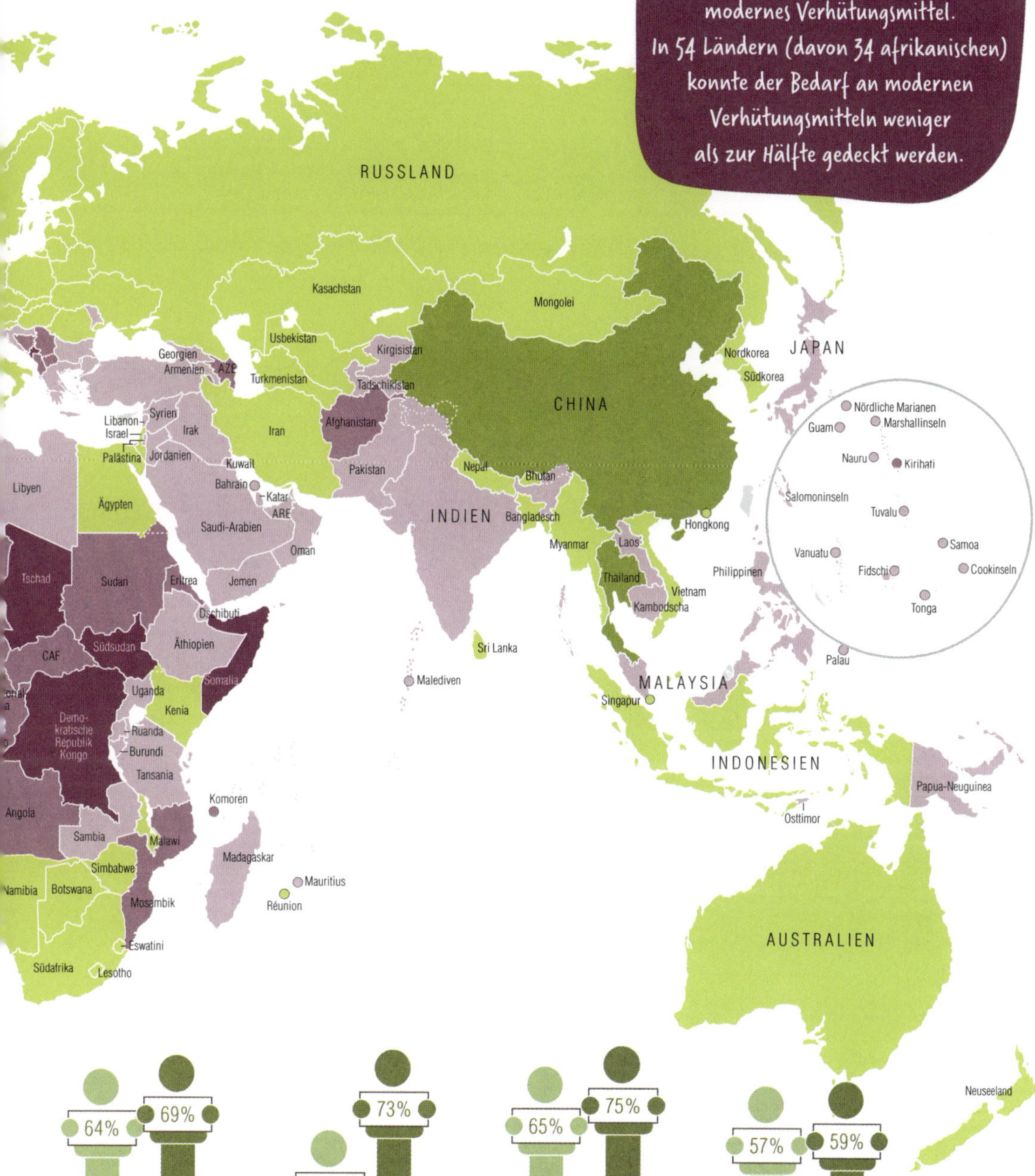

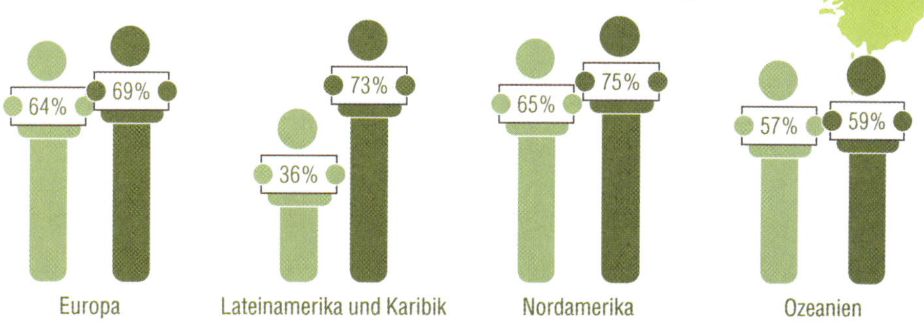

Initiative »Family Planning 2020«

In armen Ländern sowie für alle von Armut betroffenen Frauen können Verhütungsmittel unerschwinglich sein. Daher wird derzeit eine globale Initiative erarbeitet, die für Frauen in **69 besonders bedürftigen Ländern bis 2020** Verhütungsmittel bereitstellt, falls gewünscht. Die Initiative »Family Planning 2020« (FP 2020), ein Zusammenschluss aus Hilfsorganisationen und Regierungen, ist inzwischen einer der Hauptlieferanten von Verhütungsmitteln in Entwicklungsländern.

2015 hat die Initiative für die Beschaffung von Verhütungsmitteln **269 Millionen Dollar** ausgegeben. Es zeigt sich deutlich, dass langfristig wirkende und pharmazeutische Verhütungsmittel bevorzugt werden.

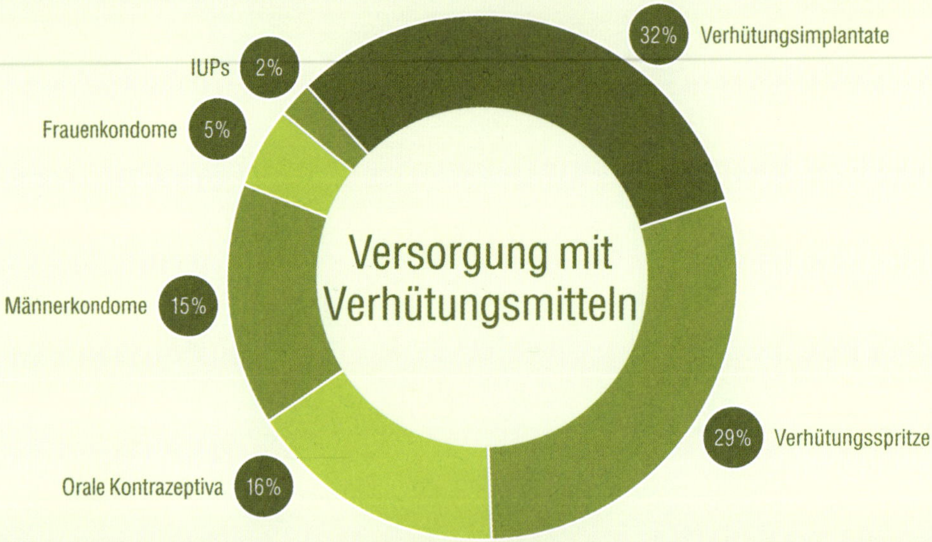

Kondomverteilung durch die FP 2020

Top 5 Länder
2015

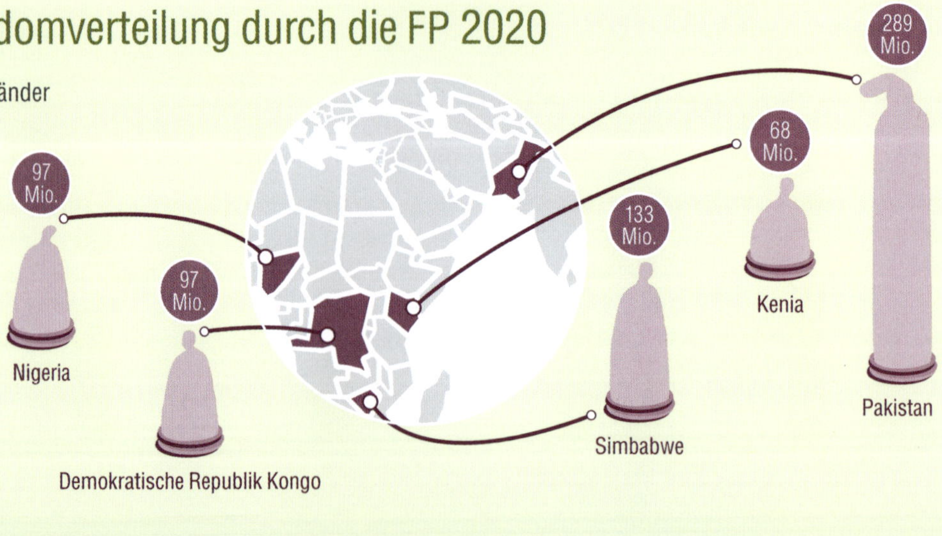

Unerfüllte Bedürfnisse

2017 konnte der Bedarf an Verhütungsmitteln von über 20% der Frauen nicht gedeckt werden.

In den Entwicklungsregionen möchten **214 Millionen Frauen** im gebärfähigen Alter verhüten, verwenden aber keine moderne Verhütungsmethode. Diese Zahl setzt sich zusammen aus **155 Millionen, die nicht verhüten,** und 59 Millionen, die traditionelle Methoden anwenden.

Weltweit wollen etwa **12%** der verheirateten oder in einer Beziehung lebenden Frauen das Kinderkriegen hinausschieben oder stoppen, haben aber keinen Zugang zu Verhütungsmitteln oder wenden sie nicht an.

Aus dem nicht gedeckten Verhütungsbedarf resultieren hohe Kosten: für die Gesundheitsversorgung von Müttern und Kindern, wegen ungewollter Schwangerschaften und der begrenzten sozialen und ökonomischen Autonomie der Frauen.

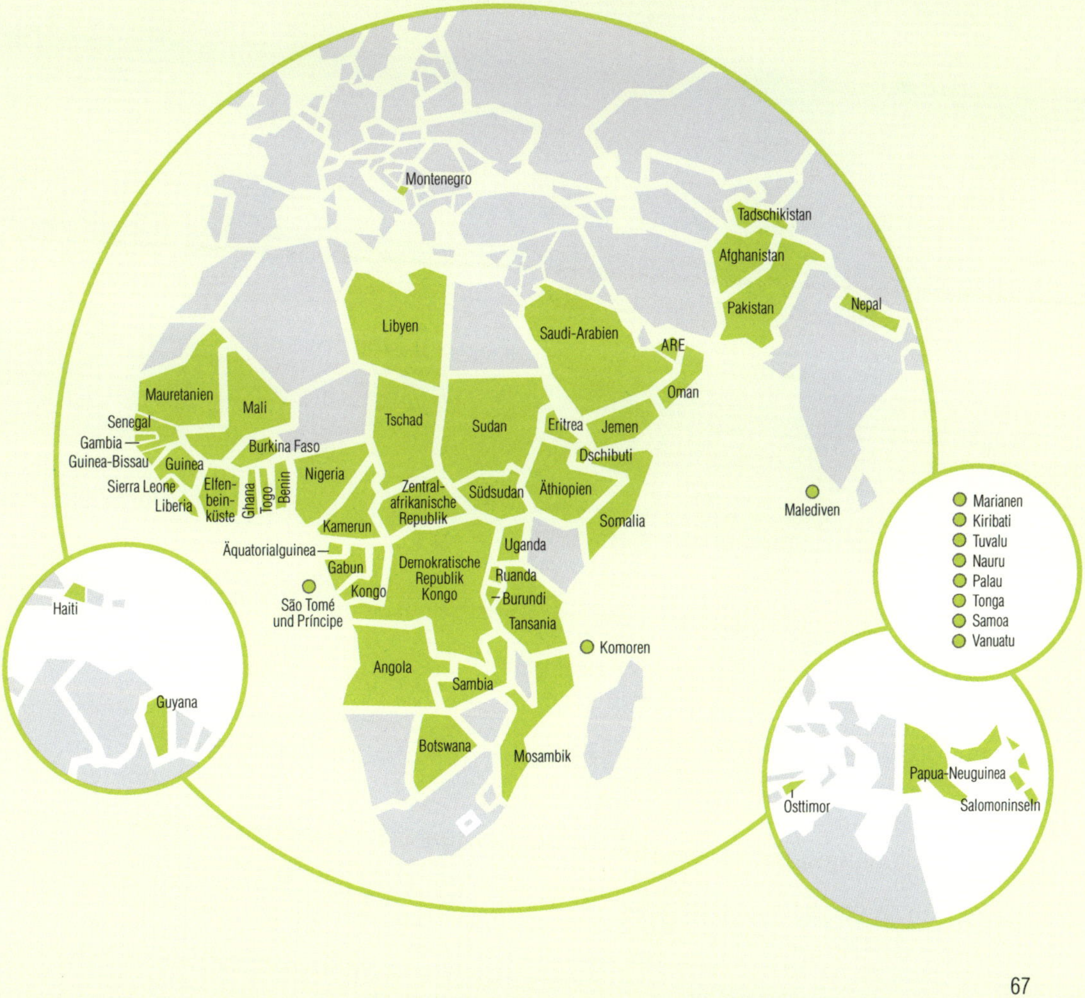

Müttersterblichkeit

Fast überall auf der Welt geht die Müttersterblichkeit zurück.

ABER!

Nicht in den USA, wo sich die Zahlen seit den 1980er-Jahren mehr als verdoppelt haben. Inzwischen haben die USA die höchste Müttersterblichkeit in der entwickelten Welt, und die Situation verschlechtert sich weiterhin, besonders für schwarze Frauen.

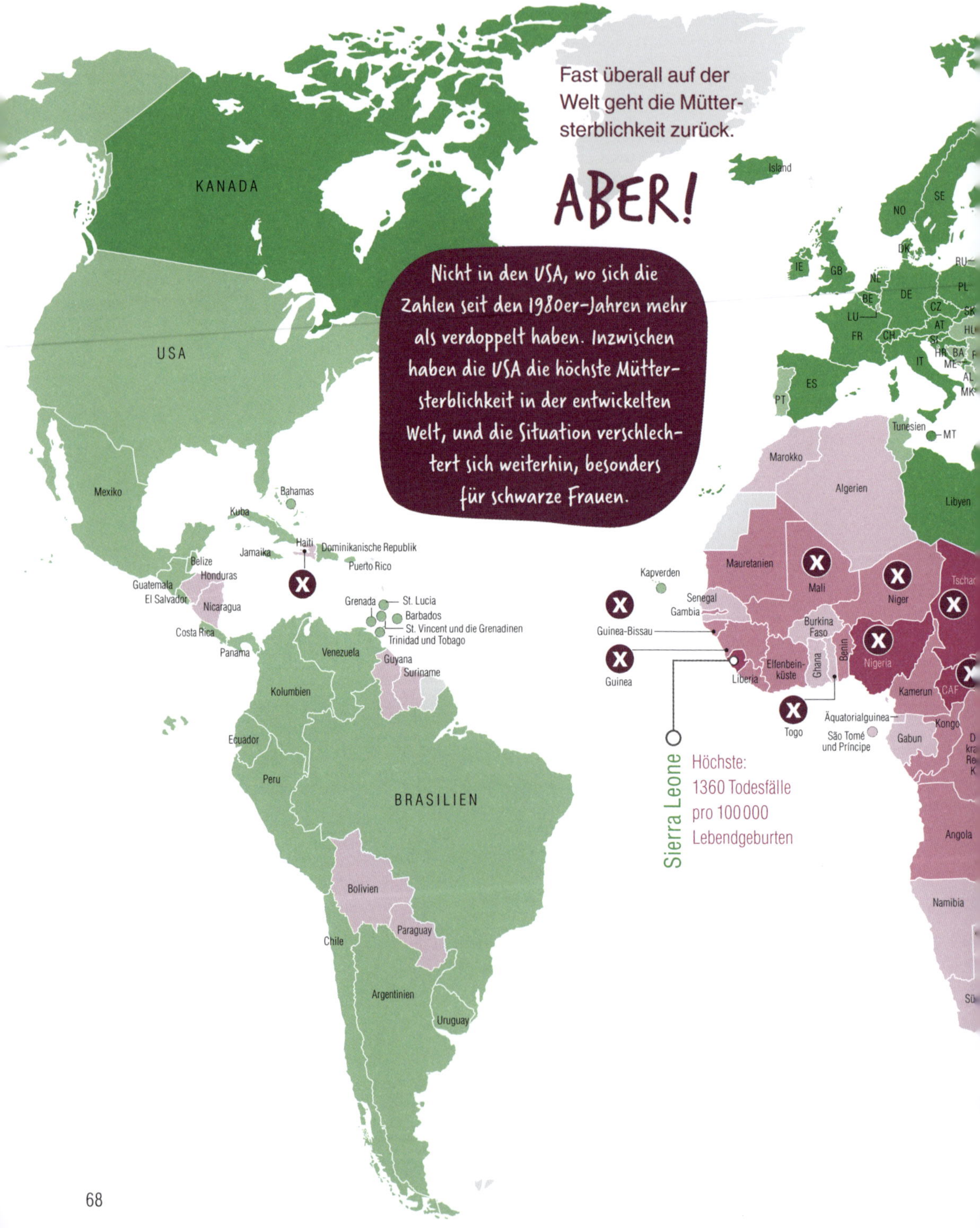

Gefahrenzonen

X Weniger als die Hälfte aller Geburten werden von geschultem medizinischem Personal begleitet, Zahlen seit 2010

Müttersterblichkeit

Raten pro 100 000 Lebendgeburten
2015

- 700 oder mehr
- 400–699
- 100–399
- 10–99
- weniger als 10
- keine Daten vorhanden

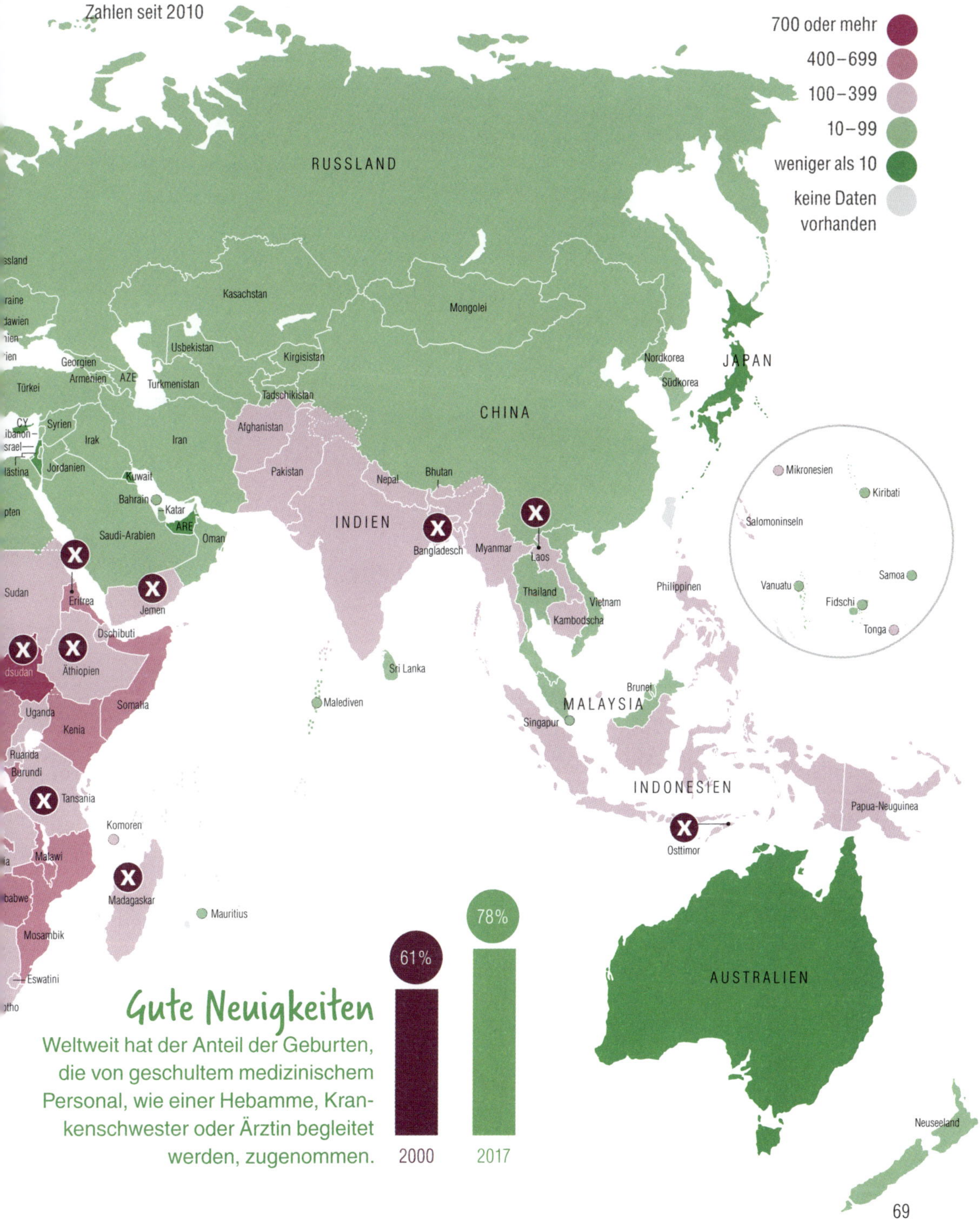

Gute Neuigkeiten

Weltweit hat der Anteil der Geburten, die von geschultem medizinischem Personal, wie einer Hebamme, Krankenschwester oder Ärztin begleitet werden, zugenommen.

Race, Ort, ethnische Herkunft und Tod

USA

Müttersterblichkeit pro 100 000 Lebendgeburten
2005–2007

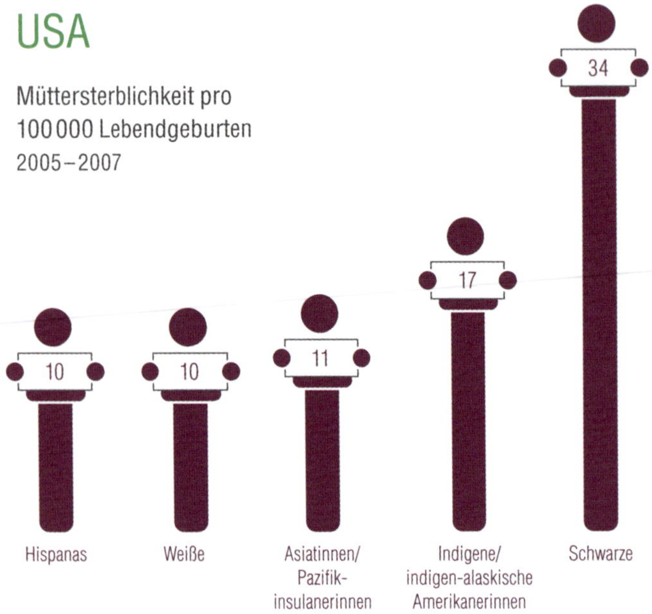

Großbritannien

Müttersterblichkeit pro 100 000 Schwangerschaften
2009–2012

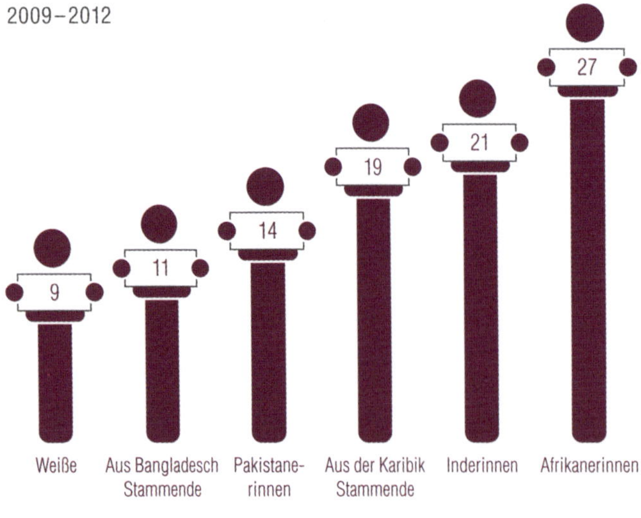

Guatemala

2011 betrug die Müttersterblichkeitsrate unter nicht-indigenen Frauen 70 pro 100 000; bei indigenen Frauen lag sie bei 211.

Panama

2011 war die Müttersterblichkeit bei den indigenen auf dem Land lebenden Frauen zehnmal höher als im nationalen Durchschnitt, der bei 70 pro 100 000 Lebendgeburten liegt.

Australien

Zwischen 2008 und 2012 lag die Müttersterblichkeit unter nicht-indigenen Frauen bei 7 pro 100 000 Lebendgeburten. Unter Aborigines und Torres-Strait-Insulanerinnen lag sie bei 14.

»Wie konnte eine so schwere Bürde aus Tod, Krankheit und Invalidität so lange fortbestehen, ohne dass es einen lauteren Aufschrei gegeben hätte? … Eine Hebamme formulierte es einmal so: ›Würden jedes Jahr Hunderttausende von Männern leiden und sterben, alleine, voller Angst und unter Todesqualen, oder würden Millionen Männer verletzt, versehrt und gedemütigt, mit schwerwiegenden Verletzungen und Genitalwunden, die nicht behandelt würden, ihnen aber ständige Schmerzen und einen Horror vor Sex verursachten und sie außerdem inkontinent machten, hätten wir alle schon vor langer Zeit davon gehört und es wäre etwas getan worden.‹«

UNICEF

Abtreibungsgesetze

Ein Schwangerschaftsabbruch kann leichter oder schwerer zugänglich sein, als es das nationale Recht vorsieht.

Daten seit April 2019

- illegal oder sehr restriktiv, nur um das Leben der Frau zu retten
- illegal mit wenigen Ausnahmen, um das Leben der Frau zu retten, bei Gefährdung ihrer Gesundheit und/oder vorliegender Behinderung des Fötus
- legal, wenn soziale oder ökonomische Gründe vorliegen
- legal auf Anfrage, mit Einschränkung in Form einer Frist bezüglich der Schwangerschaftsdauer
- keine Daten vorhanden

Männliche Zustimmung, wieder einmal

Einige der vielen Orte, wo der Ehemann sein Einverständnis zu einer Abtreibung geben muss.
2016

Restriktive Gesetze halten Frauen nicht davon ab, abzutreiben. Sie führen nur dazu, dass Abtreibungen im Verborgenen stattfinden und unsicher werden.

Weltweit werden jedes Jahr fast 56 Millionen Abtreibungen durchgeführt. Weniger Abtreibungen gibt es dort, wo sie besonders sicher und Verhütungsmittel frei verfügbar sind. 73% der Abtreibungen fallen auf verheiratete Frauen.

Von 2010 bis 2014 lag die durchschnittliche Abtreibungsrate bei Frauen zwischen 15 und 44 Jahren bei:

37 pro 1000 in Ländern, in denen Abtreibung völlig verboten ist bzw. nur erlaubt ist, um das Leben der Frau zu retten.

34 pro 1000 in Ländern, in denen Abtreibung auf Anfrage möglich ist.

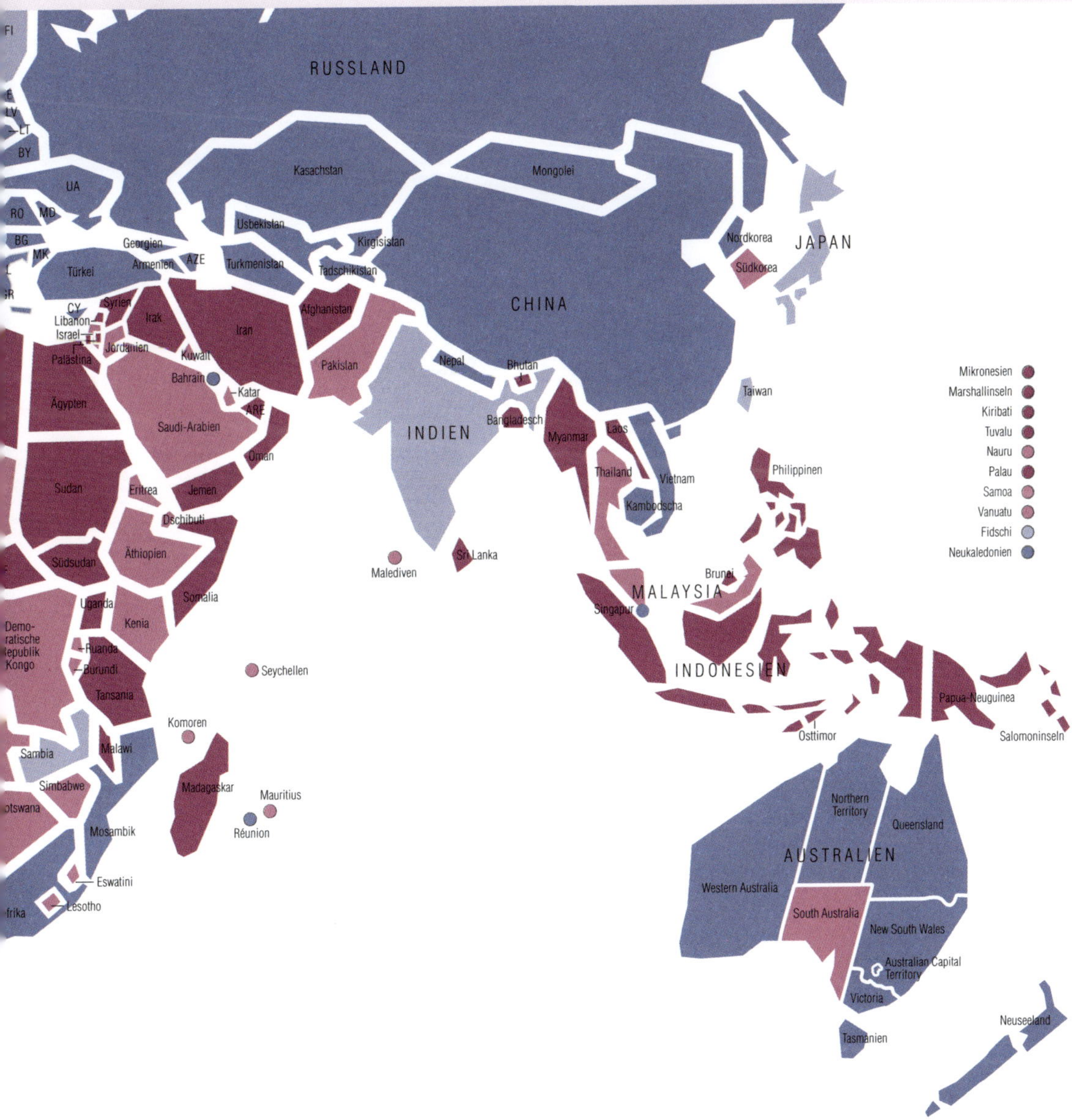

Wer treibt ab?

Man schätzt, dass die Karibik mit 65 pro 1000 Frauen die höchste Abtreibungsquote hat.

Abtreibungsrate nach Weltregionen

Pro 1000 Frauen
2010–2014

Abtreibungsrate bei verheirateten Frauen

Pro 1000 Frauen
2010–2014

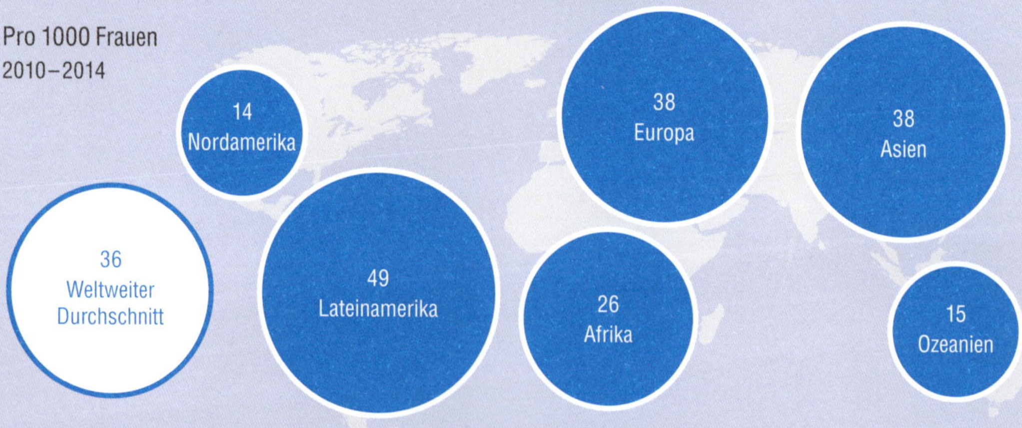

Abtreibungsrate bei unverheirateten Frauen

Pro 1000 Frauen
2010–2014

Sicherheit und Zugang

Fast die Hälfte aller weltweit vorgenommenen Abtreibungen findet unter unsicheren Bedingungen statt. In Ländern, in denen Abtreibung verboten oder nur unter strengen Auflagen möglich ist, ist nur 1 von 4 Abtreibungen sicher. In Ländern, in denen Abtreibung weitgehend legal ist, werden fast 9 von 10 Abtreibungen unter sicheren Bedingungen vorgenommen. Eingeschränkter Zugang zu Abtreibung reduziert nicht die Zahl der Abtreibungen: Er reduziert die Zahl der sicheren Abtreibungen.

Jedes Jahr haben 25 Millionen Frauen unsichere Abtreibungen. Die höchsten Raten finden sich in Afrika und Lateinamerika. Das Risiko für eine Frau, an einer unsicheren Abtreibung zu sterben, ist in Afrika am höchsten. Diese Ungleichheiten spiegeln die legalen, finanziellen und logistischen Auflagen wider, die den Frauen dieser Welt den Zugang zu sicheren Abtreibungen – und oft auch Verhütungsmitteln – versperren.

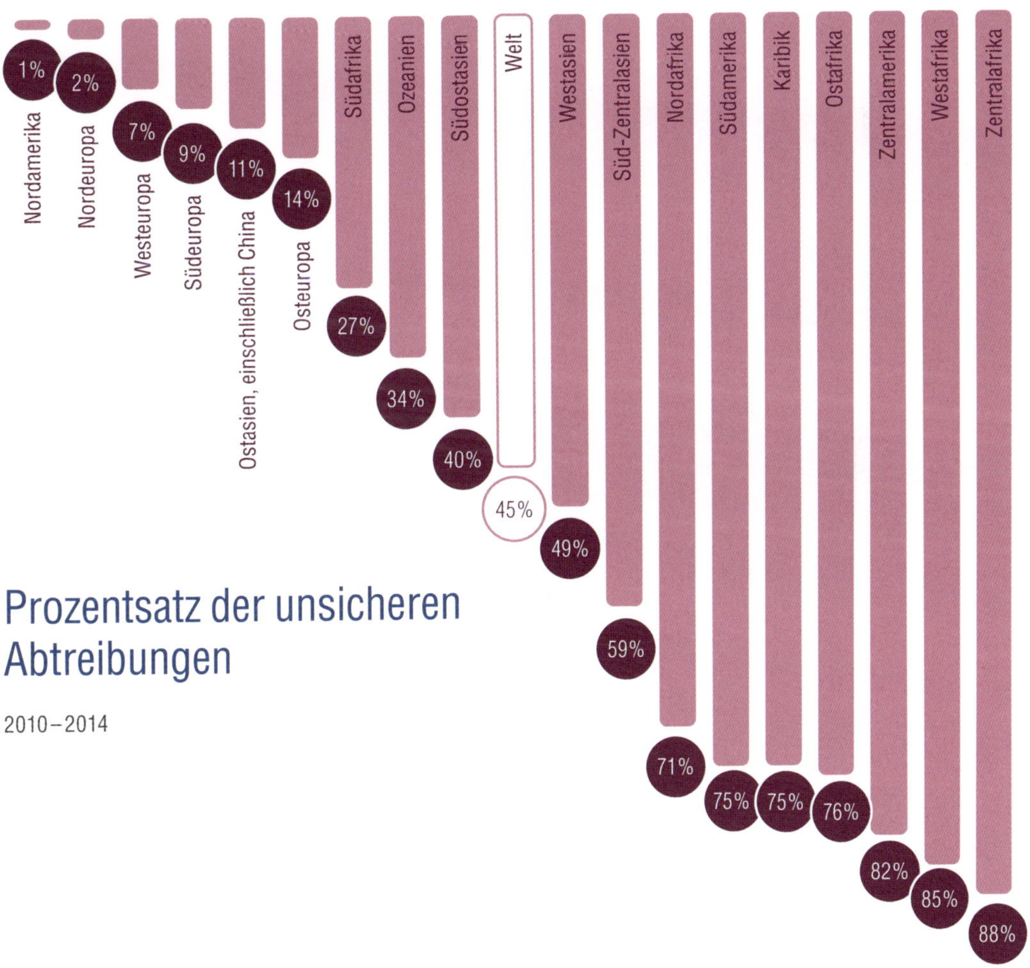

Prozentsatz der unsicheren Abtreibungen

2010–2014

Die Rückkehr des Kleiderbügels

Obwohl die USA laut ihrer Verfassung ein säkularer Staat sind, werden im öffentlichen Diskurs über Abtreibung immer häufiger, oftmals sogar ausdrücklich, konservative religiöse Ansichten favorisiert. Zusammen mit den unverfrorenen Bemühungen vieler männlicher Politiker, durch die Gesetzgebung die Kontrolle über den weiblichen Körper zu erlangen, führt dies zu einem herben Schlag gegen die reproduktiven Rechte in Amerika. Obwohl Abtreibung auf föderaler Ebene immer noch legal ist, hat sich der erbitterte Konflikt in einzelne Staaten verlagert – wo Abtreibung zwar nicht gänzlich verboten werden kann, aber ein großer Aufwand betrieben wird, um Frauen den Zugang zu erschweren. Nun wird auch der Zugang zu Verhütungsmitteln aufs Korn genommen.

In den ersten 6 Monaten des Jahres 2017 wurden insgesamt 431 Vorschriften, die den Zugang zu Abtreibung einschränken, auf Landesebene eingeführt. 41 davon erlangten bis Juni Gesetzesstatus.

2017 erlaubte eine Anordnung der Regierung Trump dem Arbeitgeber, Verhütungsmittel aus dem Versicherungsschutz der Angestellten zu streichen. Zuvor gehörten Verhütungsmittel zu den verpflichtenden präventiven Basisleistungen.

2014 gab es in 90% der US-Countys keine Klinik, in der Abtreibungen vorgenommen werden. In 7 Bundesstaaten gibt es jeweils nur eine Abtreibungsklinik für den ganzen Staat.

In 21 Staaten werden die Kosten einer Abtreibung nicht von der Krankenversicherung öffentlich Bediensteter übernommen.

In 32 Staaten bekommen Frauen, die bei der Finanzierung ihrer Krankenversicherung auf öffentliche Fördermittel (Medicaid) angewiesen sind, die Kosten einer Abtreibung nur dann erstattet, wenn ihr Leben in Gefahr ist oder die Schwangerschaft Resultat von Inzest oder einer Vergewaltigung ist. In South Dakota ist selbst in Fällen von Vergewaltigung oder Inzucht keine Kostenübernahme durch Medicaid erlaubt.

In 11 Staaten, darunter Arizona, Indiana, Kentucky und Nebraska, gelten Gesetze, die eine Kostenübernahme durch private Krankenversicherungen, die im jeweiligen Staat abgeschlossen wurden, untersagen.

Viele Staaten, darunter Arkansas, Iowa, Texas und North Carolina, schreiben, basierend auf der religiösen Sichtweise, dass menschliches Leben mit der Empfängnis beginnt, eine Bestattung von fötalen Geweberesten vor.

Söhne bevorzugt

Dass Söhne Töchtern vorgezogen werden, gilt fast für alle Kulturen. In immer mehr Ländern führt die Umsetzung dieser generellen Bevorzugung zu demografischen Verwerfungen. Man schätzt, dass in Asien und Osteuropa ungefähr 117 bis 126 Millionen Frauen »fehlen«. Grund dafür ist die Vorliebe für Söhne und eine durch den geschlechtsbezogenen Verzerrungseffekt bedingte Geschlechtsselektion. Mit der Zeit hat sich der Trend in geografischer Hinsicht verschoben: Zuerst ließ er sich in den 1980er-Jahren in Bangladesch, China, Indien, Pakistan und Südkorea beobachten, in den 1990er-Jahren in einigen Kaukasusländern (Armenien, Aserbaidschan und Georgien) und in jüngerer Zeit in Albanien, Montenegro und Vietnam. 1995 wiesen nur 6 Länder ein deutliches Ungleichgewicht zwischen Jungen und Mädchen auf. Heute lässt sich in 20 Ländern ein ungleiches Geschlechterverhältnis mit mehr Jungen beobachten. Südkorea ist das einzige Land, das innerhalb der letzten drei Jahrzehnte die Verwerfungen der Geschlechterverteilung revidieren konnte.

Die Bevorzugung von Söhnen äußert sich unterschiedlich und beginnt oftmals bereits im Mutterleib. Das Geschlechtsverhältnis von Neugeborenen bietet den sichersten Beweis für diese Form von extremer Geschlechterselektion. Das gängigste Verfahren pränataler Diskriminierung ist der Ultraschall, ein leicht verfügbares Bildgebungsverfahren, mit dem weibliche Föten erkannt und anschließend abgetrieben werden. Postnatale Diskriminierung ist ebenfalls weitverbreitet und führt durch die aktive Tötung weiblicher Kinder oder deren bewusste Vernachlässigung – indem Mädchen weniger zu essen bekommen oder ihnen absichtlich medizinische Versorgung vorenthalten wird – zu einem verzerrten Geschlechterverhältnis.

In mehreren Ländern ist das Geschlechterverhältnis mit weniger als 80 Mädchen pro 100 Jungen stark verzerrt. Durch die Maskulinisierung ganzer Gesellschaften kommt es zu weitverbreiteten sozialen Schieflagen. So scheint der Frauenmangel unter anderem zu einem regionalen und überregionalen Anstieg von Frauenhandel und Brautraub zu führen (siehe auch S. 98–99). Die Bevorzugung von Söhnen spiegelt die ineinander übergreifenden ökonomischen, kulturellen und religiösen Zwänge wider. Da inzwischen kleinere Familien die Norm sind, steigt der Druck, Söhne zu bekommen. Die weitverbreitete Annahme, dass Mädchen einen geringeren wirtschaftlichen Wert als Jungen haben, wird durch Heirats-, Mitgift- und Erbpraktiken untermauert. Lange galt die Bevorzugung von Jungen als eine Praxis der Armen, doch gibt es Belege, die genau das Gegenteil nahelegen: Mit wachsendem Wohlstand verstärkt sich die Annahme, dass Jungen mehr wert sind.

Das bevorzugte Geschlecht in den USA

Würden Sie lieber ein Mädchen oder einen Jungen bekommen, wenn Sie nur ein Kind haben könnten? 2011

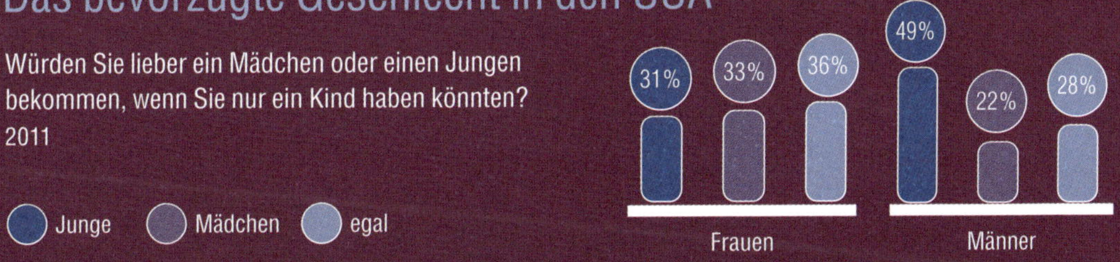

Indien: Weniger Mädchen als Jungen

Geschlechterverhältnis unter Kindern:
Zahl der 0–6 Jahre alten Mädchen pro 100 Jungen in Indien
2011

1991: 94,5 Mädchen pro 100 Jungen
2001: 92,7 Mädchen pro 100 Jungen
2011: 91,8 Mädchen pro 100 Jungen

83 Mädchen pro 100 Jungen
84–89
90–93
94–97 Mädchen pro 100 Jungen

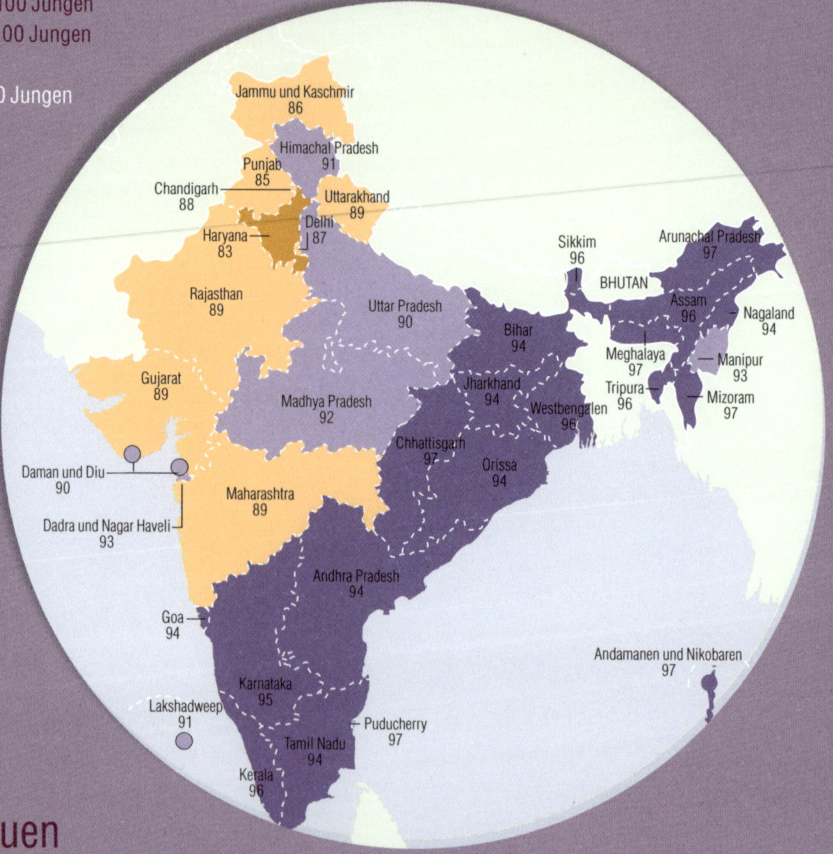

Fehlende Frauen

2010–2015 Schätzung

Die Diskrepanz zwischen der tatsächlichen Anzahl der Mädchen und Frauen in einer Population und der geschätzten Anzahl, wenn es keine Bevorzugung von Jungen gäbe.

China: Mehr neugeborene Jungen als Mädchen

Geschlechterverhältnis bei der Geburt: Zahl der Jungen, die pro 100 Mädchen geboren werden
Natürliches Geschlechterverhältnis bei der Geburt: 105 Jungen pro 100 Mädchen
2014

In China hat sich das Geschlechterverhältnis bei der Geburt immer mehr verschoben. Die Zahl von 109 Jungen pro 100 Mädchen aus dem Jahr 1982 ist in den letzten Jahren auf 117–118 Jungen pro 100 Mädchen angestiegen.

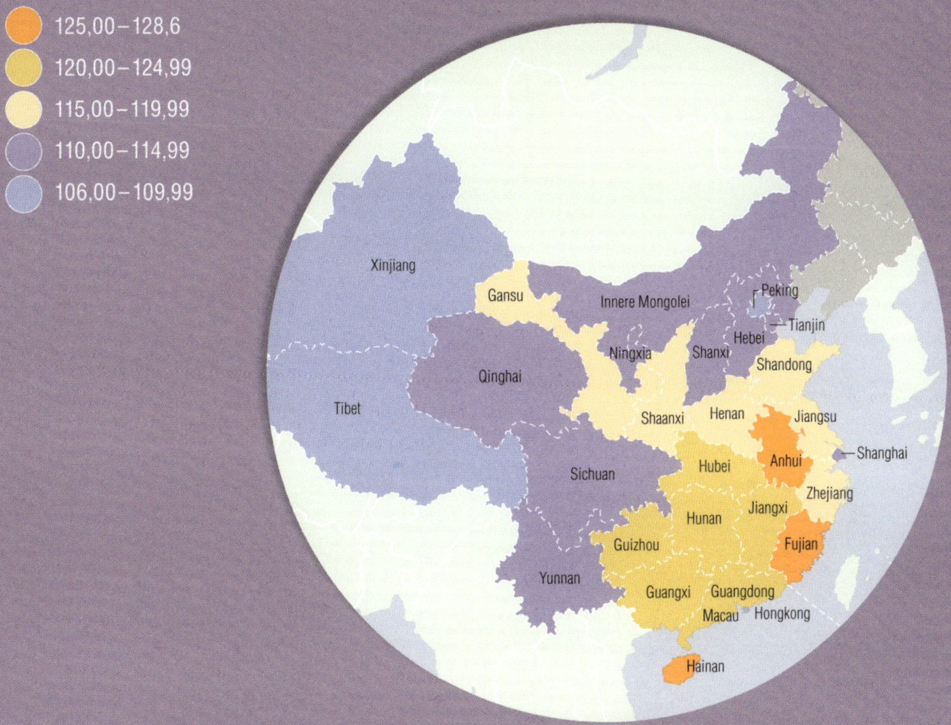

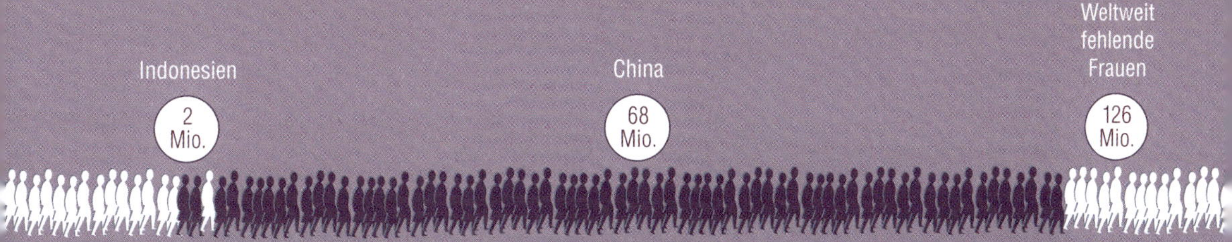

Unnatürliche Selektion

Demografische Entwicklung als stichhaltiger Beweis für die Bevorzugung von Söhnen
Daten seit 2012

Pränatale Geschlechtsselektion

Natürliches Verhältnis = 105 Jungen pro 100 Mädchen
Auswahl an Ländern, neueste Zahlen seit 2012

Anzahl der Jungen, die pro 100 Mädchen geboren werden

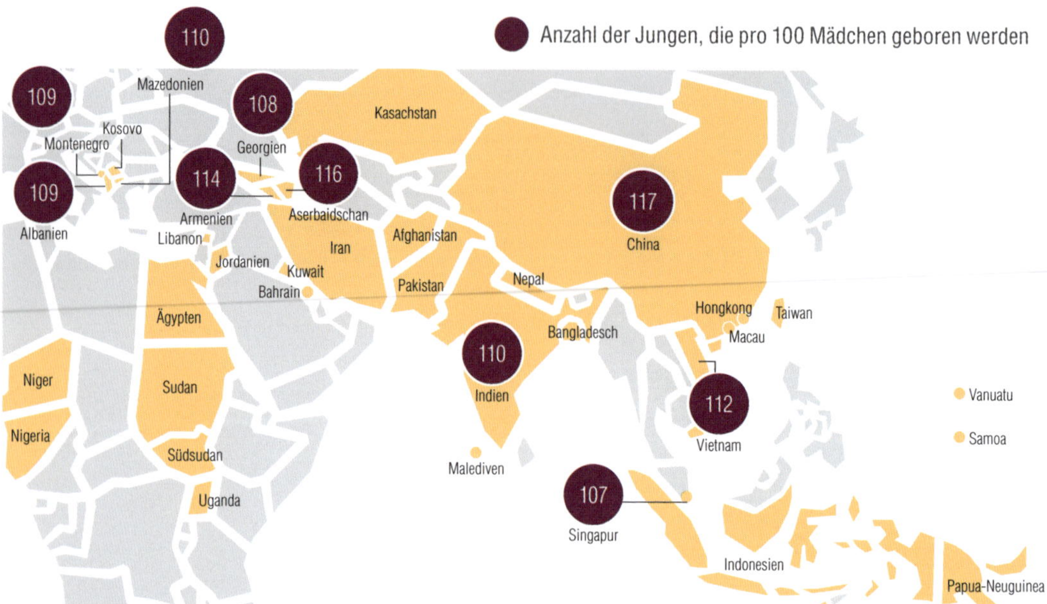

Postnatale Geschlechtsselektion

Daten seit 2012

Anzahl der Jungen pro 100 Mädchen im Alter von 0–4 Jahren, 2015 oder neueste verfügbare Daten

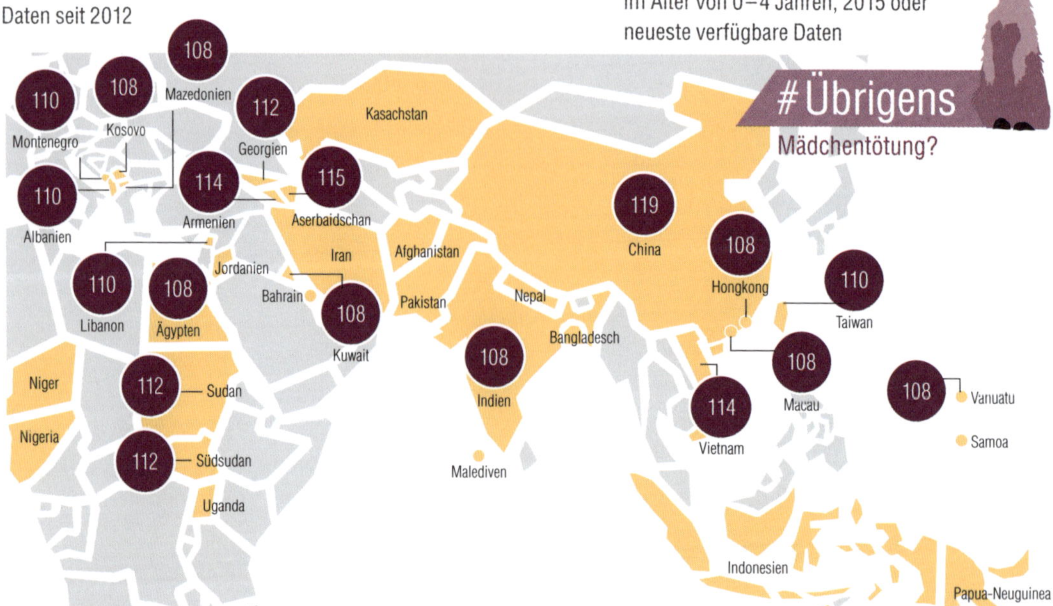

#Übrigens
Mädchentötung?

Körperpolitik

»Kiki schien der Hass, den Frauen in Hinblick auf ihren Körper entwickelten, in der Luft zu liegen, er kroch durch jede Ritze. Die Leute schleppten ihn an den Schuhen mit ins Haus, atmeten ihn ein, sobald sie nur die Zeitung aufschlugen. Man entrann ihm nicht.«

Zadie Smith, *Von der Schönheit*

»Ich liebe meinen Körper, und ich würde niemals etwas an ihm ändern. Ich bitte euch nicht, meinen Körper zu mögen. Ich bitte euch lediglich, mich sein zu lassen, wie ich bin, weil ich ein Mädchen prägen werde, das so aussieht wie ich, und ich will, dass es sich in seiner Haut wohlfühlt.«

Serena Williams

Frauen bei den Olympischen Spielen

Wann Frauen zum ersten Mal an olympischen Disziplinen teilnehmen durften

Vorstellungen darüber, was für Frauen und Männer angemessen ist, sind im Sport verwurzelt und werden von ihm geprägt. Männer, die Sport nicht mögen, werden als unmännlich angesehen. Frauen, die Kraft, Muskelmasse und sportliche Fertigkeiten entwickeln, entsprechen nicht dem konventionellen Frauenbild. Die Teilnahme von Frauen an den Olympischen Spielen spiegelt die großen Widerstände wider, gegen die Frauen im Sport ankämpfen. Durchbrüche in punkto Geschlechtergerechtigkeit bei den Olympischen Spielen führen häufig dazu, dass Frauensport allgemein besser gefördert wird und größere Anerkennung erfährt.

1900 Tennis, Golf
1904 Bogenschießen
1908 Eiskunstlauf
1912 Schwimmen
1924 Fechten
1928 Leichtathletik, Kunstturnen
1936 Alpinski
1948 Kanusport
1952 Pferdesport
1960 Eisschnelllauf
1964 Volleyball, Rennrodeln
1976 Rudern, Basketball, Handball
1980 Hockey
1984 Sportschießen, Radsport, Marathon
1988 Tennis, Tischtennis, Segeln

Winterolympiade

Prozentsatz der weiblichen Teilnehmerinnen

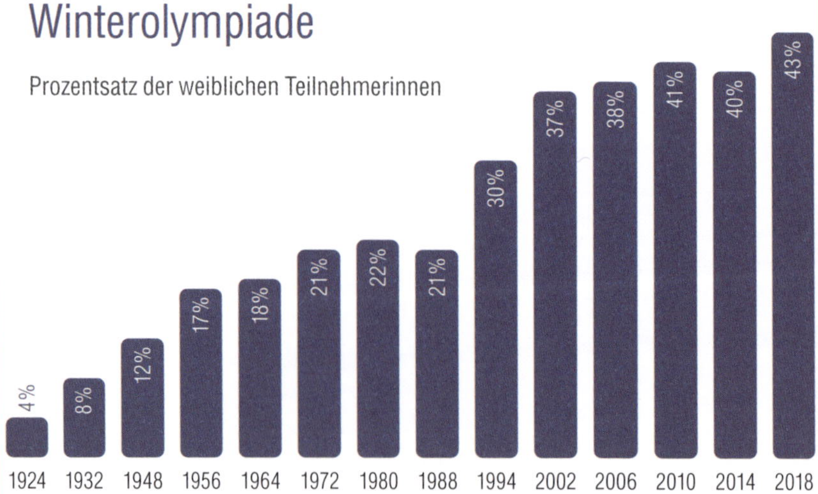

1992 Badminton, Judo, Biathlon

1996 Fußball, Softball

1998 Curling, Eishockey

2000 Gewichtheben, Pentathlon, Taekwondo, Triathlon

2002 Bobrennen

2004 Ringen

2008 BMX

2012 Boxen

2014 Skispringen

2016 Rugby

Erst nachdem 15 der weltbesten Skispringerinnen gegen das Internationale Olympische Komitee (IOC) vor Gericht gezogen waren, ließ dieses im Jahr 2014 Frauen-Skispringen als olympische Disziplin zu. Über ein Jahrhundert lang gab es pseudowissenschaftliche Bedenken, dass sich die Landung negativ auf die Gebärmutter von Skispringerinnen auswirken könnte.
Noch im Jahr 2005 führte Gian-Franco Kasper, der Präsident des Internationalen Skiverbands, diese Bedenken ins Feld und erklärte, dass Skispringen »aus medizinischer Sicht für Frauen nicht geeignet scheint«.

Nach der Islamischen Revolution 1979 war es Frauen in der Islamischen Republik Iran verboten, an internationalen Sportwettbewerben teilzunehmen. 1996 war die Sportschützin Lida Fariman die erste Iranerin, die an Olympischen Spielen nach 1979 teilnahm.
Viele hochrangige Geistliche sind bis heute dagegen: »Es entbehrt jeder Tugendhaftigkeit, wenn Mädchen und Frauen Medaillen für uns gewinnen, indem sie ihre Beine in die Luft schleudern und auf andere Athleten einschlagen. In welche Richtung gehen wir hier?«

Ayatollah Abdollah Javadi Amoli
8. Oktober 2014

Das IOC hat sich bei den Olympischen Spielen 2021 in Tokio zu einer Frauenquote von 50% verpflichtet.

Nach der Zulassung von Frauenboxen bei der Sommerolympiade 2012 in London war diese die erste, bei der weibliche Sportlerinnen an jeder olympischen Disziplin teilnahmen.

Unter den 15 Vorstandsmitgliedern des IOC befanden sich im Jahr 2017 4 Frauen (27%).

Olympische Sommerspiele

Prozentsatz der weiblichen Teilnehmerinnen

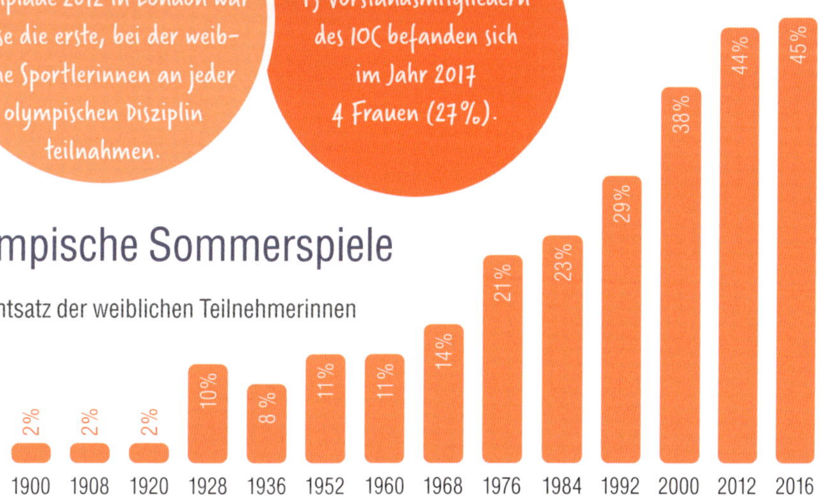

Ein Schritt nach vorne …

1972: In den USA erlangt Title IX Gesetzesstatus. Er untersagt geschlechtsbasierte Diskriminierung in Erziehungsprogrammen, **darunter auch in Sportprogrammen** an Universitäten und Colleges, die Bundesgelder erhalten (was überwiegend der Fall ist). Title IX eröffnete weiblichen Athletinnen nie dagewesene Möglichkeiten. **1970 gab es bei der Association of Intercollegiate Athletics 16 000 Frauen, 2014 waren es über 200 000.**

Besonders beim Fußball gab es rasanten Zuwachs. 1977 hatten weniger als 3 von 100 Schulen ein Mädchenfußballteam. 2014 hatten 9 von 10 Schulen eine Mädchenfußballmannschaft.

1972, als Title IX Gesetzesstatus erlangte, wurden 90% der Frauenfußballteams an Colleges von Frauen trainiert.

ABER!

Mit dem Mehr an Geld, Aufmerksamkeit, Jobs und Prestige, das dem Frauensport zuteilwurde, wurde dieser auch für die Männer interessant: Dadurch ist 2017 der Prozentsatz der Trainerinnen auf ca. 40% gesunken.

2016: Die Afghanische Radsport-Frauennationalmannschaft wird für ihren Mut und ihre Beharrlichkeit bei der Infragestellung von Geschlechterrollen für den Friedensnobelpreis vorgeschlagen.

Januar 2018, Saudi-Arabien: Zum ersten Mal in der Landesgeschichte erhalten Frauen und Mädchen die Erlaubnis, Profisportstadien (genauer: spezielle Frauen- oder Familienbereiche) als Zuschauerinnen zu betreten, um sich Wettkämpfe anzusehen.

Tennis

8 der **10** weltweit bestbezahlten Sportlerinnen sind Tennisspielerinnen.

Bei einigen Grand-Slam-Turnieren bekommen Frauen und Männer gleich viel Preisgeld. 2007 zog Wimbledon als letztes der 4 großen Turniere nach und verlieh gleiche Preisgelder, wie die US Open bereits 1973, die Australian Open 2001 und die French Open 2006.

Tennisspieler, die im Laufe ihrer Karriere am besten verdient haben, 2017: Serena Williams, 82 Mio. US-Dollar Preisgeld, 39 Grand-Slam-Titel. Novak Djokovic: 108,9 Mio. US-Dollar Preisgeld, 12 Grand-Slam-Titel.

2017 sagte John McEnroe über Serena Williams, Weltranglistenerste im Damentennis: »Würde sie beim ITF Men's Circuit spielen, wäre sie bestenfalls die Nr. 700 in der Welt.«

ABER!

Preisgelder, die jährlich an die 100 bestverdienenden Tennisspieler und -spielerinnen gehen = Für jeden Dollar, den ein Mann bekommt, bekommen Frauen nur 80 Cent.

Golf

2012: Der 1932 eröffnete Augusta National Golf Club in den USA veranstaltet jährlich das Masters-Turnier. Nachdem eine feministische Kampagne über 10 Jahre hinweg seine »Men only«-Regelung anprangerte, lässt er auch weibliche Mitglieder zu.

2016: Der 1744 gegründete Muirfield Golf Club in Schottland, einer der langjährigen Austragungsplätze der British Open, stimmt ab, ein reiner Männerclub bleiben zu wollen.

Peter Alliss, ein bekannter Golfkommentator, bemerkte: »Ehefrauen, die ihre Männer dorthin begleiten, kommen in den Genuss der Anlage. Am besten wäre es, einfach jemanden zu heiraten, der Mitglied ist, wenn man beitreten will.«

Nachdem Muirfield dafür gestimmt hatte, ein reiner Herrenclub bleiben zu wollen, entzogen ihm The British Open das Recht, das prestigeträchtige Golfturnier weiterhin auszutragen.

2017: Muirfield stimmte ein weiteres Mal ab, diesmal für die Zulassung von Frauen.

Fußball auf der Weltbühne

1930: Erste Fußball-Weltmeisterschaft (FIFA World Cup) der Männer.

1991: Erste Fußball-Weltmeisterschaft (FIFA World Cup) der Frauen.

Preisgeld der FIFA für die Weltmeisterschaftsteams: 2015 erhielt das US-Weltmeisterschaftsteam der Frauen für seinen Sieg ein Preisgeld von 2 Mio. US-Dollar von der FIFA. Bei der Fußball-Weltmeisterschaft der Männer im Jahr zuvor erhielt das Siegerteam Deutschland 35 Mio. US-Dollar von der FIFA.

Vor 2007 erhielten Frauenteams überhaupt kein Preisgeld von der FIFA.

Tatsächlich erhielten 2014 bei der Fußballweltmeisterschaft der Männer die 16 Teams, die in der **ersten Runde ausgeschieden** waren, jeweils 8 Mio. US-Dollar und damit viermal so viel wie die weiblichen Weltmeisterinnen bei der Fußball-WM. Das US-Team der Männer, das den 11. Platz belegte, gewann 9 Mio. US-Dollar.

Oktober 2017:
Der Fußballverband Norwegen verpflichtete sich als erster dazu, männlichen und weiblichen Nationalspielerinnen gleich viel zu zahlen. Zuvor bekamen die Frauen – obwohl sie auf internationaler Ebene durchwegs erfolgreicher waren – insgesamt 50% weniger als ihre männlichen Kollegen.

Offizieller Tweet der English Football Association zur Begrüßung der Frauennationalmannschaft bei ihrer Rückkehr von der Weltmeisterschaft 2015: »Unsere #Löwinnen kommen heute heim, um wieder Mütter, Partnerinnen und Töchter zu sein, aber sie haben einen weiteren Titel dazubekommen – Heldinnen.«

Der globale Schönheitswettbewerb

Länder, die Bewerberinnen zu Miss World und Miss Universe entsenden

2017

Miss World befindet sich im Besitz eines Familienunternehmens, der Miss World Organization. Miss Universe wurde 2015 von Donald Trump an die Talentagentur WME/IMG verkauft.

Die meisten Gewinnerinnen der Miss World kommen aus: Venezuela (6), Indien (5), Großbritannien (5). Die meisten Gewinnerinnen der Miss Universe kommen aus: USA (8), Venezuela (7), Puerto Rico (5).

Die perfekte Miss Universe: Bewerberinnen müssen zwischen 18 und 28 Jahren alt sein und dürfen weder verheiratet noch schwanger sein. Sie sollten noch nie verheiratet gewesen sein und dürfen auch keine annullierte Ehe hinter sich haben. Sie dürfen noch keine Kinder geboren oder aufgezogen haben. Die Titelträgerinnen sollten während ihrer Amtszeit unverheiratet bleiben.

2017 beteiligte sich Sierra Leone zum ersten Mal an der Wahl zur Miss Universe, doch die Bewerberin musste ihre Teilnahme absagen, da sie kein Visum bekam, um zum Schönheitswettbewerb in die USA zu reisen.

Weltweite Schönheitswettbewerbe propagieren ein eng definiertes, vor allem in der westlichen Welt vorherrschendes Schönheitsideal. Die Globalisierung beschleunigt die weltweite Übernahme dieser Normen. Bei großen Schönheitswettbewerben als Sponsor von Bewerberinnen auf der Bildfläche zu erscheinen, ist für Regierungen eine Möglichkeit, ihr Interesse an einer Rolle als globaler ökonomischer Akteur zu bekunden.

Länder, die in den Schönheitswettbewerb eingestiegen sind:
Bei Miss World 2016 – 2017 neu dabei:
Armenien, Laos, Ruanda, Senegal
Bei Miss Universe 2016 – 2017 neu dabei:
Kambodscha, Laos, Nepal; Irak kam 2017 wieder hinzu, nachdem er seit 1972 vorläufig nicht teilgenommen hatte.

Die Gewinnerinnen von 2017:
Miss World: Indien
Miss Universe: Südafrika

Die Teilnehmerinnen engagieren sich im Rahmen ihrer Bewerbung bei Miss World für die Hilfsorganisation »Beauty with a Purpose« mit einem eigenen gemeinnützigen Projekt. Die Gewinnerin von 2017, Miss India, rief eine Aufklärungskampagne zu Menstruationshygiene ins Leben.

Das große Geschäft mit der Schönheit

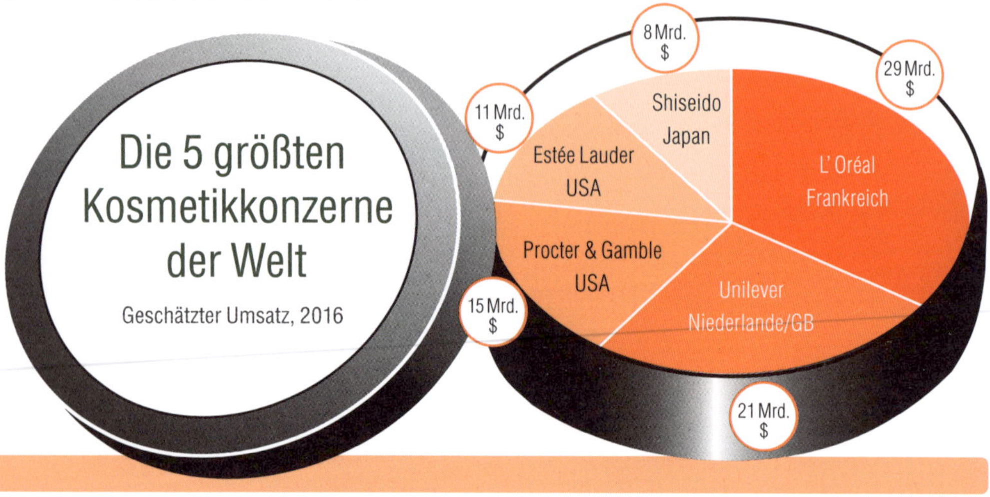

Marktanteil der globalen Kosmetikindustrie

2016

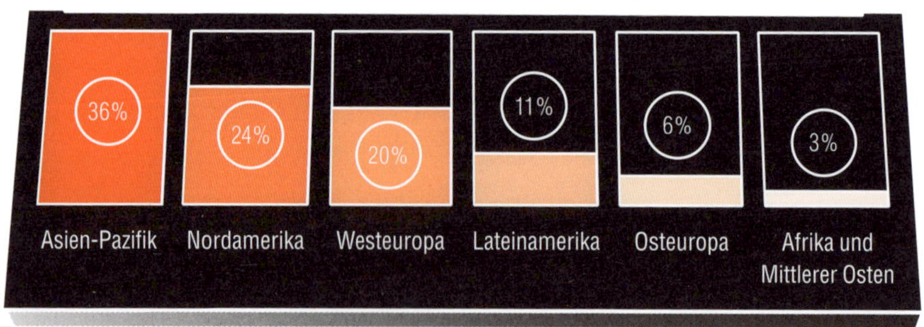

Die 5 wichtigsten Absatzmärkte für Kosmetik

2015

Gar nicht so schön

Kosmetikprodukte enthalten häufig **giftige Stoffe,** darunter Blei und andere Schwermetalle, Parabene, Phthalate, Karzinogene, Neurotoxine, endokrine Disruptoren und Formaldehyde. In den USA applizieren Frauen durch die Verwendung von Kosmetika, Parfüm, Körperpflege- und Monatshygieneartikel Tag für Tag durchschnittlich **168 Chemikalien** auf Gesicht und Körper. Dabei unterliegen in den USA chemische Inhaltsstoffe in Kosmetika kaum Regulierungen.

Aufhellende Hautprodukte, die in **Afrika** und **Asien** einen reißenden Absatz finden, enthalten häufig **Quecksilber** und **Steroide.** In Nigeria benutzen **77%** der Frauen hautaufhellende Mittel; in Togo sind es **59%,** im Senegal **27%.** In Indien wächst der Markt für hautaufhellende Cremes jährlich um **18%.**

Fette Gewinne

Die Größe der globalen Diätindustrie lässt sich nicht in Zahlen fassen, doch gehen die Einnahmen sicherlich in die Milliarden.

In Großbritannien sind fast zwei Drittel der Menschen »die meiste Zeit« auf Diät. 2016 gaben **57%** der britischen Frauen an, sie versuchten abzunehmen.

In den USA gaben **57%** der Frauen und **46%** der Männer an, dass sie abnehmen möchten; ungefähr 45 Millionen Amerikaner machen jedes Jahr eine Diät und geben **33 Mrd. US-Dollar** für Diätprodukte aus.

Der Wunsch nach dem perfekten Körper

Frauen beweisen eine überaus erstaunliche Leidensfähigkeit in ihrem Streben nach Schönheit. Weltweit, aber besonders in den reichen Ländern, legen sich Frauen unters Messer, und es wird geschnitten, modelliert, getackert und manipuliert, um dem vorherrschenden und immer weiter verbreiteten Schönheitsideal zu entsprechen. Die Brustvergrößerung ist die weltweit beliebteste Schönheitsoperation. Doch der kosmetische Eingriff mit der stärksten Wachstumsrate ist die Schamlippenkorrektur – eine Operation, bei der »überschüssiges Gewebe« von den Schamlippen entfernt wird. Wird die OP mit einer Vaginoplastie kombiniert (ein Eingriff, bei dem die Vagina gestrafft und verengt wird), spricht man von »Vaginalverjüngung«.

Die weltweit führende Liga

Die 10 Länder mit der höchsten Gesamtzahl an kosmetischen Eingriffen, die nicht medizinisch indiziert sind

% Prozentualer Anteil an weltweit vorgenommenen kosmetischen Eingriffen

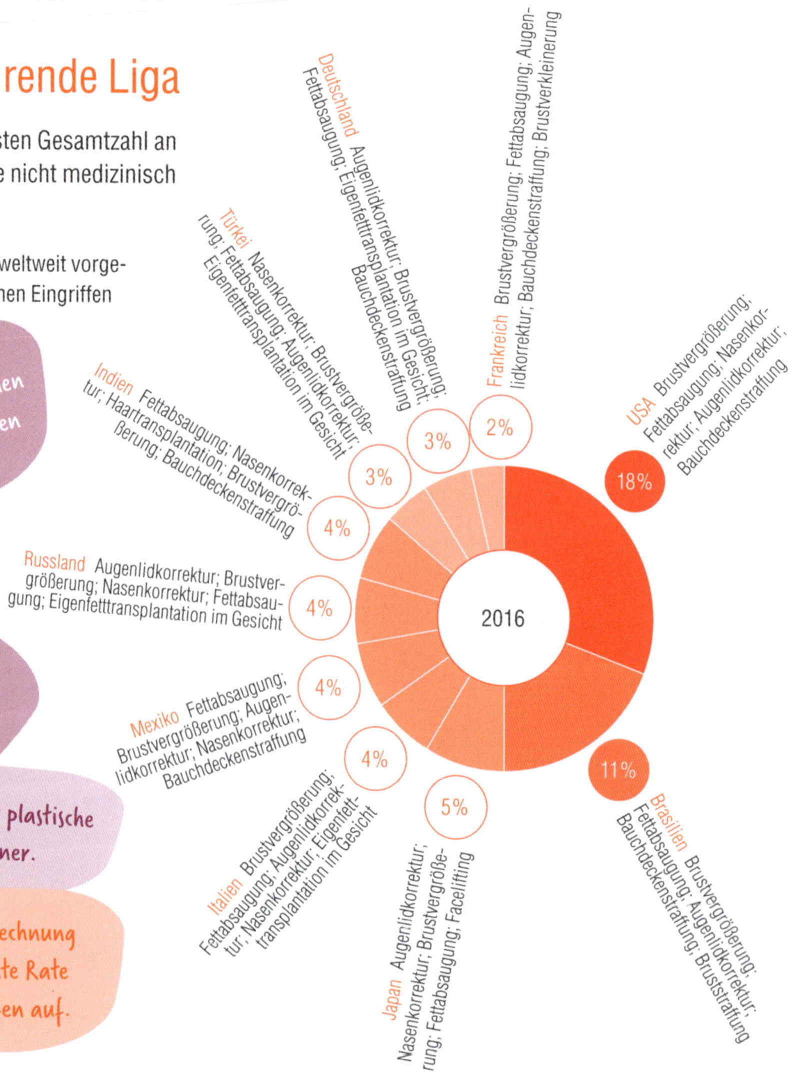

86 % der weltweit vorgenommenen kosmetischen Eingriffe werden an Frauen vorgenommen.

Der beliebteste nicht-invasive Eingriff ist die Botox-Injektion.

85 % aller Fachärzte für plastische Chirurgie sind Männer.

Nach einer Pro-Kopf-Berechnung weist Südkorea die höchste Rate an kosmetischen Eingriffen auf.

Weibliche Genitalverstümmelung/ -beschneidung

Über 200 Millionen Mädchen und Frauen auf der Welt haben eine weibliche Genitalverstümmelung oder -beschneidung (FGM/C) durchlebt, und etwa 3 Millionen weitere Mädchen sind jedes Jahr davon bedroht. Weibliche Genitalverstümmelung und -beschneidung umfasst eine Reihe von Praktiken, die vom Abtrennen der Klitoris bis zur teilweisen oder kompletten Entfernung der äußeren weiblichen Geschlechtsorgane geht. In den schlimmsten Fällen wird die Vagina der Mädchen komplett zugenäht. Meist führen traditionelle Beschneiderinnen die Prozedur mithilfe von Rasierklingen und Schabmessern ohne Betäubung durch.

Sehr häufig wird die Genitalverstümmelung und -beschneidung an jungen Mädchen vorgenommen. Oberstes Ziel ist es, durch Kontrolle über das Sexualverhalten der Mädchen ihre Attraktivität und Eignung als Ehefrau sicherzustellen. Meist mindert Genitalverstümmelung und -beschneidung das sexuelle Verlangen der Frau. In manchen Kulturen werden die weiblichen Genitalien als unrein erachtet, wobei rituelle Beschneidung den Körper eines Mädchens lieblich und rein machen soll.

Traditionsgemäß sind es Frauen, die die Beschneidungen durchführen. Viele Frauen treten vehement für die Praxis des Beschneidens ein.

Länder, in denen weibliche Genitalverstümmelung bekanntlich weitverbreitet ist, es aber keine nationalen Gesetze gibt, die diese verbieten

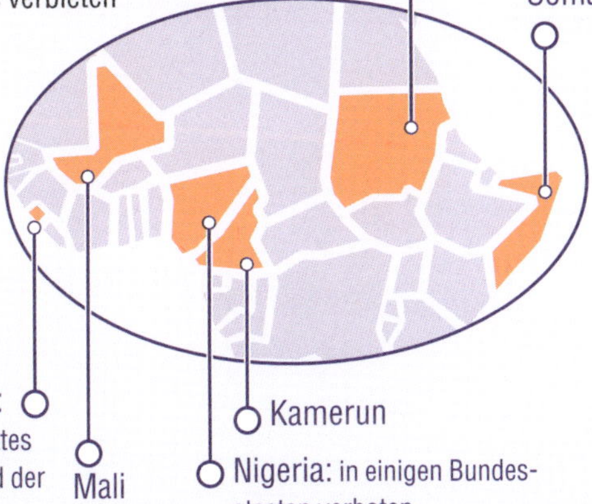

Gesetzeslage

Verbot durch nationale Gesetzgebung

- 1995 Guinea
- 1996 Zentralafrikanische Republik (1996 überarbeitet)
- 1994 Ghana
- 1995 Dschibuti
- 1996 Burkina Faso
- 1998 Elfenbeinküste, Tansania, Togo
- 1999 Senegal
- 2001 Kenia, Jemen
- 2003 Benin, Tschad, Niger
- 2004 Äthiopien
- 2005 Mauretanien, Südafrika
- 2006 Demokratische Republik Kongo
- 2007 Eritrea
- 2008 Ägypten
- 2010 Uganda
- 2011 Guinea-Bissau, Kurdengebiet im Irak
- 2015 Gambia
- 2018 Liberia, Somaliland: Die Regierung von Somaliland erließ eine Fatwa zum Verbot von weiblicher Genitalverstümmelung

Unter dem Messer

Verbreitung weiblicher Genitalverstümmelung und -beschneidung

Prozentsatz der Mädchen und Frauen zwischen 15 und 49 Jahren, die eine Genitalverstümmelung erlitten haben
Daten seit 2011

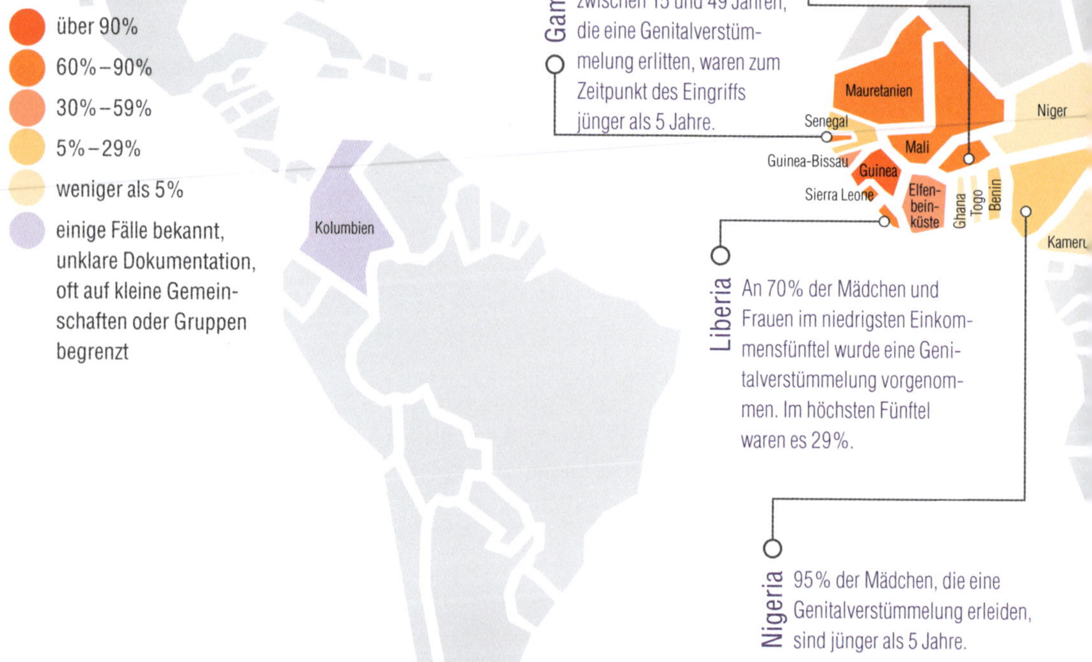

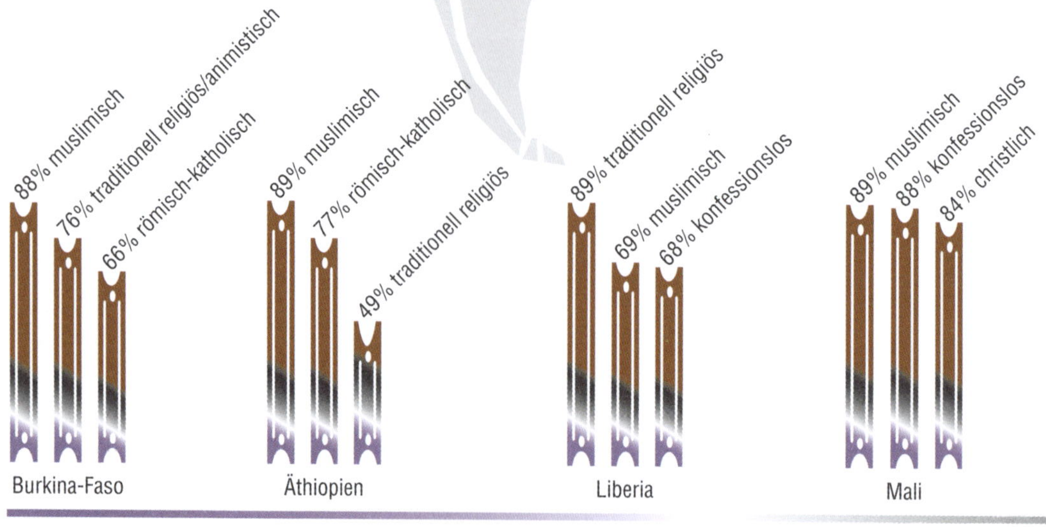

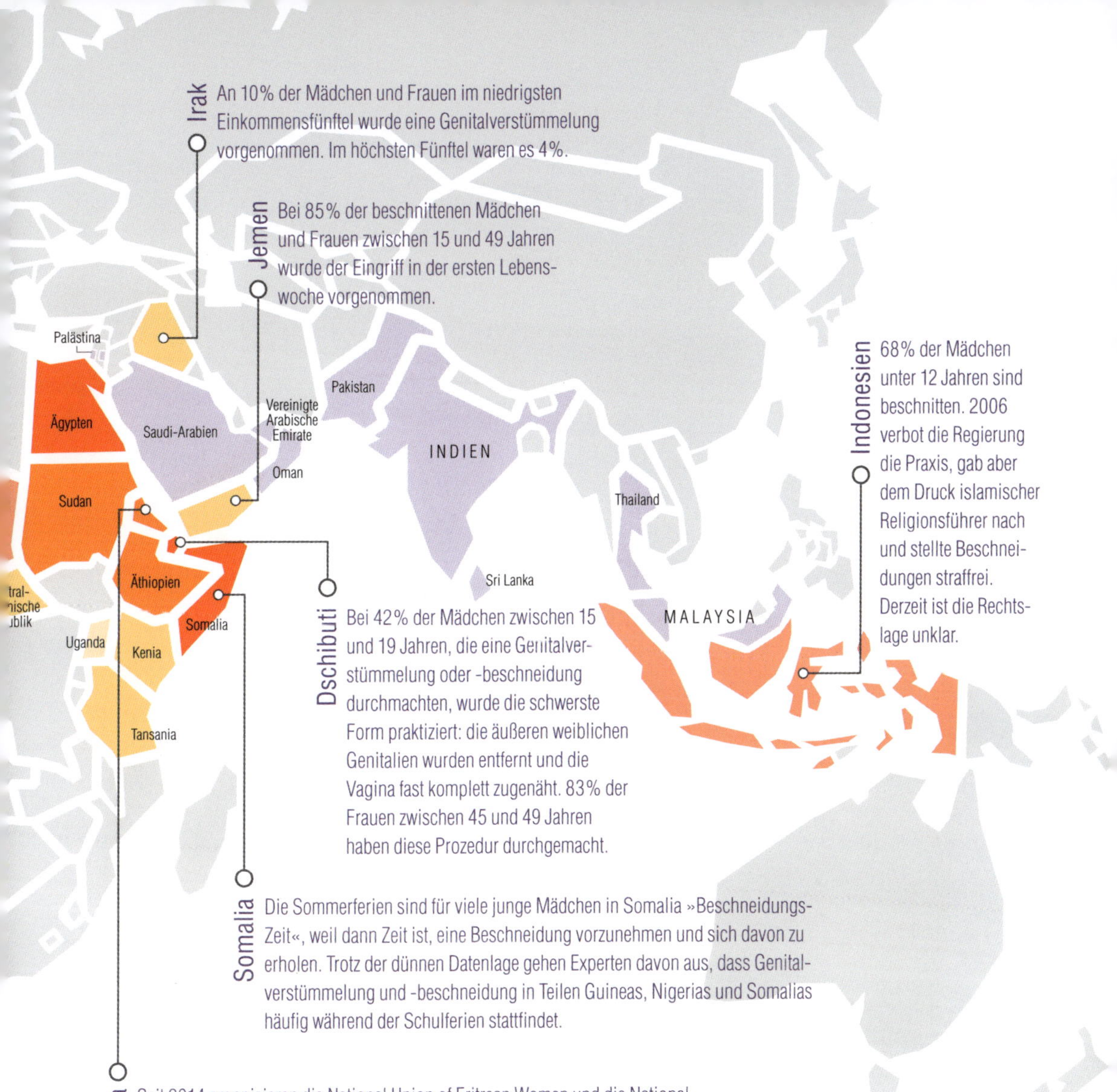

Irak An 10% der Mädchen und Frauen im niedrigsten Einkommensfünftel wurde eine Genitalverstümmelung vorgenommen. Im höchsten Fünftel waren es 4%.

Jemen Bei 85% der beschnittenen Mädchen und Frauen zwischen 15 und 49 Jahren wurde der Eingriff in der ersten Lebenswoche vorgenommen.

Indonesien 68% der Mädchen unter 12 Jahren sind beschnitten. 2006 verbot die Regierung die Praxis, gab aber dem Druck islamischer Religionsführer nach und stellte Beschneidungen straffrei. Derzeit ist die Rechtslage unklar.

Dschibuti Bei 42% der Mädchen zwischen 15 und 19 Jahren, die eine Genitalverstümmelung oder -beschneidung durchmachten, wurde die schwerste Form praktiziert: die äußeren weiblichen Genitalien wurden entfernt und die Vagina fast komplett zugenäht. 83% der Frauen zwischen 45 und 49 Jahren haben diese Prozedur durchgemacht.

Somalia Die Sommerferien sind für viele junge Mädchen in Somalia »Beschneidungs-Zeit«, weil dann Zeit ist, eine Beschneidung vorzunehmen und sich davon zu erholen. Trotz der dünnen Datenlage gehen Experten davon aus, dass Genitalverstümmelung und -beschneidung in Teilen Guineas, Nigerias und Somalias häufig während der Schulferien stattfindet.

Eritrea Seit 2014 organisieren die National Union of Eritrean Women und die National Union of Eritrean Youths and Students Aufklärungskampagnen gegen weibliche Genitalverstümmelung und andere gesundheitsgefährdende Praktiken und haben damit bereits 460 000 Gemeindemitglieder erreicht.

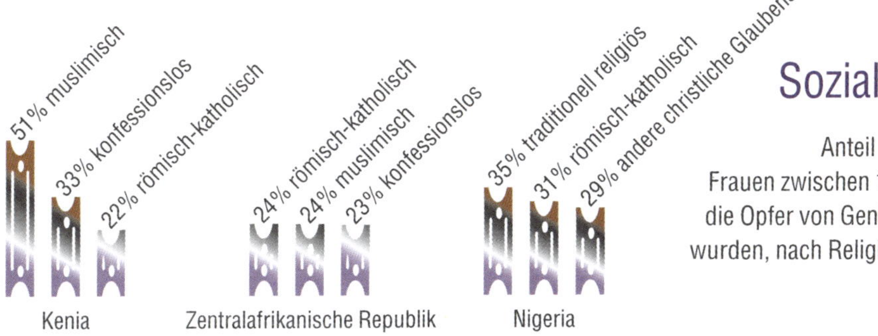

Soziale Normen

Anteil der Mädchen und Frauen zwischen 15 und 49 Jahren, die Opfer von Genitalverstümmlung wurden, nach Religionszugehörigkeit
Daten seit 2011

Winds of Change

Frauen haben im Kampf gegen weibliche Geschlechtsverstümmelung und -beschneidung eine Führungsrolle übernommen. Feministische Gruppen, an deren Spitze oft junge Frauen stehen, haben sich die Abschaffung der Beschneidungspraxis auf die Fahnen geschrieben. Es gibt einen ermutigenden Trend zu beobachten: Frauen zwischen 15 und 19 Jahren haben mit geringerer Wahrscheinlichkeit eine Genitalverstümmlung erlitten als Frauen höherer Altersgruppen. Gleichzeitig ist das Bestreben, der Beschneidungspraxis ein Ende zu setzen, unter jungen Frauen besonders hoch.

Kampagne gegen weibliche Genitalverstümmelung und -beschneidung, Straßenschild in Kapchorwa, Uganda, 2004

Es muss ein Ende haben

Prozentsatz der Mädchen/Frauen, Jungen/Männer zwischen 15 und 49 Jahren, die von weiblicher Genitalverstümmelung gehört haben und der Meinung sind, dass sie ein Ende haben muss.

Daten seit 2011

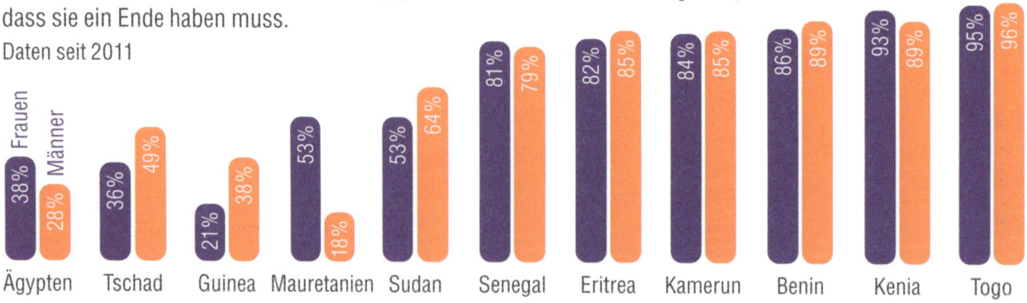

Polizeilich registrierte Sexualstraftaten gegen Kinder

Fallzahlen pro 100 000 Einwohner
Innerhalb eines Jahres zwischen 2013 und 2014

Polizeilich registrierte Sexualstraftaten gegen Kinder beinhalten Kinderpornografie-Delikte, die Prostitution Minderjähriger, Unzucht mit Minderjährigen unterhalb des Schutzalters und weitere Straftaten im Kontext sexueller Ausbeutung von Kindern. Die Registrierung der Straftaten variiert erheblich.

England & Wales 272
Jamaika 218
Neuseeland 190
Chile 174
Belgien 158
Deutschland 145
Frankreich 128
Norwegen 115
Kanada 64
Uganda 58
Russland 37
Japan 21
Kenia 17
Italien 10

Erzwungener Sex

Prozentsatz der Frauen, deren erster Geschlechtsverkehr erzwungen war.
Daten seit 2010

UNICEF schätzt, dass 120 Millionen Mädchen und Frauen unter 20 Jahren irgendwann in ihrem Leben zum Geschlechtsverkehr oder zu anderen sexuellen Handlungen gezwungen worden sind.

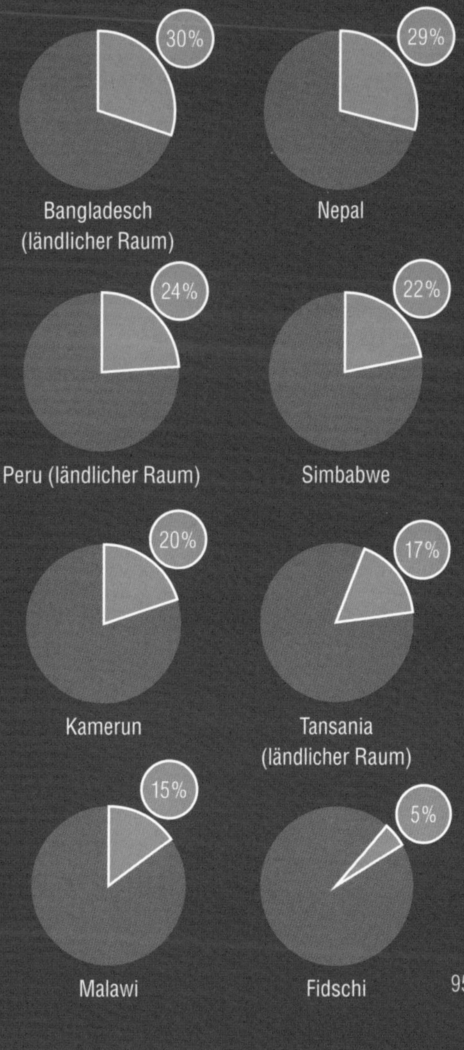

Sextourismus

Eine toxische Mischung aus auf Männer beschränkten Privilegien und Macht sowie dem Gefühl von Straffreiheit und Anonymität bildet den Nährboden für Sextourismus. Der Reiz von Sextourismus, egal ob er von einzelnen Männern unternommen wird oder Teil einer organisierten Gruppenreise ist, besteht darin, dass man Sex kaufen kann, den man zu Hause nicht kriegt. Häufig bedeutet dies Sex mit einem Kind.

Woher Sextouristen kommen

Wohin Sextouristen reisen

Bordelle finden sich meist in normalen Tourismusgebieten, etwa in Badeorten oder in großen Ballungsräumen, wo Rotlichtbezirke bereits existieren.

Prostitution

Bei der Frage, ob Legalisierung oder Kriminalisierung der beste Weg ist, um weibliche Prostituierte zu schützen – und eine klare Linie zwischen einvernehmlichem Sex und Zwangsprostitution zu ziehen –, liegen die Meinungen sehr weit auseinander. Das »Schwedische Modell«, nach dem die Käufer und nicht die Verkäufer von Sex bestraft werden, erfreut sich wachsender Zustimmung in Europa.

Prostitution in Europa

> Schweden führte 1999 als erstes Land ein Gesetz zu käuflichem Sex ein. Es besagt, dass es illegal ist, für Sex zu zahlen, nicht aber, eine Prostituierte zu sein – der Freier macht sich strafbar, nicht die Prostituierte.

- legal, mit variierendem Regulierungsgrad*
- illegal für den Käufer
- illegal für den Verkäufer
- illegal für Käufer und Verkäufer

* einige Handlungen, wie das öffentliche Anwerben von Freiern, Zuhälterei oder das Besitzen eines Bordells können illegal sein

#Übrigens

Klimawandel und Prostitution: In vielen Teilen der Welt vernichten Naturkatastrophen und Umweltzerstörung Lebensgrundlagen und Ressourcen – wodurch Frauen gezwungen werden, zeitweise Tauschgeschäfte mit Sex zu machen, um sich und ihre Familien durchzubringen.

Sexhandel

Die globalen Haupthandelsströme des Sexhandels

Daten seit 2014

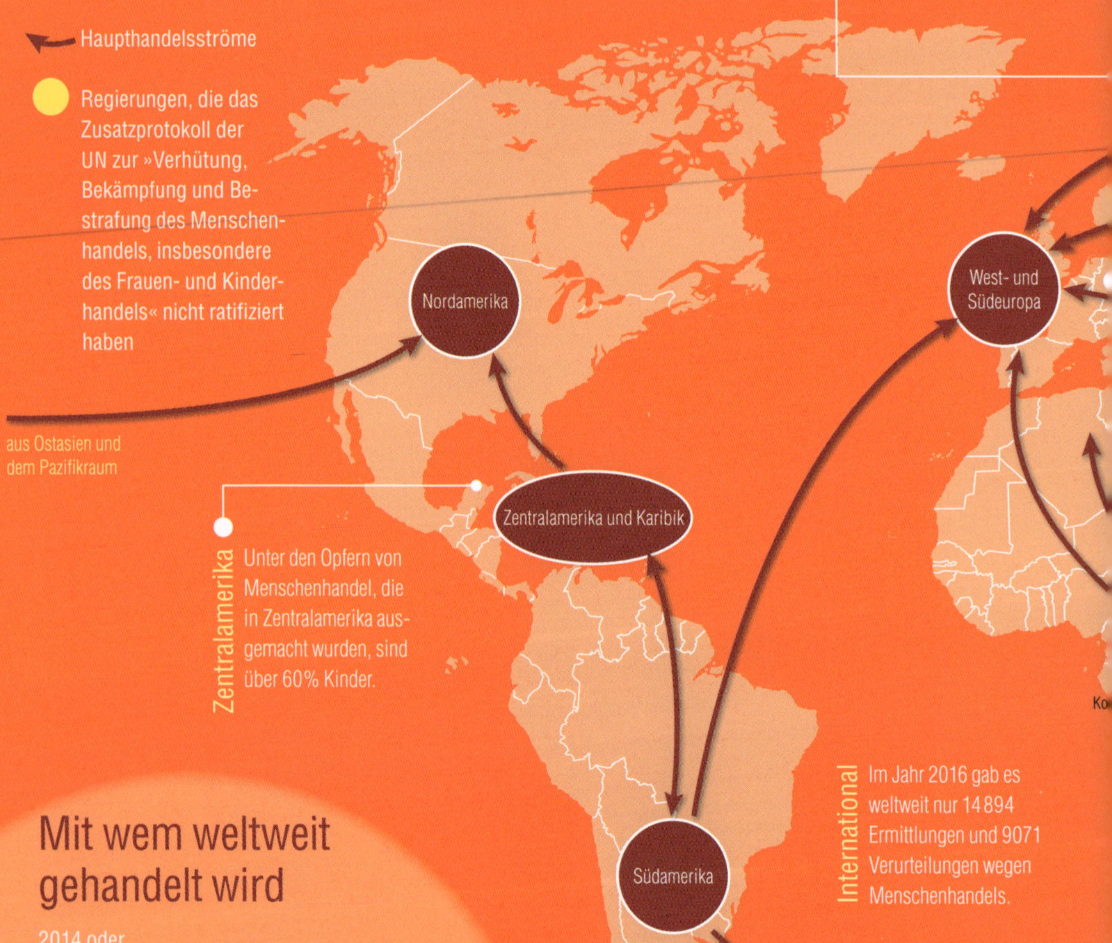

Mit wem weltweit gehandelt wird

2014 oder neueste Daten

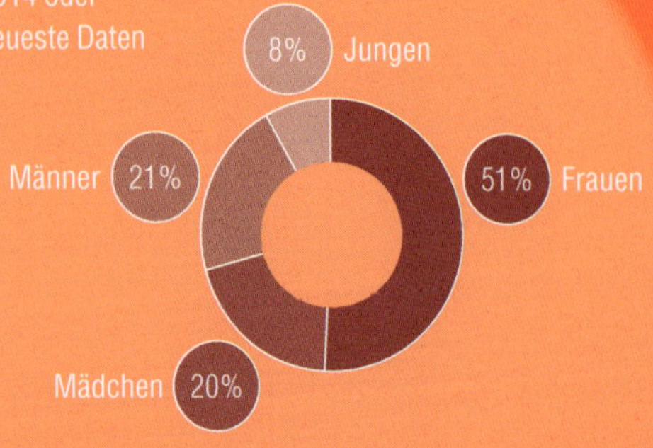

Es gibt mindestens 21 Millionen Erwachsene und Kinder weltweit, die über internationale Grenzen hinweg als Sexsklaven, Zwangsarbeiter oder Schuldknechte gehandelt werden. Den größten Anteil machen Menschen aus, mit denen zum Zweck der sexuellen Ausbeutung Handel betrieben wird.

96% der Menschen, die als Sexsklaven gehandelt werden, sind Frauen und Mädchen; 63% der Menschen, die als Arbeitssklaven gehandelt werden, sind Männer. Sexhandel nimmt in Regionen stark zu, die von Naturkatastrophen und militärischen Konflikten heimgesucht werden.

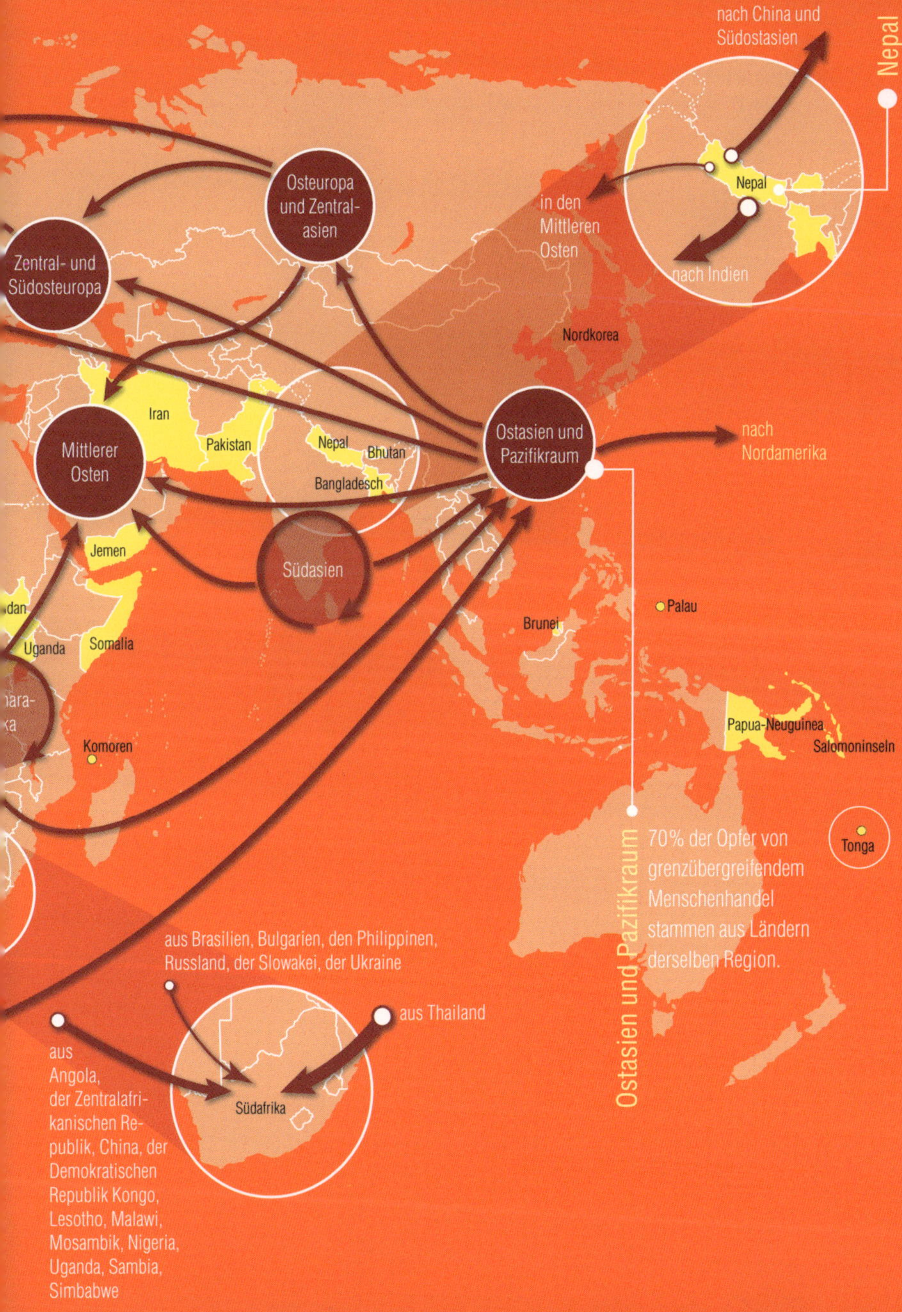

Nepal

Mindestens 7000 nepalesische Mädchen und Frauen werden jährlich nach Indien verkauft; schätzungsweise 200 000 arbeiten derzeit in indischen Bordellen.

Die Frauenorganisation Maiti Nepal hat über 36 000 Mädchen und Frauen, die illegal verkauft werden sollten, an Grenzübergängen zwischen Indien und China abgefangen.

Die Erdbeben im Jahr 2015 zerstörten die Wirtschaft des Landes und befeuerten den illegalen Handel mit Frauen und Mädchen aus Nepal.

Pornografie

Die Vermarktung von Sex ist ein großes Geschäft, das heute hauptsächlich online betrieben wird. Unter Feministinnen wird das komplexe Thema Pornografie äußerst kontrovers diskutiert. Viele sind der Meinung, dass Pornografie Teil der systematischen Unterdrückung und Herabwürdigung der Frau sei, ein Instrument des Patriarchats, das Frauen vergegenständliche und zum Sexobjekt degradiere. Andere argumentieren, dass die Einwände gegen Pornografie selbst die Handlungsfähigkeit von Frauen einschränken, da sie auf der Annahme basieren, dass Porno-Darsteller keine Kontrolle über ihren Körper haben. Vermutlich kommt es sehr auf den Kontext an.

Globale Momentaufnahme:

- Man schätzt, dass 12% aller Websites im Internet Pornoseiten sind.
- Man schätzt, dass 13% aller Internetrecherchen auf sexuelle oder erotische Inhalte abzielen.

Die »weltgrößte Pornowebsite« erstattet über sich selbst Bericht

Jahresrückblick 2017 über PornHub.com

28,5 Milliarden Besucher
81 Millionen pro Tag

74% sind Männer

67% Smartphonezugriffe

24% Computerzugriffe

Anteil der weiblichen Besucher von PornHub:

weltweiter Durchschnitt 26%

von den Philippinen 36%

aus den USA und Kanada 25%

aus Japan 19%

Die 5 beliebtesten Sex-Kategorien bei Männern:
- Japanisch
- Ebonysex
- Milfs
- Reife Frauen
- Analsex

Von Männern meistgesuchte Schlagwörter:
- Milfs
- Stiefmutter
- Japanisch
- Hentai
- Mama

Die 5 beliebtesten Sex-Kategorien bei Frauen:
- Frau auf Frau (»lesbisch«)
- Flotter Dreier
- Großer Schwanz
- Pornos für Frauen
- Ebonysex

Von Frauen meistgesuchte Schlagwörter:
- Frau auf Frau (»lesbisch«)
- Lesben-Schere
- Flotter Dreier
- Hentai
- Japanisch

#Übrigens

Im Gallup's Annual Poll zeigt sich in der Kategorie »soziale Werte« der größte Gendergap beim Thema Pornografie: 43% der amerikanischen Männer waren 2015 der Meinung, dass Pornografie »moralisch akzeptabel« sei; 25% der Frauen sahen das genauso.

Gesundheit

HIV ist einer der weltweit größten Frauenkiller.

51 % der weltweit HIV-Infizierten sind Frauen. Einer der maßgeblichen Faktoren ist das Machtgefälle zwischen Mann und Frau, wenn es darum geht, beim Thema Sex Regeln zu verhandeln.

Beim Aushandeln von Safer-Sex-Praktiken sind insbesondere junge Frauen gegenüber ihren älteren männlichen Partnern im Nachteil.

1 von 8 Frauen wird bei einer Lebenserwartung von 85 Jahren an Brustkrebs erkranken.

In den 1970er-Jahren lag die Quote bei 1 zu 20. In weiten Teilen Westeuropas und Nordamerikas sinkt der Anteil der Frauen, die an Brustkrebs sterben. Doch die Vorteile einer besseren medizinischen Versorgung sind nicht gleichmäßig verteilt. In den USA beispielsweise wird Brustkrebs häufiger bei weißen Frauen diagnostiziert, doch sterben schwarze Frauen mit einer höheren Wahrscheinlichkeit daran.

Weltweit steigt die Zahl der Brustkrebserkrankungen möglicherweise durch die Übernahme westlicher Lebens- und Ernährungsstile.

Die Umweltzerstörung bringt erhebliche Gesundheitsprobleme mit sich und verschlimmert bereits bestehende Krankheiten.

Das Verbreitungsgebiet von Malaria wird immer größer, da der Klimawandel den Lebensraum der Mücken vergrößert, die den Erreger übertragen.

In den ärmsten Regionen der Welt verbessert sich der Zugang zu sanitären Einrichtungen und sauberem Wasser. Allerdings stellt die Verunreinigung des Trinkwassers mit Chemikalien sowohl in armen als auch in reichen Ländern ein gravierendes Problem dar, das sich zunehmend verschlimmert. Oft finden sich die höchsten Schadstoffkonzentrationen in Haushalten. Dabei handelt es sich um chemische Schadstoffe und in ärmeren Haushalten auch um solche, die durch offenes Feuer freigesetzt werden.

Brustkrebs

Häufigkeit pro 100 000 Frauen
2012

- 80 und mehr Fälle
- 50–79
- 25–49
- unter 25
- keine Daten

Wöchentliche Todesrate

Anzahl der Frauen, die an Brustkrebs starben
Ausgewählte Beispiele, 2012

- angegebene Zahlen

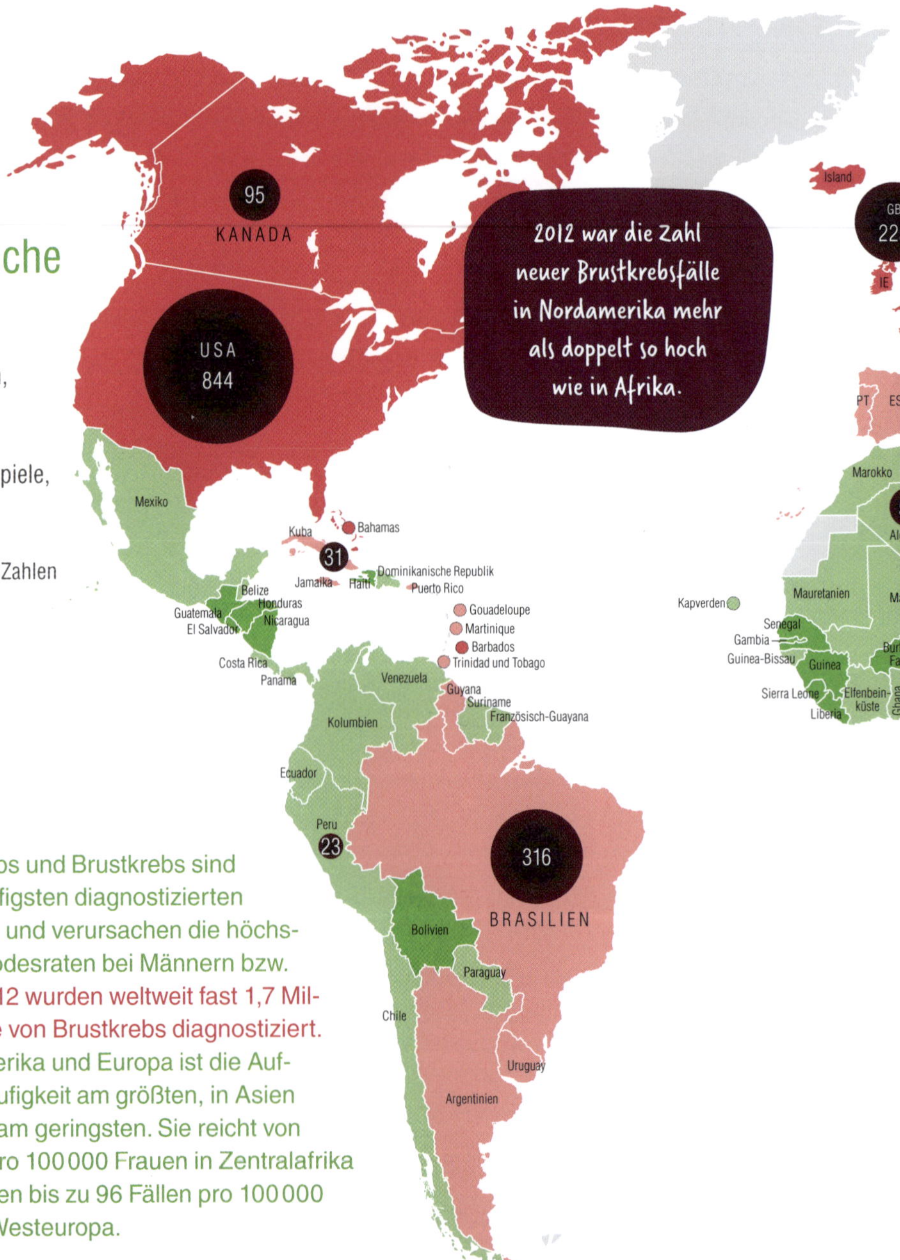

WELTWEIT Lungenkrebs und Brustkrebs sind die am häufigsten diagnostizierten Krebsarten und verursachen die höchsten Krebstodesraten bei Männern bzw. Frauen. 2012 wurden weltweit fast 1,7 Millionen Fälle von Brustkrebs diagnostiziert. In Nordamerika und Europa ist die Auftretungshäufigkeit am größten, in Asien und Afrika am geringsten. Sie reicht von 27 Fällen pro 100 000 Frauen in Zentralafrika und Ostasien bis zu 96 Fällen pro 100 000 Frauen in Westeuropa.

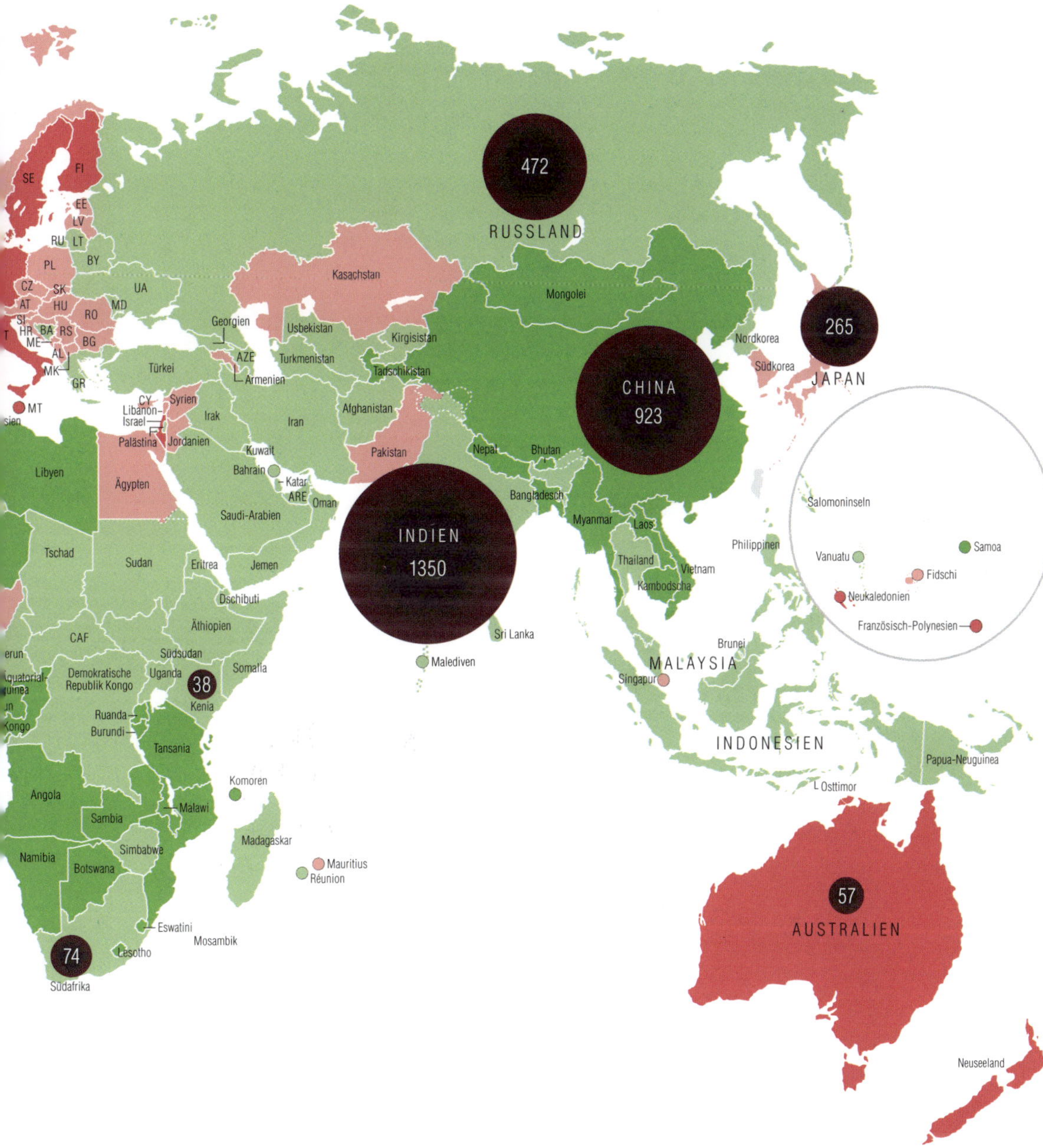
472
RUSSLAND
265
JAPAN
CHINA
923
INDIEN
1350
38
74
57
AUSTRALIEN
SE
FI
EE
LV
RU
LT
PL
BY
CZ
SK
AT
HU
SI
HR
BA
RS
RO
MD
ME
BG
AL
MK
GR
UA
MT
Georgien
AZE
Armenien
Türkei
CY
Libanon
Israel
Palästina
Syrien
Jordanien
Irak
Iran
Kuwait
Bahrain
Katar
ARE
Oman
Saudi-Arabien
Jemen
Kasachstan
Usbekistan
Turkmenistan
Kirgisistan
Tadschikistan
Afghanistan
Pakistan
Mongolei
Nordkorea
Südkorea
Nepal
Bhutan
Bangladesch
Myanmar
Laos
Thailand
Vietnam
Kambodscha
Philippinen
Sri Lanka
Malediven
Brunei
MALAYSIA
Singapur
INDONESIEN
Osttimor
Papua-Neuguinea
Salomoninseln
Vanuatu
Samoa
Fidschi
Neukaledonien
Französisch-Polynesien
Libyen
Ägypten
Tschad
Sudan
Eritrea
Dschibuti
Äthiopien
CAF
Südsudan
Somalia
Uganda
Kenia
Demokratische Republik Kongo
Ruanda
Burundi
Tansania
Komoren
Angola
Sambia
Malawi
Madagaskar
Mauritius
Réunion
Simbabwe
Namibia
Botswana
Eswatini
Mosambik
Lesotho
Südafrika
Neuseeland

Brustkrebs – die regionale Lotterie

Die 5 Regionen mit der größten Auftretungshäufigkeit und
die 5 Regionen mit der höchsten Todesrate pro 100 000 Frauen
2012

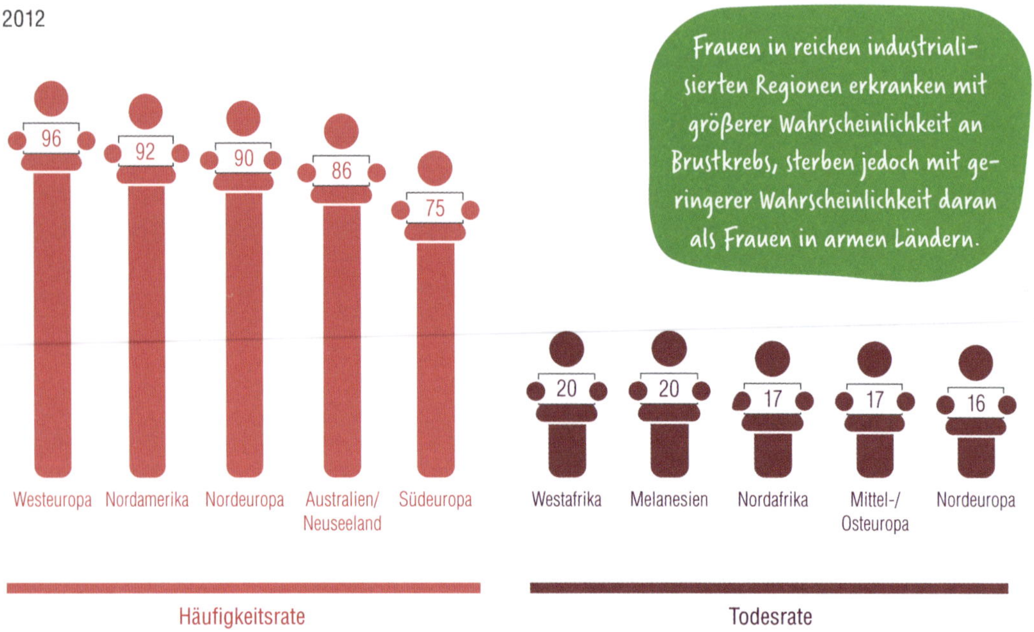

Race, Ethnie und Brustkrebs

Häufigkeit und Todesraten in
den USA pro 100 000 Frauen
2014

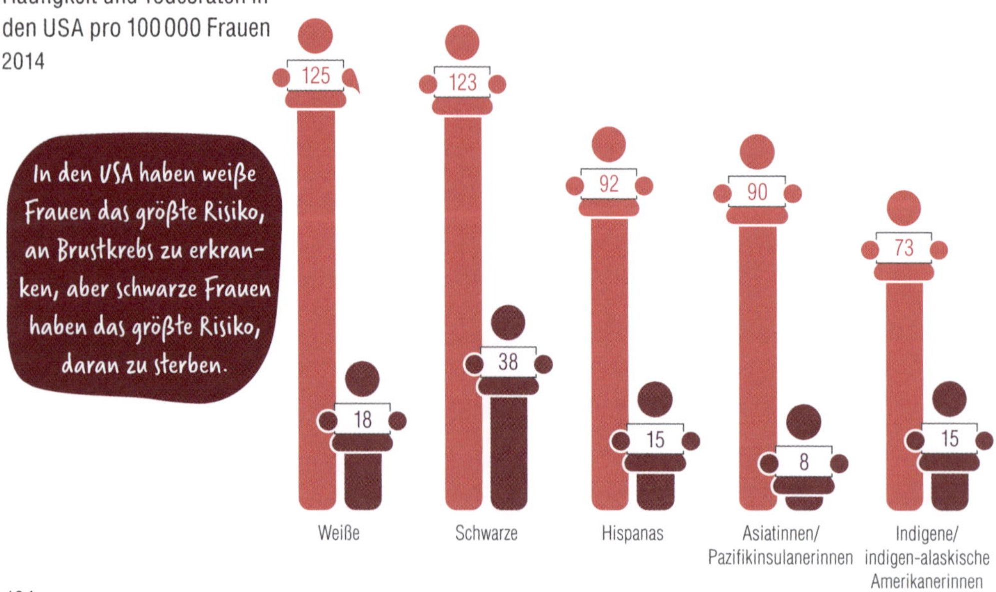

HIV im östlichen und südlichen Afrika

Anteil der HIV-infizierten Frauen zwischen 15 und 49 Jahren
2015

- 20% – 34%
- 5% – 19%
- weniger als 5%

Mit HIV leben

2015

alle Erwachsenen mit HIV
erwachsene Frauen mit HIV

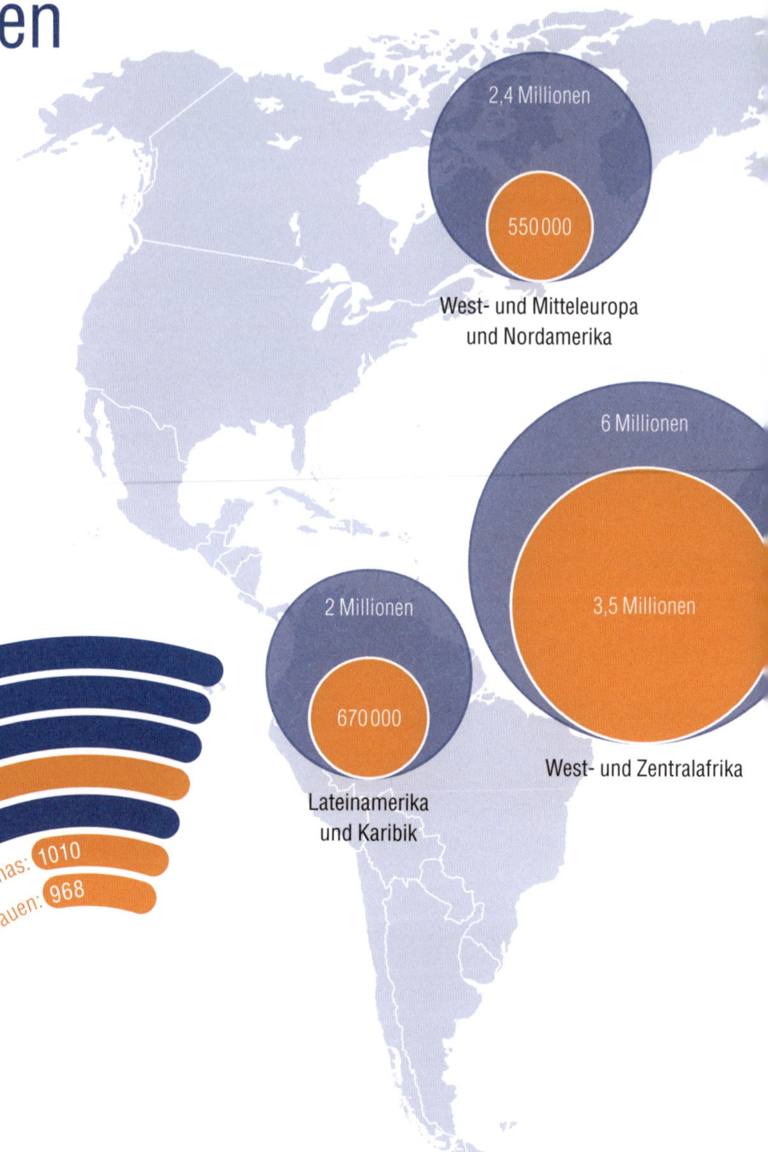

Neue HIV-Diagnosen, USA

Zahlen in den am stärksten betroffenen Gruppen
2015

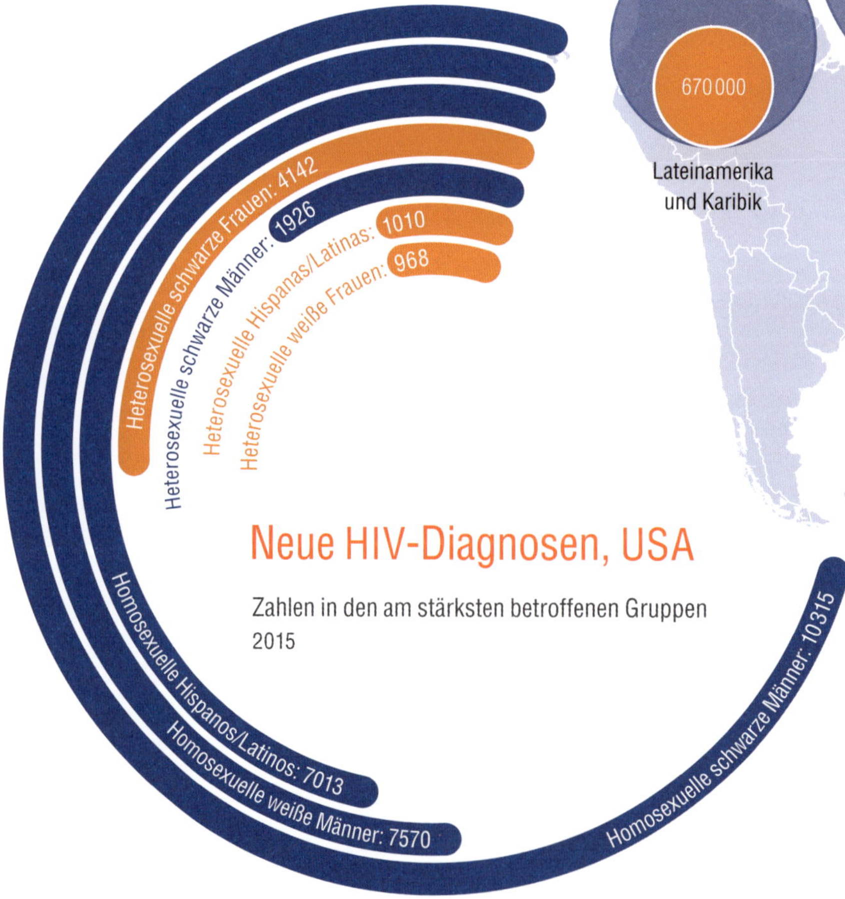

Wöchentliche Todesrate

Durchschnittliche Zahl der
AIDS-bedingten Todesfälle pro Woche
Ausgewählte Beispiele
2015

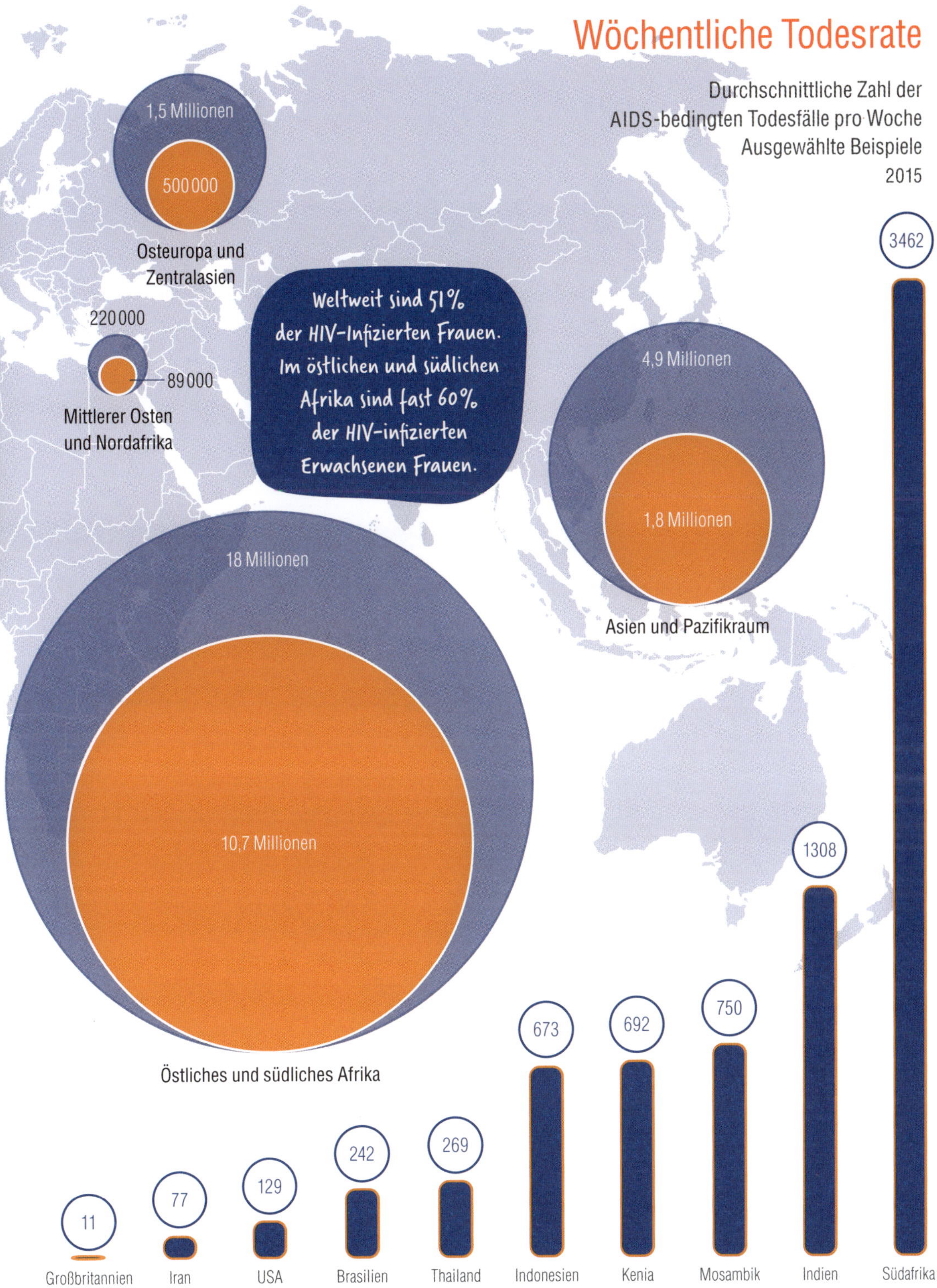

Medikamente gegen HIV

Anteil der HIV-positiven Menschen im östlichen und südlichen Afrika, die eine antiretrovirale Therapie erhalten
2015

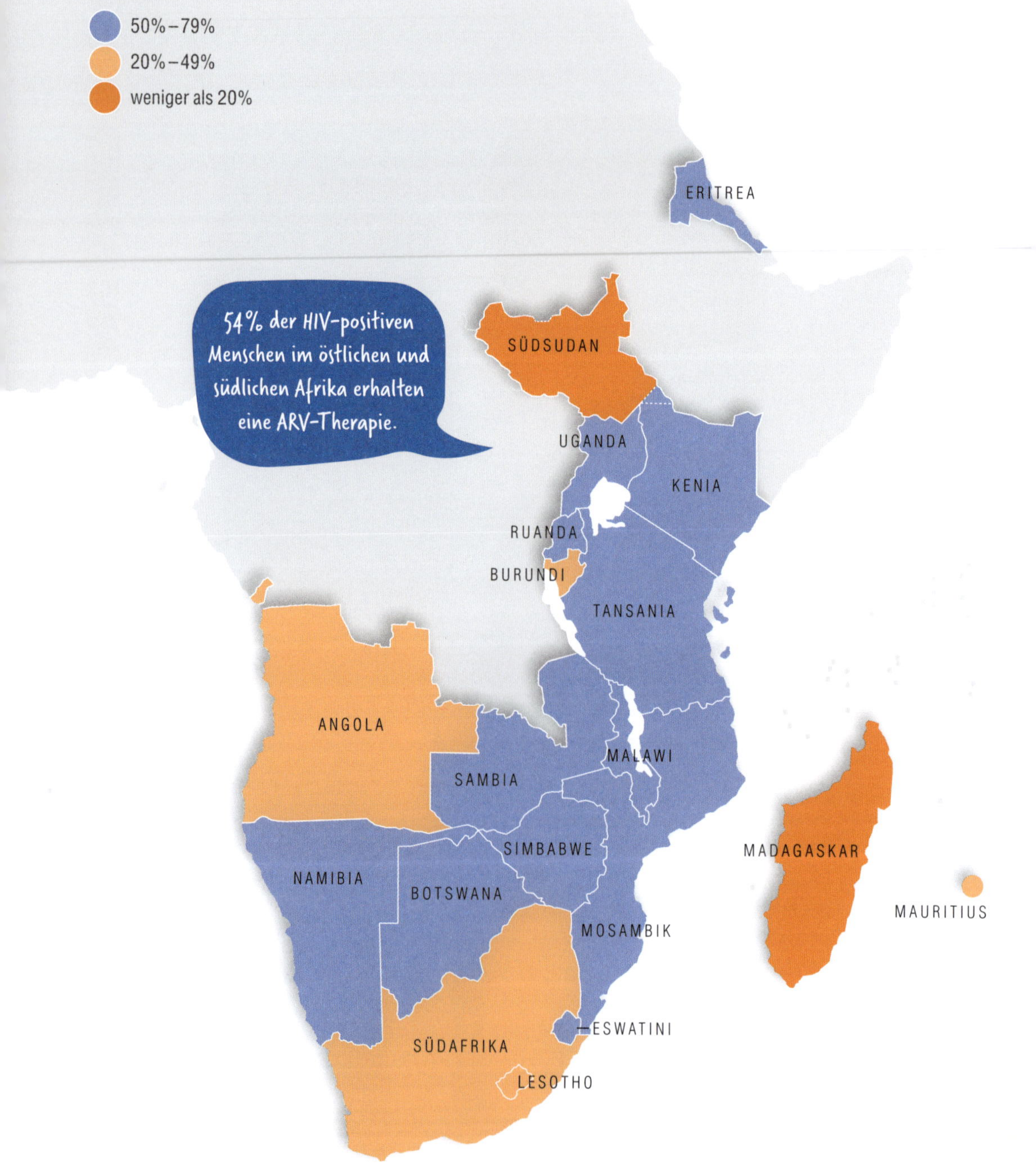

Neue HIV-Infektionen und junge Frauen

Schädliche Geschlechternormen und Geschlechterungleichheiten, unzureichender Zugang zu Bildung, medizinischer Hilfe und Beratung über Sexualität und Familienplanung, Armut, Nahrungsmittelunsicherheit, weit verbreitete Gewalt gegen Frauen und sexuelle Nötigung von jungen Mädchen sind die Hauptursachen ihres erhöhten HIV-Risikos. In Gebieten mit hoher HIV-Prävalenz bevorzugen Männer oft sexuelle Kontakte mit jungen Mädchen, weil sie davon ausgehen, dass bei ihnen ein geringeres Risiko besteht, dass sie infiziert sind. Jungen Frauen kann es schwerfallen, ältere männliche Partner zu Safer-Sex-Praktiken zu bewegen.

2015 gab es weltweit 2,1 Millionen neue HIV-Infektionen. Der Anteil junger Frauen an den Neuinfizierten ist überproportional hoch.

Neue HIV-Infektionen

Weltweit, bei jungen Erwachsenen zwischen 15 und 24 Jahren
2015

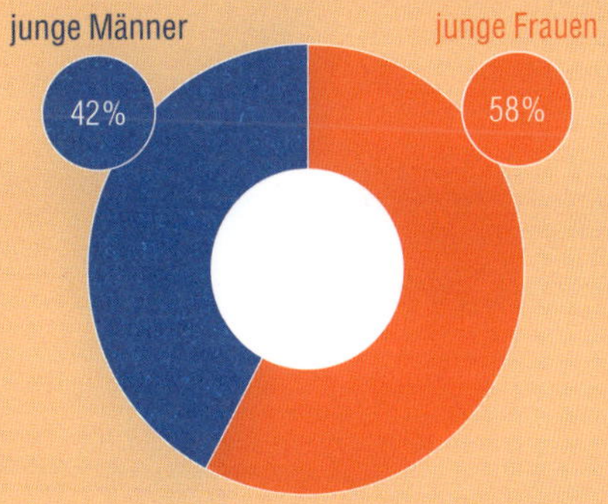

Alter und Geschlechterungleichheiten bei neuen HIV-Infektionen

2015

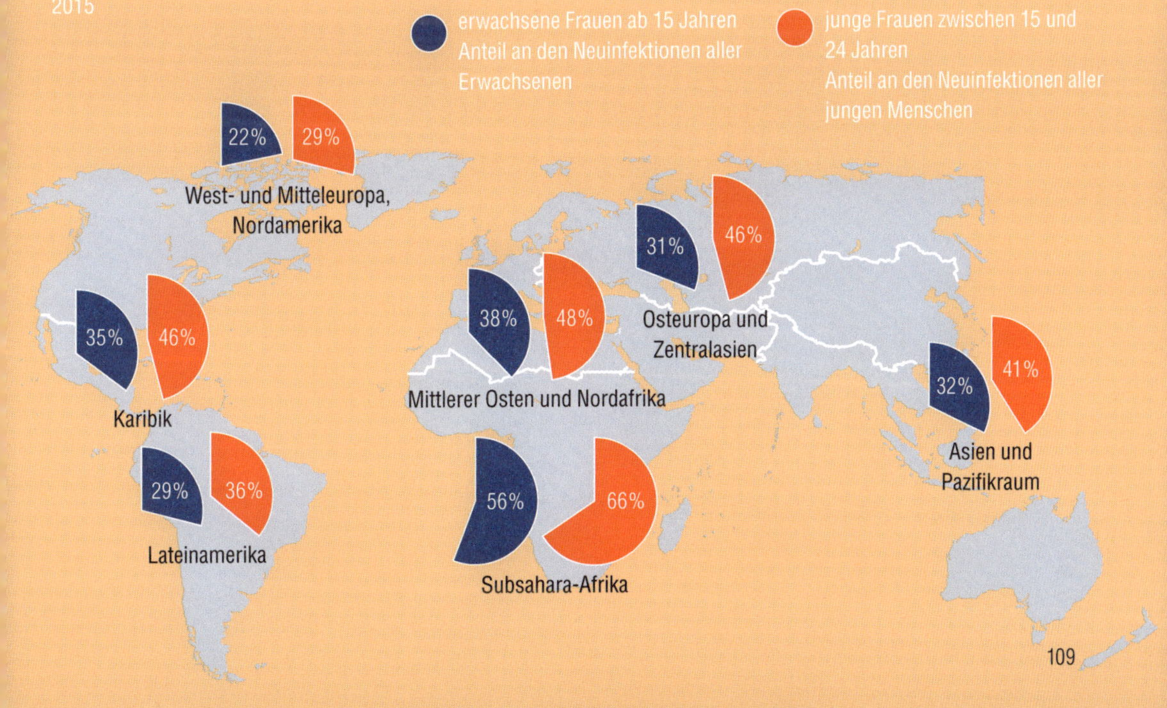

Tuberkulose

Weltweite Häufigkeit

2016

Die Tuberkulose (TB) gehört zu den tödlichsten Krankheiten der Welt. Schätzungsweise ein Drittel der Weltbevölkerung ist mit TB infiziert. Viele Menschen wissen gar nicht, dass sie TB haben, bis es zu spät ist. 2016 erkrankten weltweit 10,4 Millionen Menschen an TB, und 1,7 Millionen starben daran. TB ist eine der häufigsten Todesursachen bei HIV-positiven Menschen. 2016 waren 40% der Todesfälle bei HIV-Infizierten auf TB zurückzuführen.

Auf 20 Länder entfallen 84% aller TB-Fälle weltweit.

Die Genitaltuberkulose kommt bei Männern relativ selten vor. Doch eine von acht Frauen, die unter einer Lungentuberkulose leiden, kann auch eine Genitaltuberkulose haben – ein häufiger Grund für Unfruchtbarkeit bei Frauen in Ländern mit hoher TB-Rate.

Todesfälle durch TB weltweit

2016

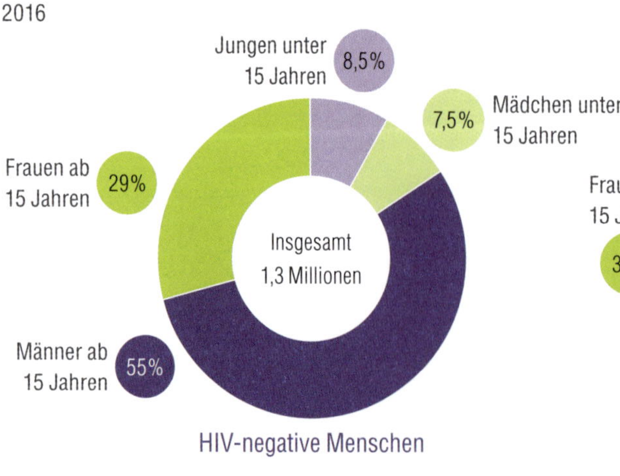

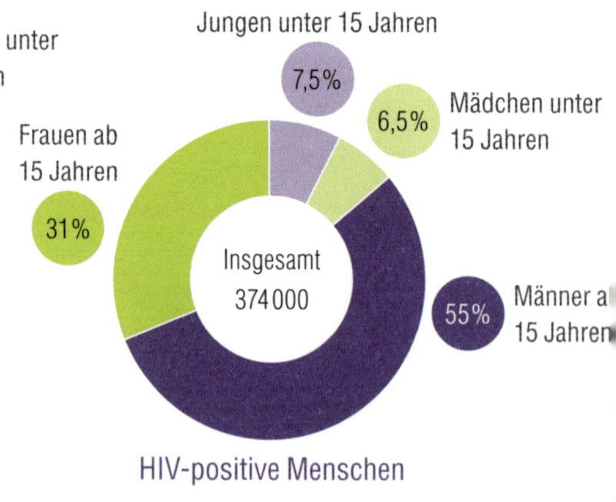

Malaria

Die Todesfälle durch Malaria gehen weltweit zurück. Trotzdem bleibt diese Krankheit eine Geißel der Menschheit, denn sie tötet jährlich eine halbe Million Infizierte und schwächt viele Millionen. 2016 gab es weltweit 216 Millionen neue Malaria-Fälle, fast 90% davon in Afrika.

Malaria tötet mehr Kinder als Erwachsene. In Afrika ist sie die Ursache von 16–24% aller Todesfälle bei Kindern. Weltweit sterben etwas mehr Frauen als Männer an Malaria. Vielleicht sind sie bei ihren Haushaltspflichten – z.B. wenn sie das Abendessen im Freien kochen oder vor Sonnenaufgang aufbrechen, um Wasser zu holen – einem höheren Risiko einer Malariainfektion ausgesetzt.

Schwangere Frauen sind besonders anfällig. Ihre Infektionsrate ist höher, weil ihr Immunsystem geschwächt ist, und eine Infektion während der Schwangerschaft birgt beträchtliche Risiken für die Mutter, den Fötus und das neugeborene Kind. In Afrika haben schätzungsweise 60% der schwangeren Frauen keinen Zugang zu einer Malariavorsorge. Oft ist die nächste medizinische Einrichtung zu weit entfernt, und/oder die Medikamente sind zu teuer. Zudem müssen Frauen vielerorts den Ehemann um Erlaubnis fragen, wenn sie sich und ihre Kinder behandeln lassen wollen.

Jährliche Malariamortalität

Daten ab 2013

♀ Höhere Mortalitätsraten bei Frauen

Todesfälle pro 100 000 Menschen

0 238

No-go-Area

2015

- 26–50% der Bevölkerung haben eine sanitäre Grundversorgung
- weniger als 26% der Bevölkerung haben eine sanitäre Grundversorgung

»Sanitäre Grundversorgung« bedeutet, dass Exkremente so entsorgt werden, dass Menschen nicht damit in Kontakt kommen, und sie schließt abgedeckte Grubenlatrinen und Spülklosetts ein.

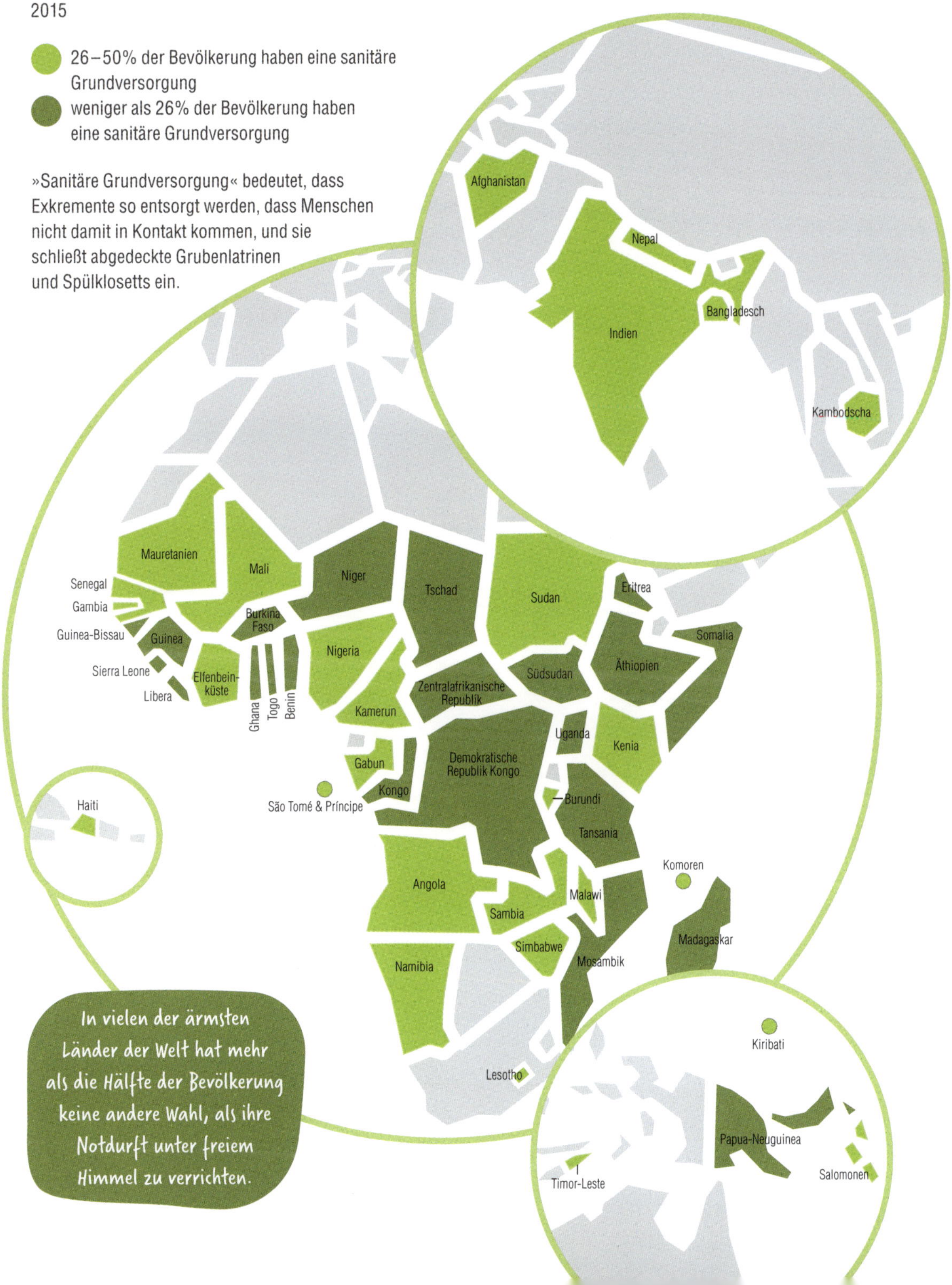

In vielen der ärmsten Länder der Welt hat mehr als die Hälfte der Bevölkerung keine andere Wahl, als ihre Notdurft unter freiem Himmel zu verrichten.

Trinkwasser

USA

Pestizide kontaminieren überall in den USA das Trinkwasser: Mindestens 12 Millionen Menschen trinken Wasser, das hochgradig mit 1,2,3-Trichlorpropan kontaminiert ist. Das Trinkwasser von mehr als 250 Millionen Menschen aus allen 50 US-amerikanischen Bundesstaaten enthält sechswertiges Chrom (Chrom VI) – eine Industriechemikalie, die durch den Aktivismus von Erin Brockovich berühmt wurde. Im Trinkwasser von mehr als 7 Millionen Menschen befindet sich das industrielle Lösungsmittel 1,4-Dioxan in Mengen, die über dem Grenzwert liegen, bis zu dem laut Umweltministerium ein »zu vernachlässigendes Krebsrisiko« besteht.

Chemikalien aus Kunststoffen – viele davon hormonaktive Substanzen, die im Verdacht stehen, Brustkrebs zu erregen und »geschlechtsverändernde« östrogene Wirkungen zu haben – sind ein ständiger Bestandteil unserer täglichen Nahrung. 2017 wurden in 83% von weltweit entnommenen Trinkwasserproben **Mikrokunststofffasern** gefunden.

Die **Pestizid**belastung von Oberflächengewässern bedroht weltweit die Wassersicherheit. 2015 enthielt mehr als die Hälfte von Sediment- und Oberflächenwasserproben aus 73 Ländern Insektizide aus der Landwirtschaft in Konzentrationen, die über den gesetzlichen Grenzwerten lagen.

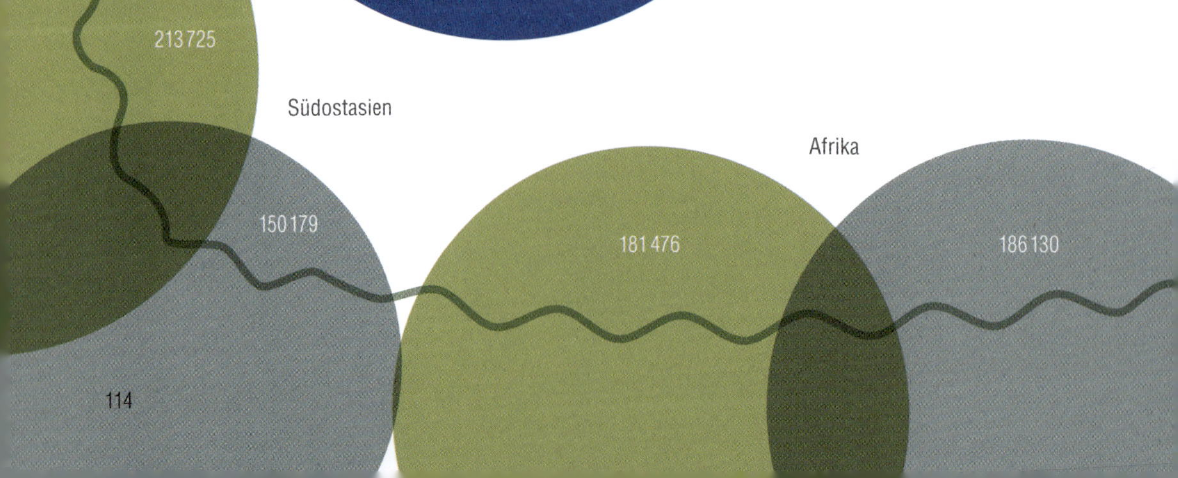

Verschmutztes Wasser

In den letzten zwei Jahrzehnten wurde viel getan, um mehr Menschen Zugang zu einer »verbesserten« Trinkwasserquelle zu verschaffen. Trotzdem haben immer noch geschätzte 600–800 Millionen Menschen, größtenteils aus armen und ländlichen Gebieten von Entwicklungsländern, keine verbesserte Wasserversorgung. Fast die Hälfte von ihnen lebt in Subsahara-Afrika.

Selbst Trinkwasser aus einer »verbesserten« Quelle ist nicht immer sicher. Jedes Jahr sterben Hunderttausende von Menschen infolge einer Verunreinigung ihres Trinkwassers mit Fäkalien. Zudem nehmen neue chemische Gefahren rapide zu. Selbst moderne Wasseraufbereitungssysteme können viele der fast schon überall zu findenden Rückstände von Pestiziden und anderen Chemikalien nicht entfernen.

Todesfälle infolge von Durchfallerkrankungen

2014

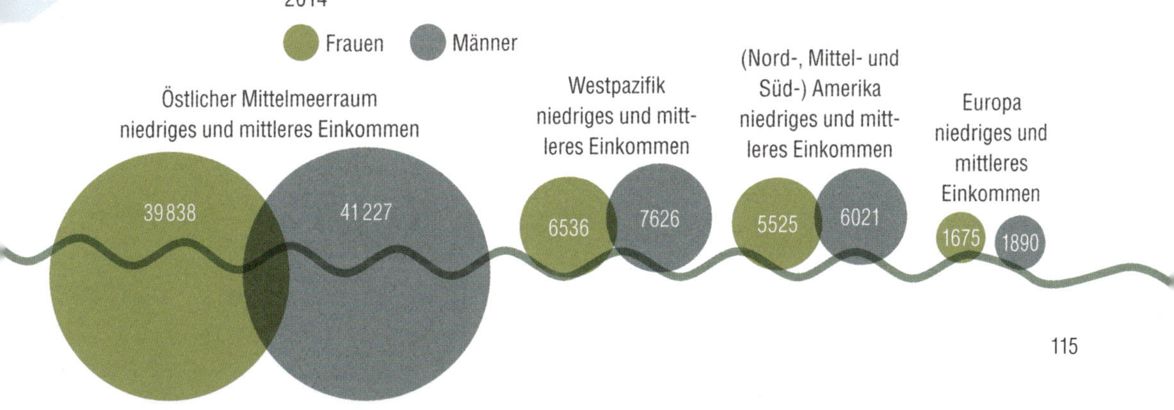

Toiletten

Nur 27% der Weltbevölkerung haben Zugang zu sanitären Einrichtungen, die den höchsten Standards entsprechen, d.h. zu privaten sanitären Anlagen, die mit einem Kanalisationssystem verbunden sind, in dem das Abwasser aufbereitet wird.

2,3 Milliarden Menschen haben immer noch keine elementaren sanitären Anlagen wie Toiletten oder Latrinen. Etwa eine Milliarde Menschen müssen ihre Notdurft unter freiem Himmel verrichten – in Straßengräben, hinter Büschen oder in offene Gewässer. Für Frauen ist das besonders entwürdigend, v.a. während der Menstruation. Es zwingt Frauen auch, einsame Orte aufzusuchen, wo sie der Gefahr von sexuellen Übergriffen und Missbrauch ausgesetzt sind. Schwanger zu sein, ohne Zugang zu sicheren sanitären Anlagen zu haben, ist prekär.

Der Zugang zu sanitären Einrichtungen, die Benutzung von Toiletten und der Besitz einer eigenen Toilette sind wichtige soziale Indikatoren. Die Verfügbarkeit von Toiletten spiegelt Geschlechternormen wider und beeinflusst sie. Überall auf der Welt hinkt die Bereitstellung von öffentlichen Toiletten für Frauen der von Männertoiletten hinterher – wie jede Frau weiß, die schon vor öffentlichen Frauentoiletten Schlange gestanden hat, während Männer einfach in ihre hinein- und hinausspazierten. Das Nichtvorhandensein oder die unzureichende Bereitstellung von öffentlichen Toiletten für Frauen spiegelt den Ausschluss von Frauen von öffentlicher Macht und öffentlichen Räumen im Allgemeinen wider und verstärkt ihn: Es ist für Frauen schwierig, sich voll am zivilgesellschaftlichen Geschehen zu beteiligen, wenn sie nirgendwo pinkeln können. Mancherorts ist auch die schulische Ausbildung von Mädchen von diesem Problem betroffen. Viele Schulen in ärmeren Ländern oder Gegenden haben keine eigenen oder sicheren Toilettenanlagen. Ohne sie können Mädchen nicht zur Schule gehen, besonders nachdem sie die Pubertät erreicht haben.

In vielen Teilen der Welt fordern Bewegungen, die sich für die Rechte von Homosexuellen und Transgender-Menschen einsetzen, dass die Bedürfnisse von sexuellen Minderheiten und Trans-Menschen bei der Einrichtung von öffentlichen Toiletten angemessen berücksichtigt werden. Wie zu erwarten, ist das für konservative Gruppen und Politiker*innen ein Aufregerthema geworden. Für viele Feministinnen wirft es ein komplizierteres politisches Problem auf: Wo das Engagement für das Recht auf angemessene Toiletten den Anstoß zur Schaffung von Unisex-Toiletten gab, ist der Abbau von Toilettenräumen für Frauen zugunsten von »geschlechtsneutralen« Räumen nicht unbedingt für alle Betroffenen befreiend.

2015 hatten mehr als 500 000 Haushalte in den USA – d.h. rund 1,3 Millionen Menschen – »keine kompletten Sanitäreinrichtungen«. Besonders hoch ist der Anteil in Verwaltungsbezirken, in denen sog. Indianerreservate liegen. 2014 hatten z.B. in einem Verwaltungsbezirk in South Dakota 14% der Haushalte keine kompletten Sanitäreinrichtungen, und in Apache County in Arizona waren es 17%.

Das Recht zu pinkeln!

Geschlechterungleichheit beim Zugang zu Toiletten führte zur Entstehung aktivistischer »Right to Pee«-Bewegungen, die die Bedürfnisse von Frauen nach Toiletten und Menstruationshygiene von einer Privatsache, über die nicht gesprochen wird, zu einem öffentlichen politischen Thema gemacht haben.

Aktivistin der Bewegung »Right to Pee« (das Recht zu pinkeln), Mumbai, Indien, 2017

Verschmutzter Planet

Umweltverschmutzung hat ihren wirtschaftlichen Preis

Die weltweiten wirtschaftlichen Kosten von durch Umweltverschmutzung verursachten Krankheiten und Schädigungen bis hin zur Arbeitsunfähigkeit übersteigen wahrscheinlich 10% des globalen Bruttosozialprodukts. Die Welt zahlt den Preis von Krankheit, medizinischer Behandlung, Lohnausfall und Produktivitätsverlust, wenn ihre Bevölkerung Luftschadstoffen, hormonaktiven Substanzen, Blei, Quecksilber, Pestiziden, Neurotoxinen und anderen von Menschen verursachten Umweltverschmutzungen ausgesetzt ist.

»Wir sollten uns nicht länger von Leuten beraten lassen, die uns weismachen, dass wir unsere Welt mit giftigen Chemikalien durchsetzen müssen.«

Rachel Carson, Biologin und Umweltschützerin, in *Der stumme Frühling*, 1962

Autismus Das Risiko, ein Kind mit einer Autismus-Spektrum-Störung zu bekommen, verdoppelt sich bei Müttern, die während der Schwangerschaft in der Nähe einer Autobahn wohnen. Kinder haben ein 60% höheres Risiko, eine solche Störung zu entwickeln, wenn ihre Mutter während der Schwangerschaft in der Nähe von landwirtschaftlichen Flächen wohnte, die mit Organophosphat-Pestiziden behandelt wurden.

In den USA

Frühgeburten Jedes Jahr sind allein in den USA 16 000 Frühgeburten – die für Mutter und Kind Risiken bergen – auf Luftverschmutzung zurückzuführen.

Blei In 4 Millionen US-amerikanischen Haushalten können Kinder hohen Bleikonzentrationen ausgesetzt sein.

»Wir könnten diejenigen sein, die das Aussterben von uns selbst und einem Großteil des restlichen Lebens auf der Erde herbeiführen … wir haben die Natur der Natur dermaßen verändert, dass die Erde unwirtlich wird.«

Dr. Sylvia Earle, Meeresbiologin, 2017

Umweltverschmutzung fordert einen hohen gesundheitlichen Tribut

2015 führten durch Umweltverschmutzung bedingte Krankheiten zu geschätzten 9 Millionen vorzeitigen Sterbefällen: Das sind 16% aller Todesfälle weltweit und fast 3 Mal so viele Todesfälle wie durch AIDS, Tuberkulose und Malaria zusammen. In Gebieten mit extremer Umweltverschmutzung ist mehr als einer von vier Todesfällen auf durch Schadstoffe verursachte Krankheiten zurückzuführen. Umweltverschmutzung tötet überproportional oft die Armen und die Schwachen, überall treten schadstoffbedingte Krankheiten bei Minderheiten und sozialen Randgruppen am häufigsten auf, und in armen Gemeinden häufen sich besonders oft gefährliche Schadstoffquellen.

»Umweltverschmutzung kann nicht länger als ein isoliertes Umweltthema betrachtet werden, sondern ist ein gewaltiges Problem, das die Gesundheit und das Wohl der ganzen Gesellschaft beeinträchtigt.«

Lancet Commission, 2017

Tödlicher Staub

In vielen Teilen der Welt, insbesondere in industrialisierten und städtischen Gebieten der reichen Hochkonsumländer, spielt sich das tägliche Leben der Menschen in einem Nebel aus synthetischen Chemikalien ab. In modernen westlichen Wohnhäusern, die oft gegen die Elemente versiegelt sind, können die Räume besonders stark mit Chemikalien belastet sein, die bekanntermaßen giftig oder krebserregend sind oder zumindest im starken Verdacht stehen, krebserregend zu sein. Von den rund 80 000 Chemikalien, die in den USA in Alltagsgütern enthalten sind, sind etwa 1300 bekanntermaßen hormonaktive Substanzen, die mit Fortpflanzungsstörungen bei Männern und Frauen sowie mit hormonsensitivem Brustkrebs in Zusammenhang stehen.

Giftige Chemikalien in Innenräumen

2016 fanden sich in mehr als 90% der Staubproben, die in US-amerikanischen Wohnhäusern genommen wurden, Chemikalien mit gesundheitsgefährdenden Eigenschaften, darunter solche, die wahrscheinlich schädlich für das Fortpflanzungssystem sowie die Entwicklung des Fötus/Kindes sind und Hormonstörungen sowie Krebs verursachen können.

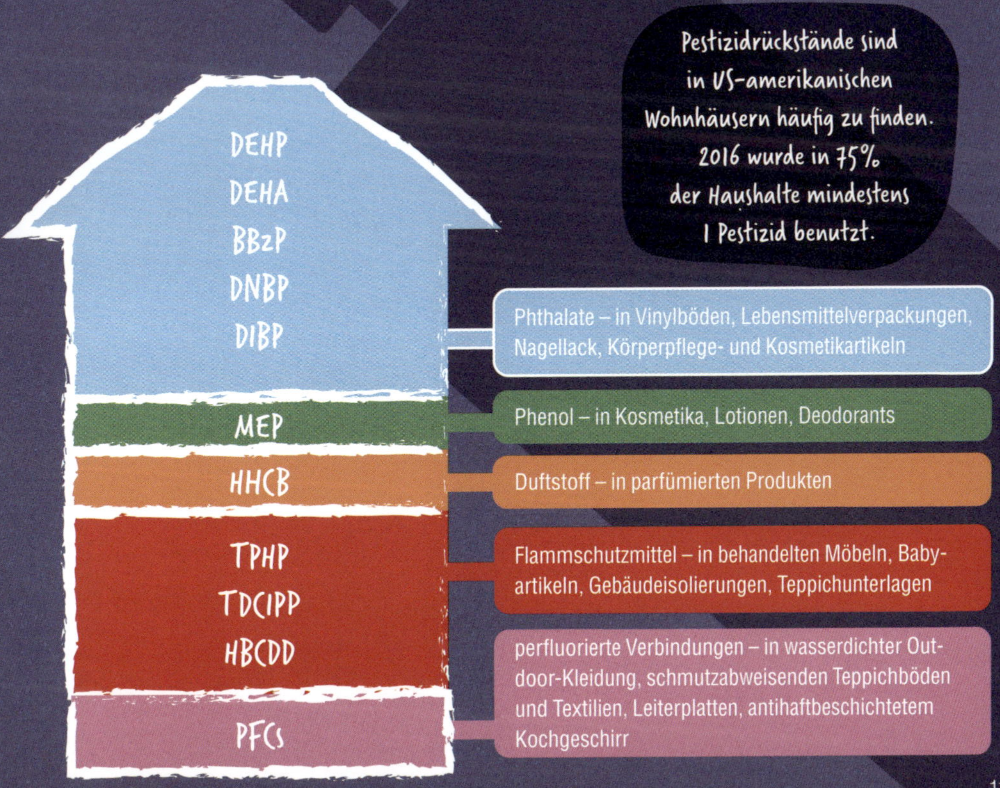

Tödliche Luft

Etwa 3 Milliarden Menschen heizen ihr Zuhause und kochen mit Festbrennstoffen wie Holz, Holzkohle, Kohle, Dung oder Ernteabfällen, die in offenen Feuern oder traditionellen Herden verbrannt werden. Durch die dabei entstehende Luftverschmutzung im Raum sterben jährlich über 4 Millionen Menschen. Da meistens die Frauen kochen und den größten Teil der Hausarbeit verrichten, sind sie der Luftverschmutzung in ihrem Heim länger und öfter ausgesetzt, doch es sterben mehr Männer daran, weil bei ihnen die Zahl bestehender Grunderkrankungen, vor allem durch das Rauchen, höher ist. Verbesserte Kochherde mit geringem Brennstoffverbrauch, an deren Entwicklung schon lange gearbeitet wird, könnten die Schadwirkung der Partikelemissionen verringern, die bei der Verbrennung von Festbrennstoffen entstehen, aber die bisherigen Erkenntnisse über ihren tatsächlichen Nutzen sind gemischt.

Regionale Todesfälle durch Luftverschmutzung in Wohnräumen

Die Regionen mit den meisten Todesfällen durch Luftverschmutzung in Wohnräumen, meistens infolge der Verbrennung von Festbrennstoffen 2012

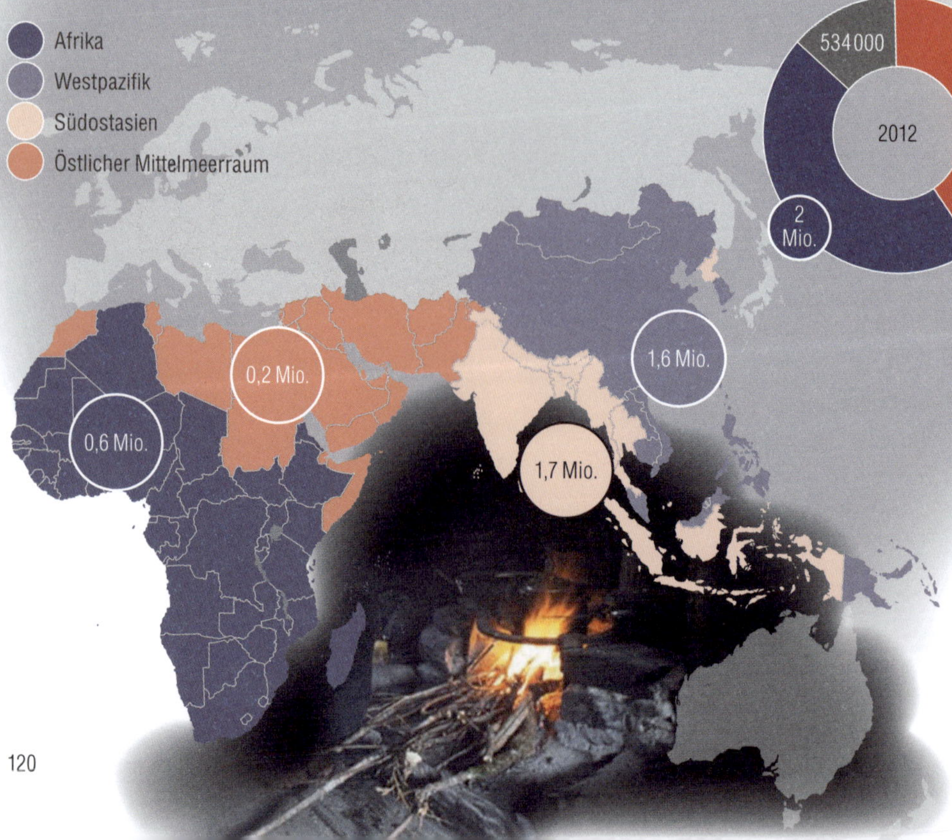

Globale Todesraten

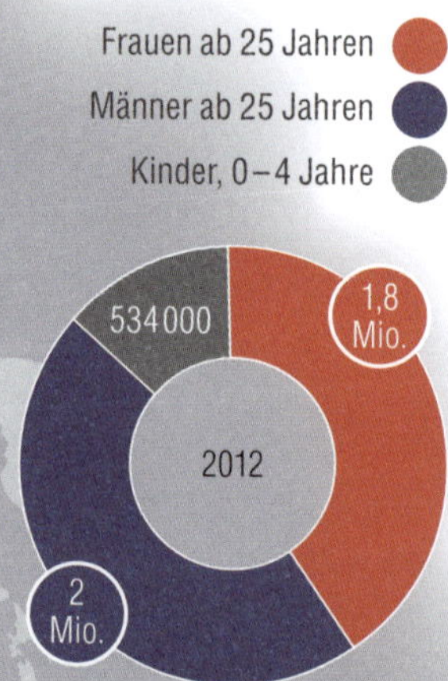

Finger weg vom Fisch!

Quecksilber, ein starkes Nervengift, reichert sich in der Meeresnahrungskette an. Schwangere Frauen werden schon lange vor dem Risiko gewarnt, das der Verzehr bestimmter Fischarten birgt. Die Aufnahme von Quecksilber ist nicht nur gesundheitsschädlich für die Frau selbst, sondern kann auch zu schweren Entwicklungsstörungen beim Fötus führen. Kulturen und Gemeinschaften mit hohem Fischkonsum sind besonders gefährdet.

Wie viel Fisch kann man pro Woche essen?

230 Gramm/340 Gramm = 2–3 Portionen

Niedrige Quecksilbergehalte:
Lachs, Seelachs, Buntbarsch, Kabeljau, Garnele, Gelbflossenthunfisch (aus der Dose), Seewolf

Hohe Quecksilbergehalte:
Torpedobarsch, Schwertfisch, weißer Thunfisch, Hai, Königsmakrele

Inuit (Kanada)

2004 hatten 28% der Bevölkerung von Nunavik (im Norden der Provinz Québec) und in einer anderen Gemeinde 72% der Frauen im gebärfähigen Alter Quecksilberwerte im Blut, die über dem in Kanada empfohlenen Maximum lagen. Laut einer Studie von 2007/2008 hatten 25% der Kinder in Nunavut Quecksilberwerte, die den von der Weltgesundheitsorganisation (WHO) empfohlenen Grenzwert erreichten oder übertrafen.

USA

2,4% der Frauen und 3,7% der Männer in den USA hatten 2010/2011 Methylquecksilberwerte, die höher waren als der von der US-Umweltschutzbehörde empfohlene Grenzwert. Aber die Ergebnisse variieren je nach Race/Ethnie beträchtlich:

Mexikanische Amerikaner*innen	0,4%
Nichthispanische Schwarze	2,1%
Nichthispanische Weiße	2,8%
Asiatische Amerikaner*innen	15,6%

Minimata

Die Gefahren einer hohen Quecksilberbelastung zeigten sich zum ersten Mal in den 1950er-Jahren im japanischen Minimata. Ein Chemieunternehmen hatte jahrzehntelang mit Quecksilber kontaminiertes Abwasser direkt in die Bucht von Minimata gekippt. Das Schwermetall bioakkumulierte sich in der Meeresnahrungskette und verursachte bei der einheimischen Bevölkerung Tausende Todesfälle, Missbildungen und andere angeborene Defekte.

Gefahrenzonen

Anteil von Frauen im gebärfähigen Alter mit Quecksilberwerten (in Haarproben) über den von der US-Umweltschutzbehörde empfohlenen Grenzwerten
2017

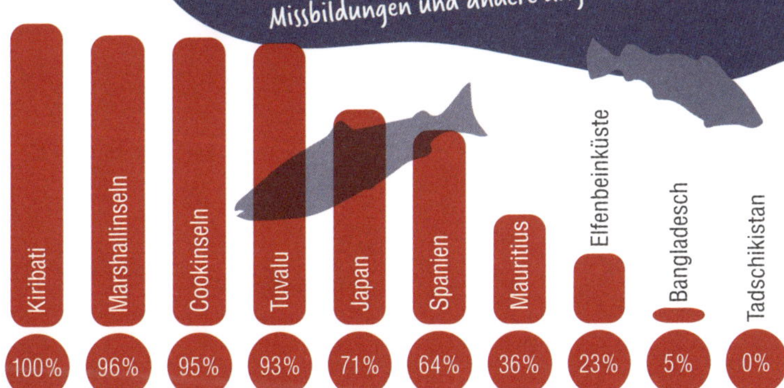

Arbeit

Unbezahlte Arbeit spielt im Leben von Frauen eine größere Rolle als in dem von Männern.

Eine der wichtigsten Veränderungen in der Arbeitswelt ist, dass Frauen überall so zahlreich wie nie zuvor eine bezahlte Arbeit ausüben. Einerseits kann das eine beträchtliche Stärkung und mehr Autonomie bedeuten. Für Frauen ist die Kontrolle über die eigene wirtschaftliche Situation eine Grundvoraussetzung für alle anderen Rechte. Ohne bezahlte Arbeit ist es für Frauen viel schwerer, eine Missbrauchsbeziehung zu verlassen, ihre sexuelle Identität zu entdecken, sich die Mittel zu sichern, um Entscheidungen über eine Schwangerschaft selbst treffen zu können, oder um für sich und ihre Kinder eine Zukunft zu planen.

Andererseits unterscheiden sich die Bedingungen, unter denen Frauen bezahlte Arbeit leisten, normalerweise stark von denen der Männer: Weltweit werden Frauen für die gleiche oder eine gleichwertige Arbeit schlechter bezahlt (Faktoren wie Alter und Race/Ethnie vergrößern diese Differenz noch). Oft wird es Frauen schwer gemacht, Berufstätigkeit und Mutterschaft unter einen Hut zu bringen. Und die Erwerbstätigkeit von Frauen konzentriert sich größtenteils auf bestimmte Branchen und Tätigkeiten, besonders auf solche, die als Frauenarbeit gelten.
Feministinnen beschreiben die Situation oft so, dass Frauen zwischen dem »klebrigen Boden« und der »gläsernen Decke« gefangen sind – sie haben häufig schlecht bezahlte Jobs mit geringem Ansehen und werden daran gehindert, in Spitzenpositionen aufzusteigen, die Macht und Autorität bedeuten.

Ein Großteil der Arbeitsleistung von Frauen und Männern geht gar nicht in offizielle Statistiken und Berechnungen ein. Informelle, unbezahlte und »freiwillige« Arbeit, Kinderbetreuung und Hausarbeit werden nicht erfasst. Unbezahlte Arbeit nimmt im Leben von Frauen mehr Raum ein als in dem von Männern. Wenn alle Tätigkeiten berücksichtigt werden, die nötig sind, um Haushalte aufrechtzuerhalten und Menschen zu versorgen, also auch die Hausarbeit und die Kinderbetreuung, arbeiten Frauen überall auf der Welt geschätzte 60% mehr als Männer.

Getrennte Arbeitsbereiche

Daten ab 2010

Die Erwerbstätigkeit von Frauen konzentriert sich hauptsächlich auf bestimmte Arbeitsbereiche. Überall auf der Welt gibt es »Männerjobs« und »Frauenjobs«, auch wenn deren Definitionen sich mit der Zeit ändern und von Ort zu Ort unterscheiden. Welche Jobs Männer und Frauen ausüben dürfen oder zu welchen Berufen sie ermutigt werden, spiegelt kulturelle Normen von Weiblichkeit und Männlichkeit sowie Statusunterschiede wider. Wenn Frauen in einem bestimmten Arbeitsbereich in der Mehrheit sind, werden ihre Jobs in der Regel weniger wertgeschätzt und schlechter bezahlt.

Frauenarbeit, fast überall auf der Welt

Fachkräfte in der Pflege und Geburtshilfe:
meistens Frauen in Großbritannien (89%) und Bangladesch (88%)

Hauptschullehrkräfte:
meistens Frauen in Großbritannien (89%), der Mongolei (96%), Neuseeland (84%) und Bolivien (66%),
ABER meistens Männer in Liberia (87%) und Nepal (58%)

Call-Center-Angestellte:
meistens Frauen in Malaysia, Lettland und auf den Philippinen

Dentalhygienefachkräfte:
meistens Frauen in Europa (97%), den USA (97%) und Kanada (97%)

Männerarbeit, fast überall auf der Welt

Chirurgische Fachkräfte:
meistens Männer in Österreich (90%, Allgemeinchirurgen), Großbritannien (89%, Fachärzte für Chirurgie) und Neuseeland (91%, alle chirurgischen Fachkräfte)

Verkehrspilot*innen
meistens Männer in den USA (93%), Finnland (88%), Japan (93%) und Brasilien (98%); weltweit 93%

Ungelernte Arbeitskräfte im Straßenbau:
meistens Männer in den USA, Brasilien und Frankreich,
ABER meistens Frauen in Indien und Nepal

Taxifahrer*innen
meistens Männer in Großbritannien (98%), Hongkong (85%) und Australien (94%)
ABER »Uber verspricht, bis 2020 im Rahmen einer globalen Partnerschaft mit UN Women weltweit 100 000 Fahrerjobs für Frauen zu schaffen.«

Plätzetausch?

Zahnmedizin:
USA: Frauenanteil an den Studierenden der Zahnmedizin im ersten Studienjahr: 1978: 16%, 2014: 48%

Veterinärmedizin:
USA: Frauenanteil an den Studierenden der Veterinärmedizin: 1986: 50%, 2017: 80%

Berufstätige Frauen

Anteil der Frauen zwischen 15 und 64 Jahren, die einer bezahlten Arbeit nachgehen

Daten ab 2012

- 70% oder mehr
- 50%–69%
- 30%–49%
- weniger als 30%
- keine Daten

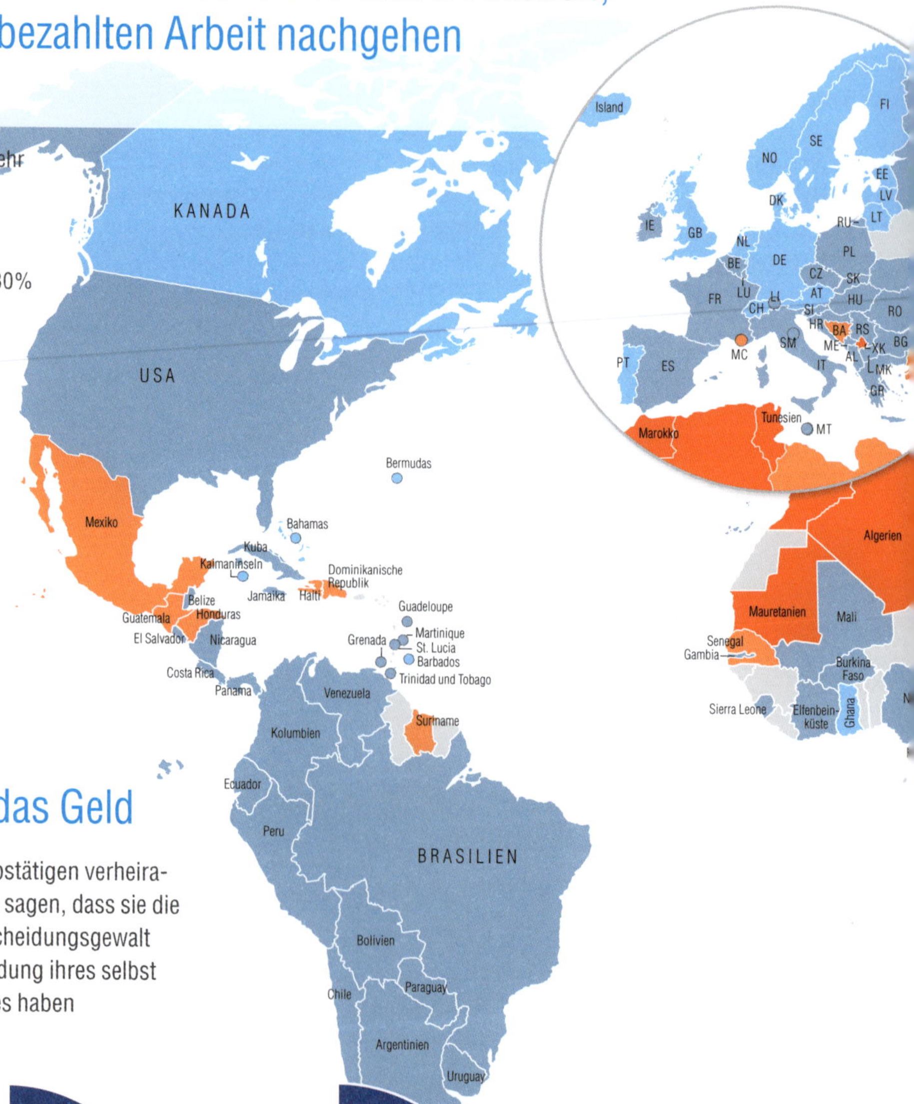

Zeig mir das Geld

Anteil der erwerbstätigen verheirateten Frauen, die sagen, dass sie die vorrangige Entscheidungsgewalt über die Verwendung ihres selbst verdienten Geldes haben

Daten ab 2012

Kambodscha 74%
Benin 70%

Elfenbeinküste, Peru 68%
Indonesien, Kongo 65%
Gabun, Ghana 63%

Dominikanische Republik 57%
Jemen 54%
Haiti, Honduras 53%
Nepal, Pakistan 52%
Myanmar, Guatemala 51%

Weltweit haben immer mehr Frauen einen bezahlten Job außer Haus, aber sie arbeiten in der Regel unter anderen Bedingungen als Männer – sie verdienen weniger, üben andere Tätigkeiten aus und sind dabei anderen Zwängen ausgesetzt. Daten über die Erwerbsbeteiligung von Frauen sind mit Vorsicht zu genießen. Was in offiziellen Statistiken als »Arbeit« zählt, macht viel von der Arbeit unsichtbar, die besonders Frauen weltweit leisten.

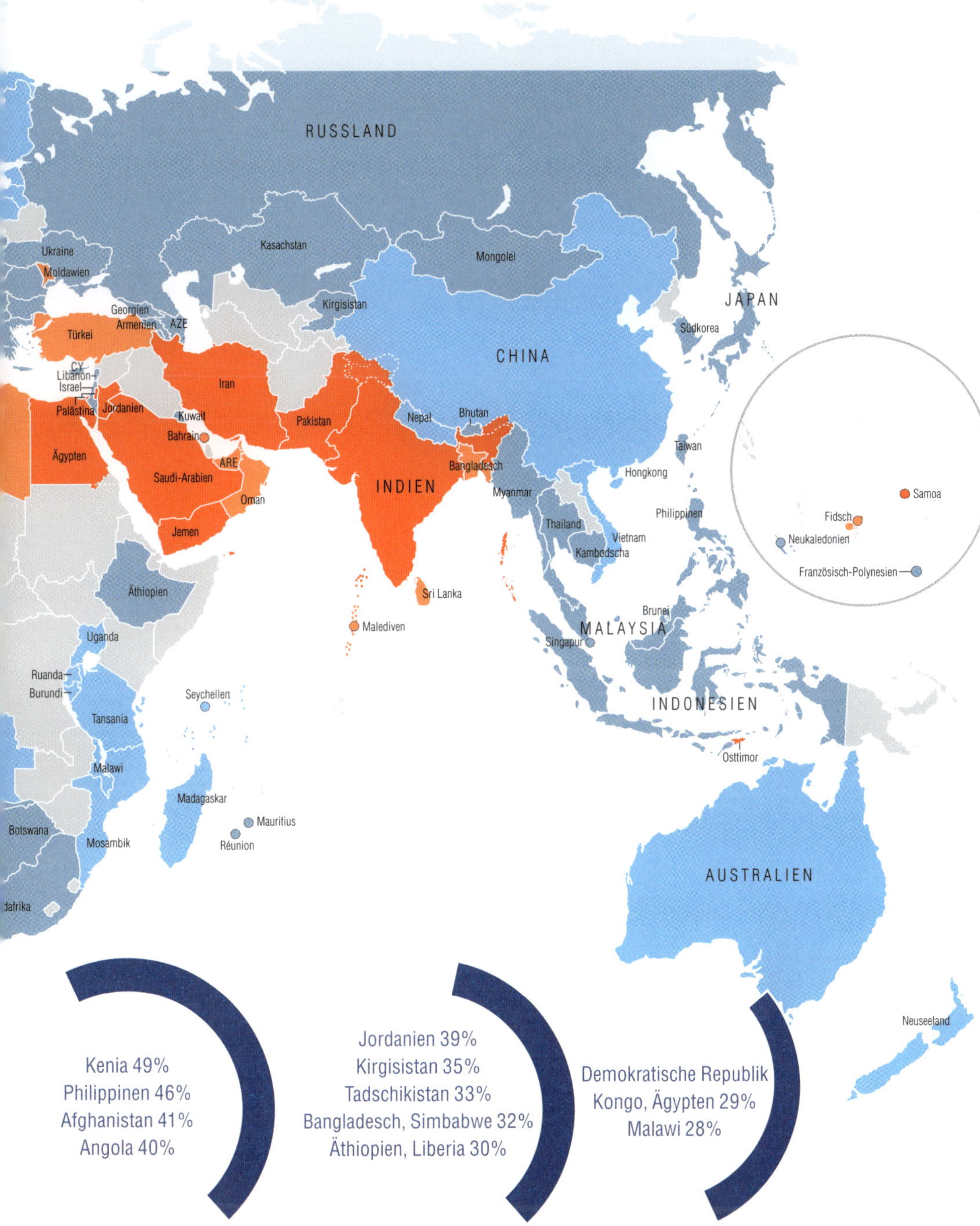

Kenia 49%
Philippinen 46%
Afghanistan 41%
Angola 40%

Jordanien 39%
Kirgisistan 35%
Tadschikistan 33%
Bangladesch, Simbabwe 32%
Äthiopien, Liberia 30%

Demokratische Republik Kongo, Ägypten 29%
Malawi 28%

Die Einkommenslücke

Überall verdienen Frauen weniger als Männer, und überall wird die Differenz durch die Race/Ethnie und das Alter noch vergrößert. Ein Hauptgrund für diese Einkommenslücke ist blanke Diskriminierung: Obwohl in der letzten Zeit in vielen Ländern Lohngleichheitsgesetze verabschiedet wurden, werden Frauen für die gleiche Arbeit in der Regel nach wie vor schlechter bezahlt als Männer, und sie erhalten weder die gleiche berufliche Förderung noch die gleichen Aufstiegschancen. Das sind nicht die einzigen Unterschiede. Die berufliche Ungleichheit ist komplexer und das Konzept eines Gendergaps umfassender. Frauen sind immer noch zwischen dem klebrigen Boden und der gläsernen Decke gefangen.

Sie verdienen insgesamt weniger, denn ihre Erwerbstätigkeit konzentriert sich v. a. auf Tätigkeiten, die als »Frauenjobs« gelten und oft schlecht bezahlt sind, während die hochbezahlten Tätigkeiten meistens sogenannte »Männerjobs« sind. Frauen arbeiten häufiger halbtags, denn die häuslichen Aufgaben sind oft ungleich verteilt. Weil vor allem Frauen sich um die Familie kümmern, wird ihre berufliche Laufbahn manchmal für Jahre unterbrochen. Und wenn sie schließlich in den Ruhestand gehen, setzt sich die Einkommenslücke in Form von niedrigeren Renten und einer schlechteren sozialen Absicherung fort.

WALMART, USA

2001 enthüllte eine Diskriminierungsklage, die eine Gruppe von WALMART-Mitarbeiterinnen eingereicht hatte, eine systematische Lohndiskriminierung: Die weiblichen Teilzeitkräfte verdienten pro Jahr rund 1100 Dollar weniger als die männlichen. Bei leitenden Angestellten betrug die Differenz sogar 14 500 Dollar. 2011 wies der Oberste Gerichtshof der USA die Klage – von inzwischen 1,6 Millionen WALMART-Mitarbeiterinnen – als unzulässig ab, mit der Begründung, die einzelnen Fälle seien zu unterschiedlich für eine Sammelklage. 2017 reichten 7 Frauen aus der ursprünglichen Gruppe erneut Klage ein. Die Geschichte geht also weiter.

BBC

2017 löste die Enthüllung eines großen geschlechtsspezifischen Verdienstgefälles bei der BBC Regierungsanfragen, öffentliche Empörung und eine interne Vertrauenskrise aus.

BBC, Großbritannien, 2017

Der höchstbezahlte Moderator verdiente 2,2 Millionen Pfund.

Die höchstbezahlte Moderatorin verdiente 450 000 – 500 000 Pfund.

Race, Ethnie, Bezahlung in den USA

Einkünfte von Frauen gemessen an den Einkünften weißer Männer 2016

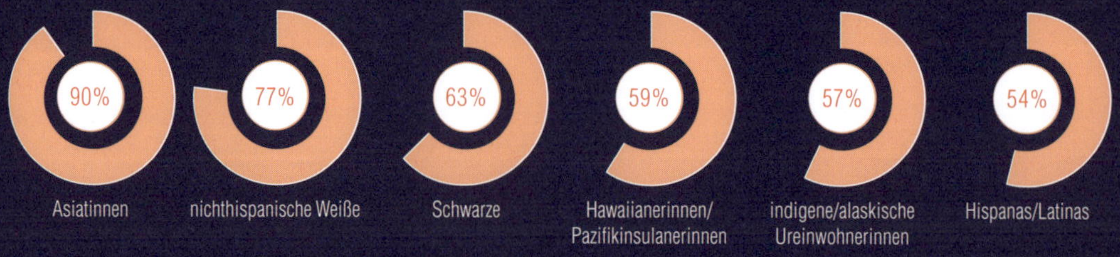

Die Einkommenslücke in Europa

Durchschnittliche Bruttostundenlöhne der Frauen gemessen an denen der Männer
Daten seit 2014

EIN WELTWEITES NOVUM
Die isländische Regierung verbot per Gesetz die ungleiche Entlohnung von Männern und Frauen. Seit 2018 müssen Unternehmen belegen, dass sie Männer und Frauen mit den gleichen Jobs gleich bezahlen. Sie können zwar Arbeitskräfte aufgrund von deren Erfahrung, Leistung und anderen Kriterien immer noch unterschiedlich entlohnen, doch sie müssen deutlich machen, dass der Grund für den Verdienstunterschied nicht das Geschlecht ist. Die isländische Regierung hat sich verpflichtet, die geschlechtsspezifische Einkommenslücke bis 2022 zu schließen.

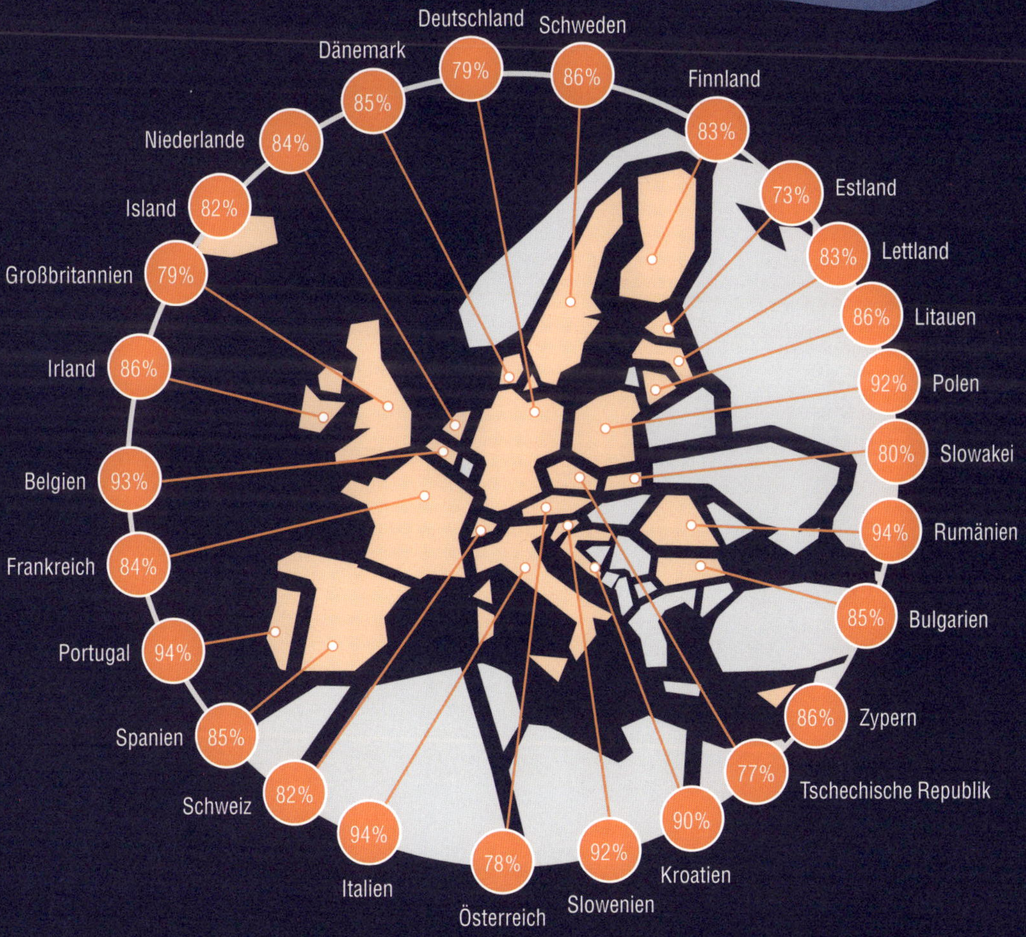

Frauenarbeit

Informelle Arbeit

Anteil von nichtlandwirtschaftlicher bezahlter Frauenarbeit, die auf dem informellen Sektor geleistet wird (oft zusätzlich zu einer regulären Beschäftigung)
Daten ab 2012

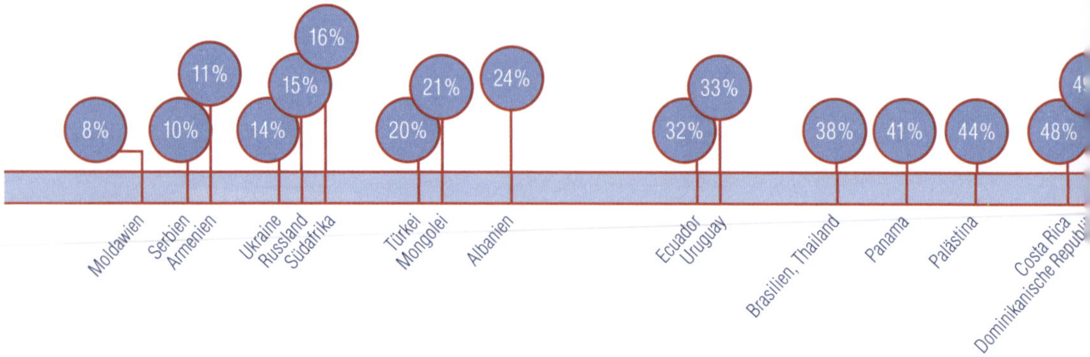

Das globale Fließband

Frauenanteil an allen Arbeitskräften in Exportproduktionszonen (EPZ)
2006

EPZ sind steuerfreie Industriegebiete für ausländische Unternehmen. Oft sind dort die Arbeitsgesetze außer Kraft gesetzt und die Arbeitskräfte ungeschützt. 2006 gab es in 130 Ländern EPZ.

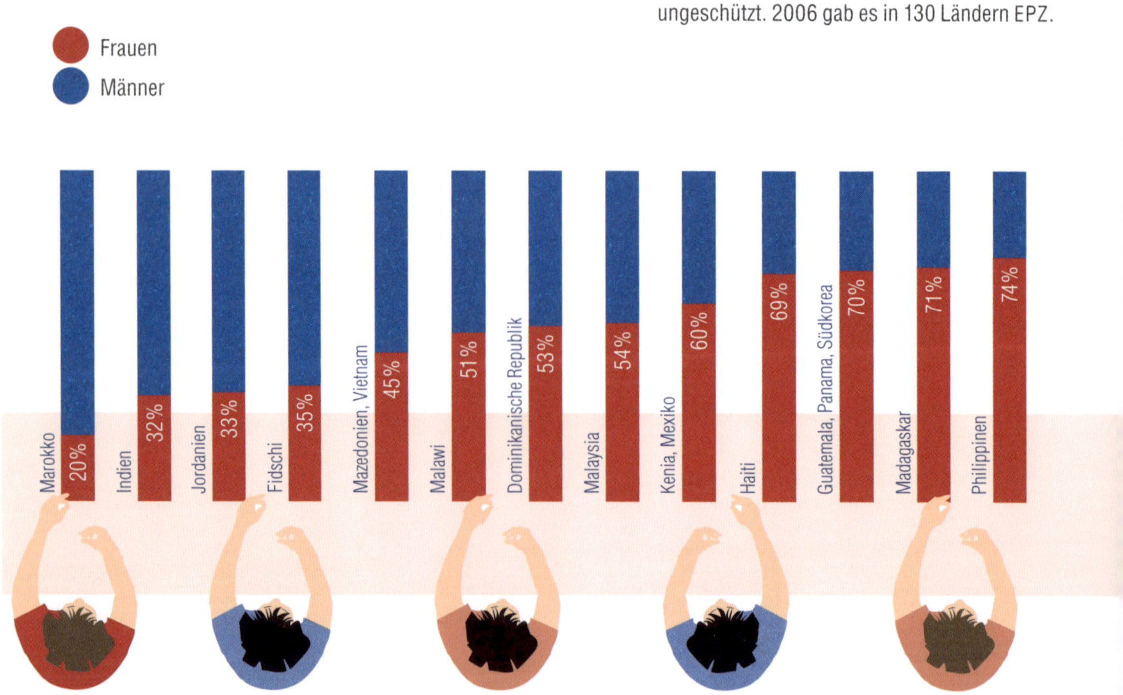

Der »informelle Sektor« umfasst Jobs, die nicht angemeldet und gewöhnlich nicht reguliert sind. Dazu gehören der Straßenhandel, der Verkauf selbst gemachter Produkte sowie Heimarbeit wie Näharbeiten oder bezahlte Kinderbetreuung. In der informellen Wirtschaft arbeiten mehr Frauen als Männer.

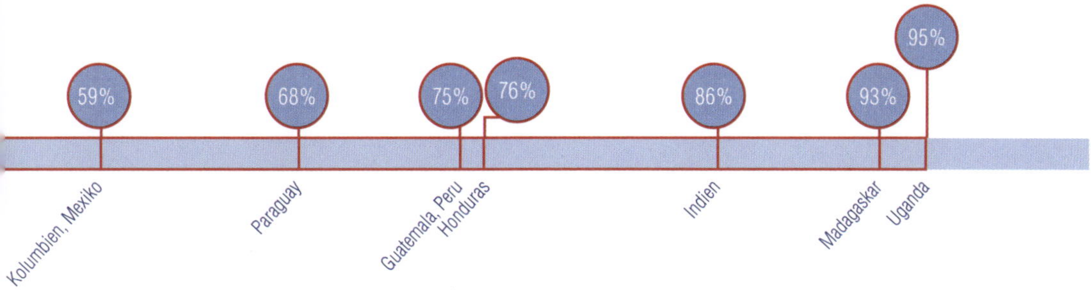

Exportproduktionszonen

Es gibt auf der Welt etwa 3500 EPZ, in denen über 66 Millionen Menschen arbeiten – mehr als 85% davon befinden sich in Asien. Auffällig ist der hohe Frauenanteil an den dort Beschäftigten.

EPZ bieten Frauen neue Möglichkeiten, selbst Geld zu verdienen, aber für die Unternehmen sind weibliche Arbeitskräfte – die fast alle jung sind – deshalb »attraktiv«, weil sie schlechter bezahlt werden können und als frei verfügbar gelten. Die billige Herstellung von Exportprodukten geht zu Lasten ausgebeuteter Arbeitskräfte.

2012 wurden bei einem Brand in der Textilfabrik Tazreen Fashions in Dhaka (Bangladesch) 117 Menschen getötet und mehrere Hundert verletzt. 2013 brach bei Dhaka das Rana-Plaza-Gebäude zusammen, in dem mehrere Textilfirmen untergebracht waren. Dabei starben 1134 Menschen, größtenteils Textilarbeiterinnen, und weitere 2000 wurden verletzt. In beiden Fällen hatten die Fabrikbetreiber und Gebäudebesitzer gravierende Sicherheitsmängel ignoriert, obwohl Arbeitskräfte ihre Besorgnis darüber geäußert hatten. In Bangladesch sind 85–90% der Arbeitskräfte in den Textilfabriken der Exportindustrie Frauen.

Es ist einsam an der Spitze

Frauenanteil an den Vorstandssitzen der größten börsennotierten Unternehmen
Ausgewählte Beispiele, 2016

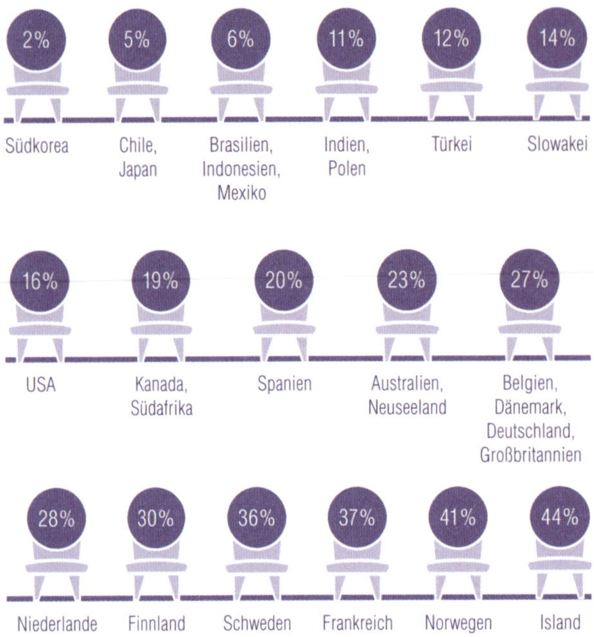

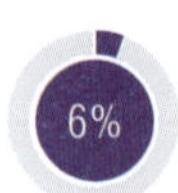

der 500 umsatzstärksten Unternehmen der USA hatten 2017 eine weibliche Vorstandsvorsitzende

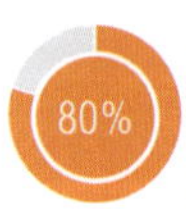

der 5089 Topmanager in den Fortune-500-Unternehmen sind Männer

… und 73% sind Weiße, 21% Asiat*innen, 3% Latinos/as, 2% Schwarze, 0,2% Indigene und 0,1% Hawaiianer*innen oder Pazifikinsulaner*innen.

#Übrigens

Neue Unternehmen sind nicht besser als alte, was das Geschlechtergleichgewicht betrifft, oft sogar schlechter. 2017 hatten in den USA 68% der »Einhorn«-Technologieunternehmen – Start-ups mit einem Wert von einer Milliarde US-Dollar oder mehr – keine Frau im Vorstand. 2017 hatte Twitter 3 Frauen im 9-köpfigen Vorstand, bei Apple und Facebook waren es jeweils 2 von 8 und bei Alphabet (der Muttergesellschaft von Google) 3 von 12.

Mutterschafts- und Vaterschaftsurlaub

Gesetzliche Vorgaben und finanzielle Unterstützung

In den meisten Ländern gibt es keine staatlichen Fördermittel, doch die Unternehmen müssen finanzielle Unterstützung leisten.
2013

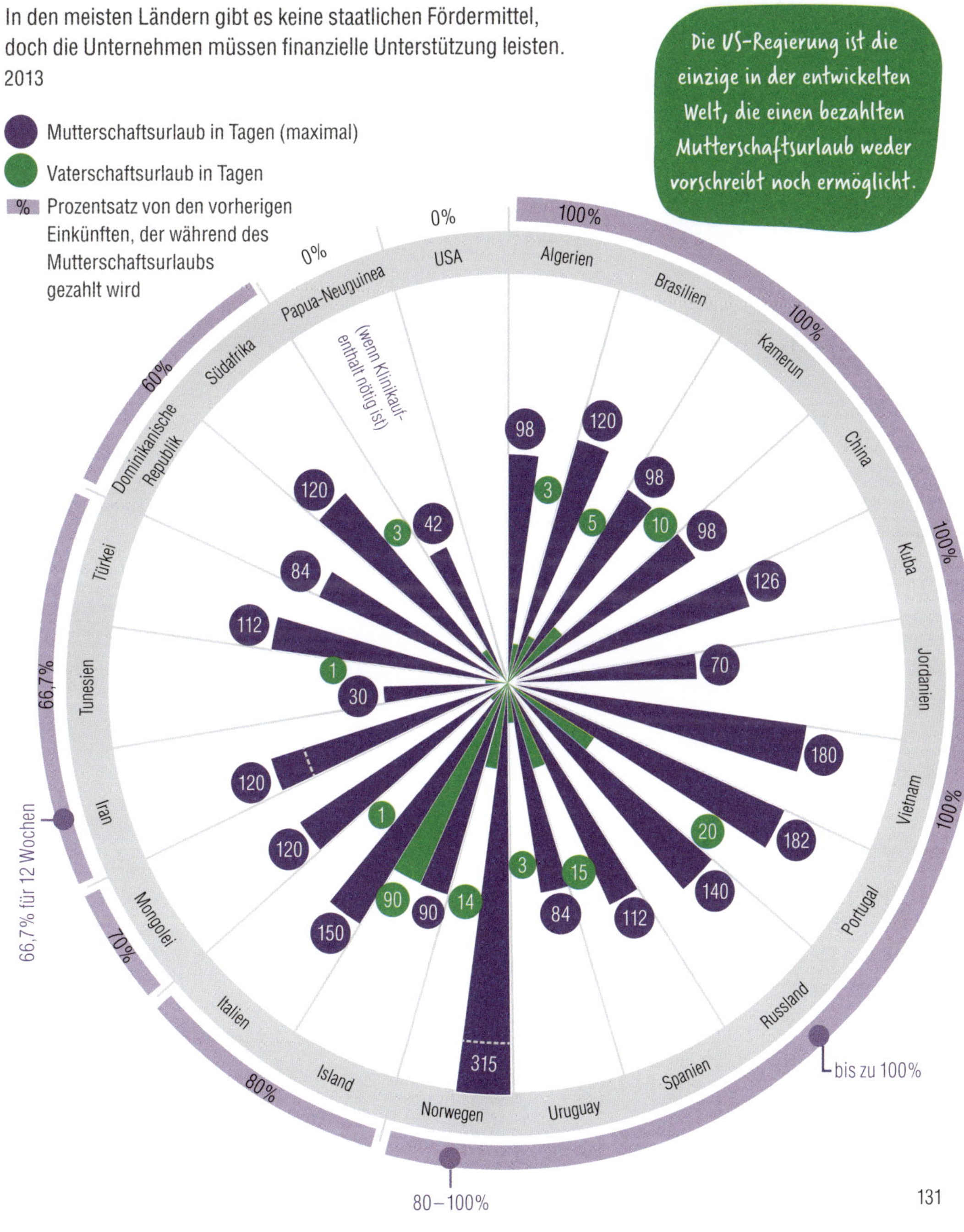

Arbeitslosigkeit

Anteile von Männern und Frauen im Alter von 25+, die offiziell als arbeitslos erfasst sind
2016

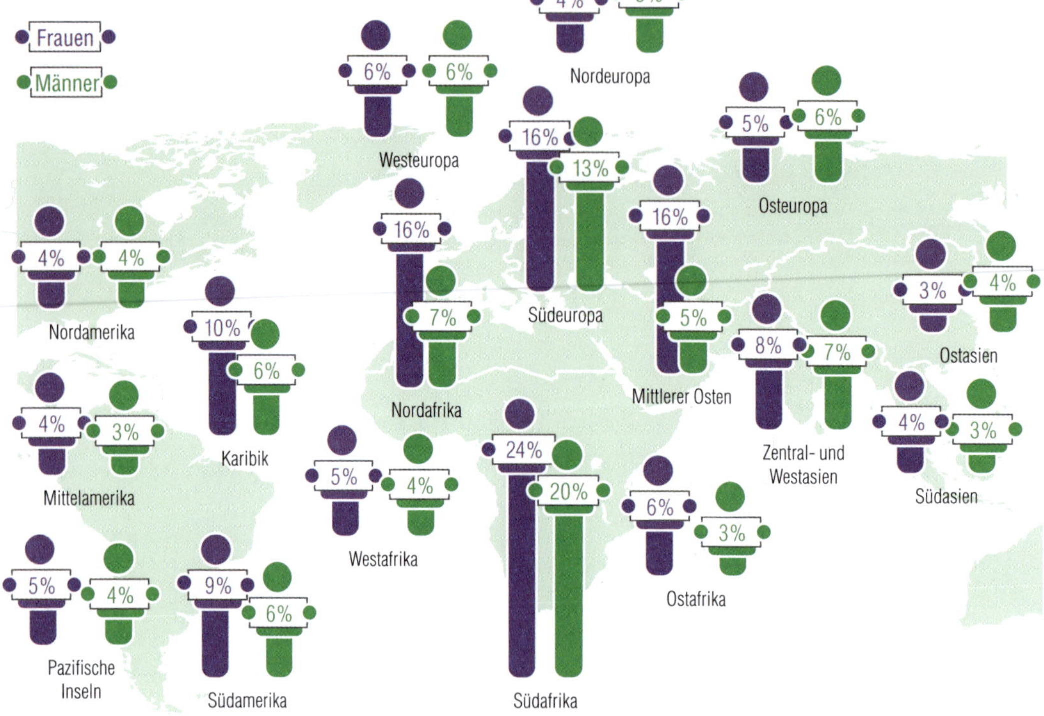

Race und Geschlecht – Intersektionalität bei der Arbeit

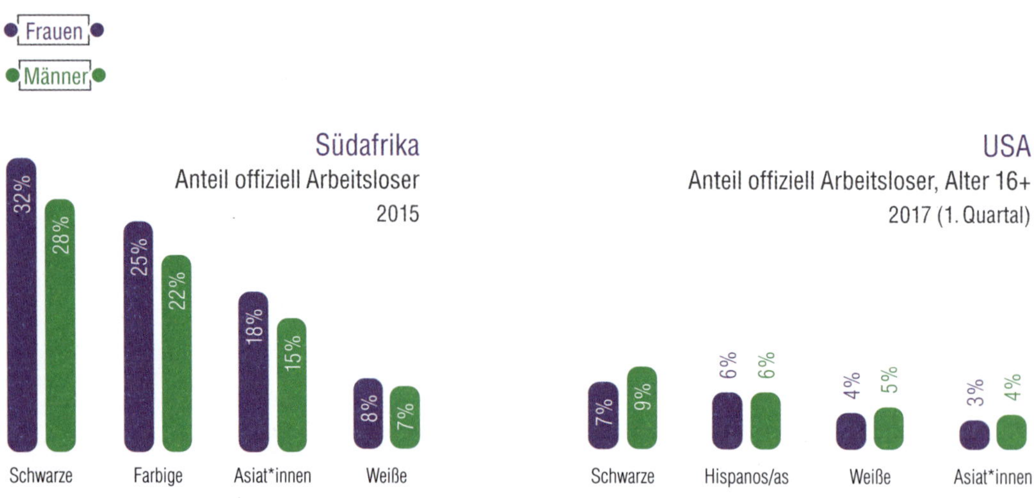

Teilzeitarbeit

Frauen
Männer

Unterbeschäftigte

Anteil der Teilzeitbeschäftigten im Alter von 14+, die gerne mehr Stunden arbeiten würden
2016

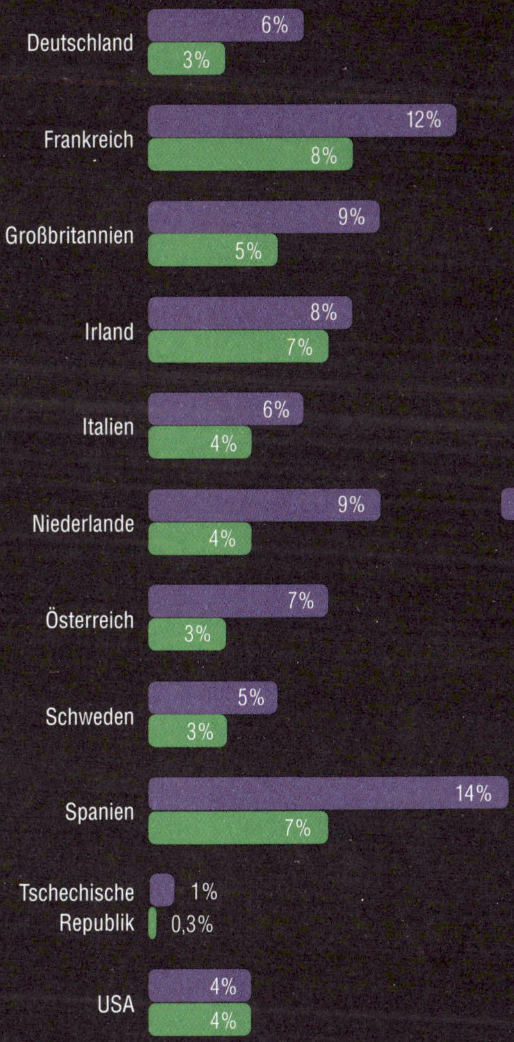

Geringfügig Beschäftigte

Anteil der Teilzeitbeschäftigten im Alter von 15+, die pro Woche 14 Stunden oder weniger arbeiten
2014

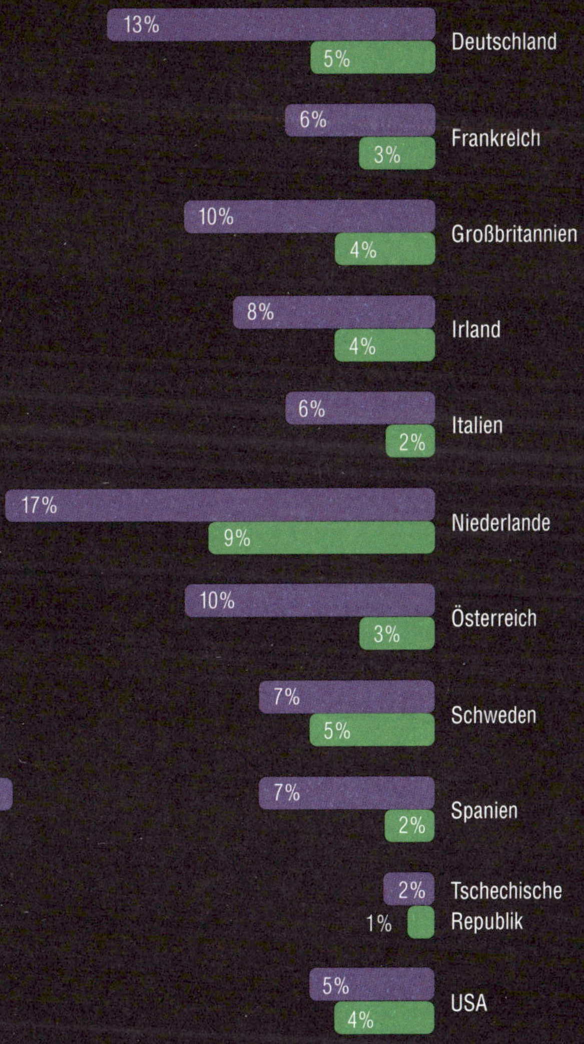

Haus- und Betreuungsarbeit

Unbezahlte Arbeit

Durchschnittliche Anzahl der Stunden, die täglich auf Haus- und Betreuungsarbeit verwendet werden
Daten ab 2012

In jedem Land leisten Frauen mehr unbezahlte Arbeit als Männer. Männer leisten zwar mehr bezahlte Arbeit als Frauen, doch wenn man die bezahlte und die unbezahlte Arbeit zusammenrechnet, ist die zeitliche Arbeitsbelastung der Frauen größer. »Zeitnot« wird zunehmend als ein Faktor erkannt, der Frauen schwächt.

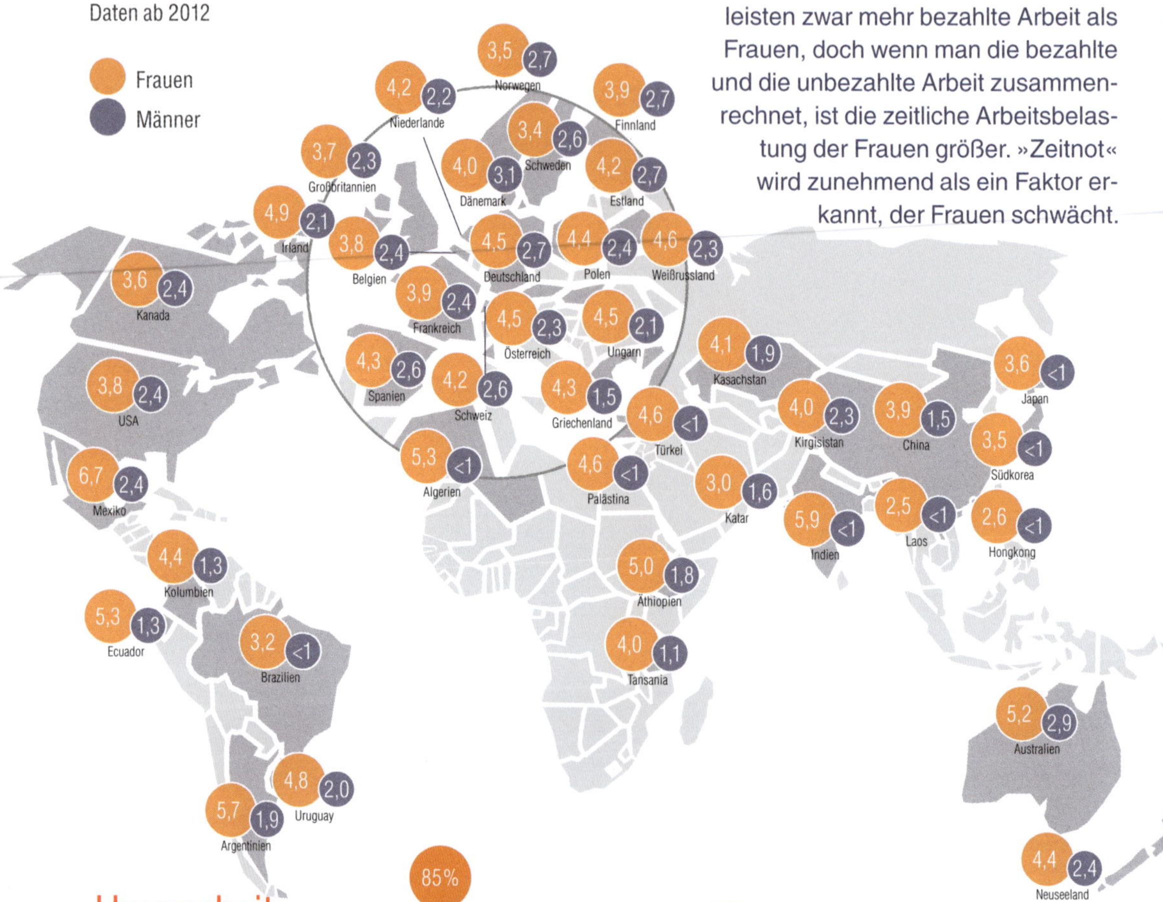

Hausarbeit in den USA

Anteil von Frauen und Männern, die an einem durchschnittlichen Tag jede der Aufgaben übernehmen
2015

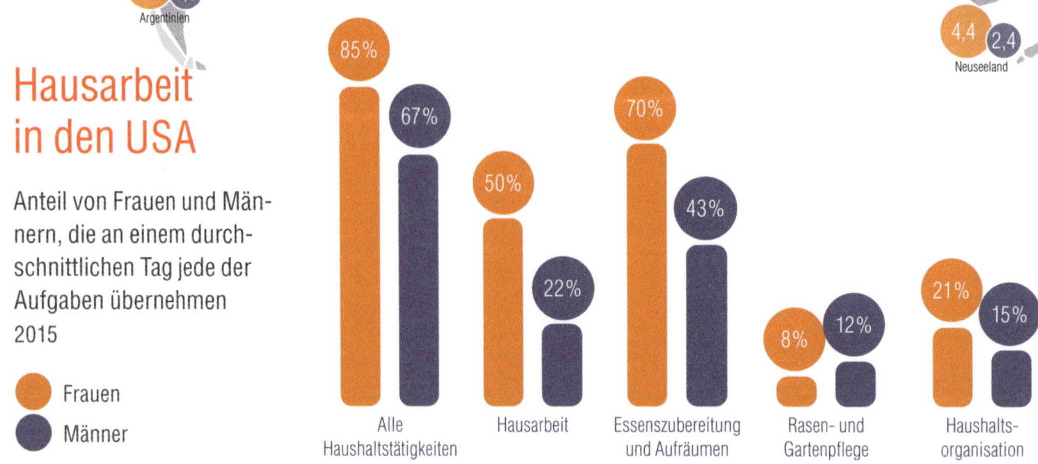

Wer wäscht die Wäsche?

Großbritannien, 2014

Hausarbeiten, die hauptsächlich von Männern erledigt werden:

- den Müll rausbringen
- Bau- und Reparaturarbeiten (Heimwerkerprojekte)
- Glühbirnen auswechseln

Hausarbeiten, die hauptsächlich von Frauen erledigt werden:

- Wochenputz
- täglich anfallende Reinigungsarbeiten
- Staubsaugen
- Reinigung Küche/Badezimmer/Toilette
- Großputz Küche (Backofen/Kühlschrank)
- Aufräumen
- Kleidung waschen
- Bettwäsche waschen
- Bettwäsche wechseln
- Bügeln
- Haushaltskasse verwalten
- um die Autoversicherung kümmern
- um die Hausversicherung kümmern
- um die Bezahlung von Rechnungen für Strom, Wasser etc. kümmern und
- mit der Schule/dem Kindergarten Alltagsfragen klären
- mit der Schule/dem Kindergarten Ausflüge besprechen
- als erste Kontaktperson ansprechbar sein, wenn es in der Schule/im Kindergarten ein Problem gibt
- Schultaschen packen
- Hilfe/Aufsicht bei den Hausaufgaben
- Kinderbetreuung arrangieren
- Kinder zur Grundschule/weiterführenden Schule anmelden
- Spieltermine arrangieren
- Kinder zu Vereinsveranstaltungen bringen
- Geburtstagspartys organisieren
- Kleidung kaufen
- Weihnachten organisieren
- Geschenke/Karten für die Familie kaufen
- Arzttermine vereinbaren, mit Kindern zum Arzt gehen
- Kinder abends und an den Wochenenden betreuen
- Für den Partner Aktivitäten vorbereiten, wenn er abends und an Wochenenden die Kinder betreut
- Gutenachtgeschichten vorlesen
- kranke Kinder pflegen
- Urlaub nehmen, um sich um kranke Kinder zu kümmern
- Kinder beruhigen, wenn sie nachts aufwachen
- Geburtstagsgeschenke für Familienmitglieder organisieren
- Urlaube buchen

Haushaltsentscheidungen

Anteil von verheirateten Frauen im Alter von 15–49 Jahren, die sagen, dass sie bei größeren Haus haltsanschaffungen zumindest mitentscheiden – entweder treffen sie die Entscheidungen selbst oder gemeinsam mit ihrem Ehemann

Daten ab 2012

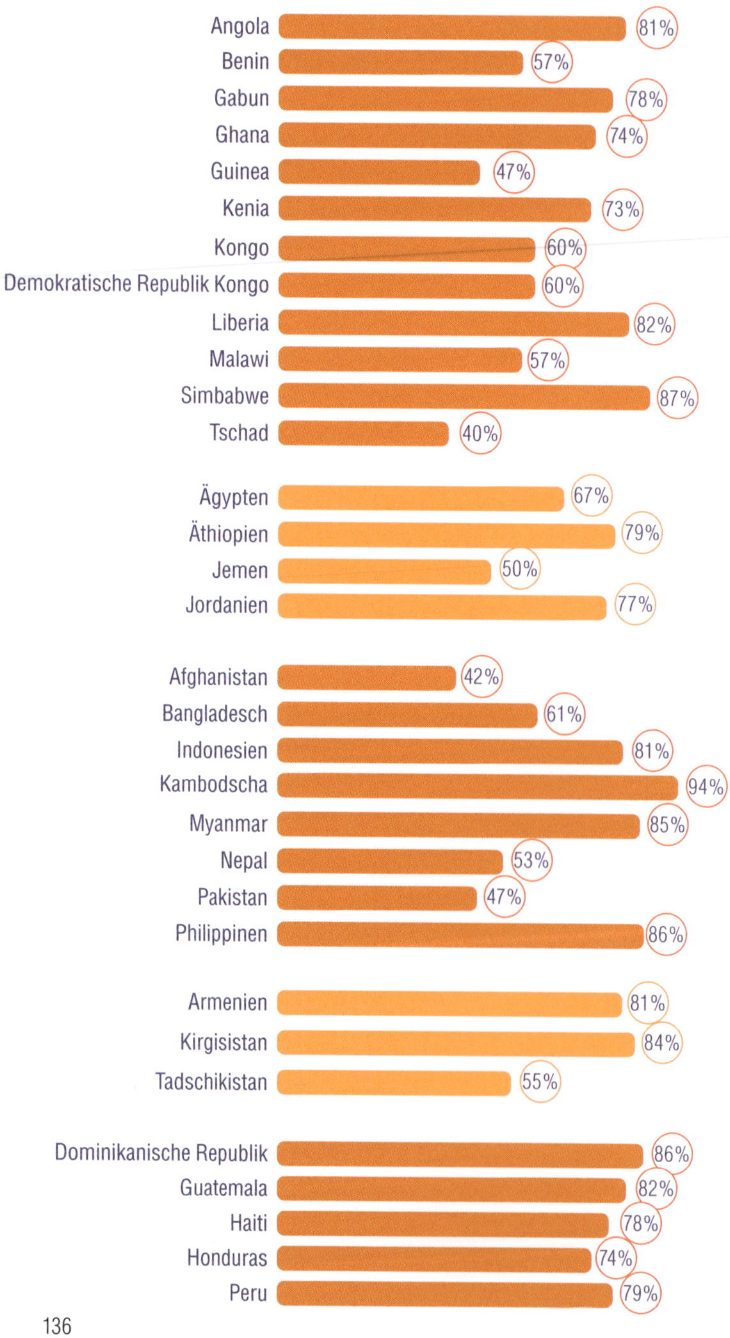

Kinderarbeit

Überall auf der Welt arbeiten Kinder unbezahlt in Haushalten, Mädchen häufiger als Jungen, und oft so viele Stunden, dass sie nicht zur Schule gehen, spielen oder eine bezahlte Tätigkeit ausüben können. Hausarbeit wird in den meisten offiziellen Statistiken über Kinderarbeit nicht mitgerechnet.

Jeden Tag leisten etwa 152 Millionen Kinder im Alter von 5–17 Jahren Kinderarbeit; 42% von ihnen sind Mädchen und 58% Jungen.

Die meisten arbeiten in landwirtschaftlichen oder anderen Familienbetrieben.

73 Millionen von ihnen üben gefährliche Tätigkeiten aus – sie arbeiten z. B. in Minen oder auf Fischerbooten.

Nicht bloß ein paar Pflichten

Anteil von Mädchen (5–17 Jahre) an allen Kindern, die Hausarbeit verrichten, nach Wochenstunden gerechnet
2016

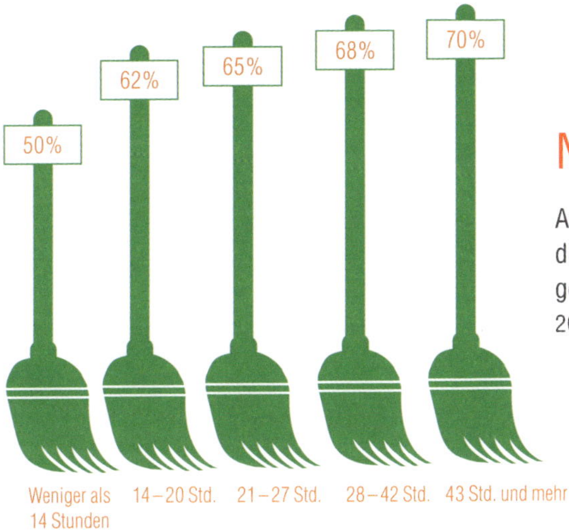

Verlorene Kindheit

20% oder mehr Mädchen im Alter von 5–17 Jahren leisten Kinderarbeit, soweit bekannt
Daten von 2010–2016

Wasserbeschaffung

Wo Wasser außerhalb des Zuhauses geholt werden muss, lastet diese Aufgabe meistens auf den Schultern von Frauen und Mädchen. Sie ist körperlich anstrengend und oft gefährlich, denn die Suche nach Wasser kann Frauen in abgelegene Gebiete führen, und das Wasser selbst ist oft weder sauber noch sicher. Zudem trägt das Wasserholen maßgeblich zur »Zeitnot« bei: In der unbezahlten Zeit, die Frauen und Mädchen damit verbringen, können sie nicht an anderen Aktivitäten teilnehmen, ob es sich dabei um den Besuch einer Schule, eine bezahlte Arbeit oder einfach nur eine Freizeitbeschäftigung handelt.

Wer geht wie viel Wasser holen?

Anteile in Haushalten ohne Leitungswasser in Subsahara-Afrika

Daten von 2006–2009

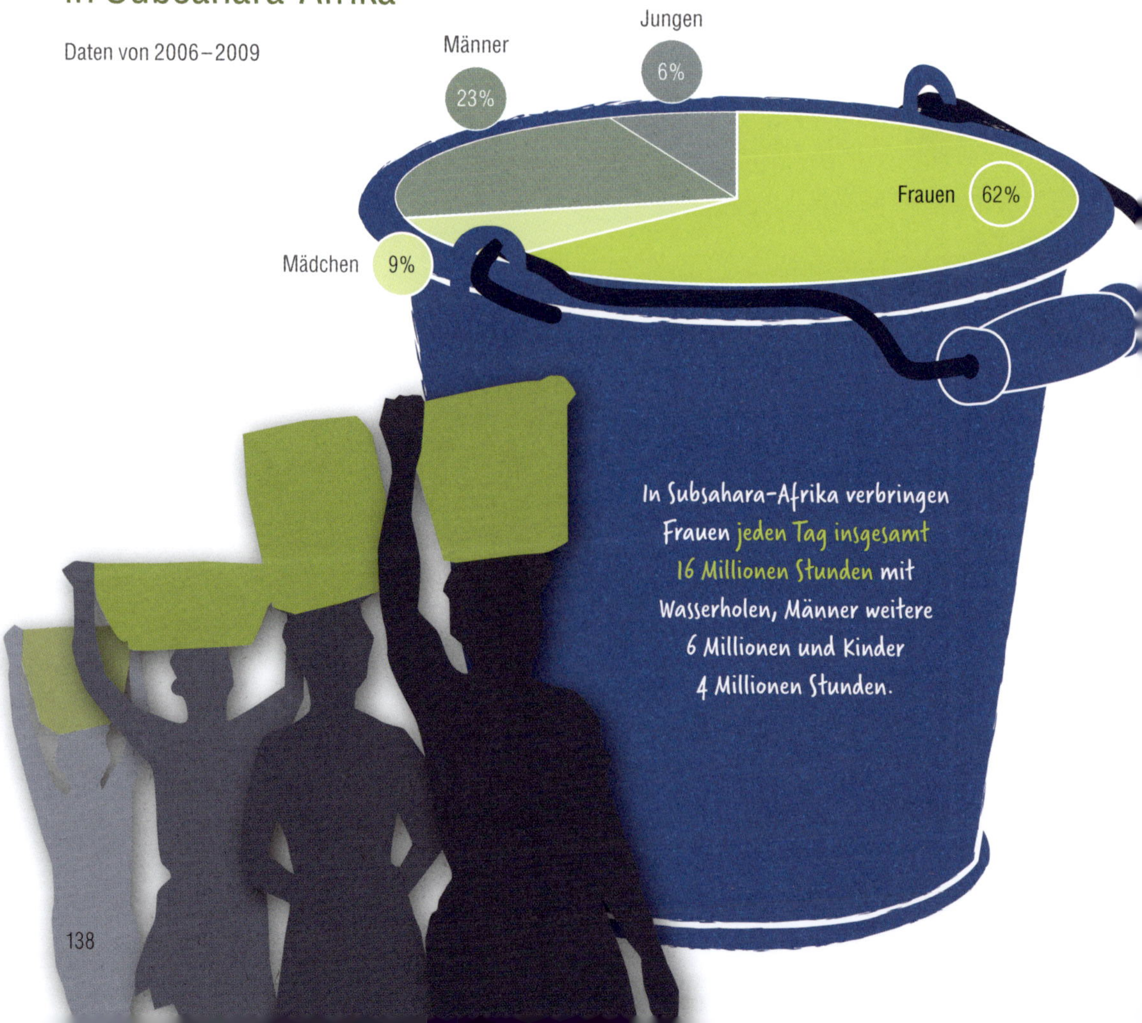

Frauen in der Landwirtschaft

Die Zahl der Arbeitskräfte, die weltweit in der Landwirtschaft tätig sind, sinkt Jahr für Jahr.
Inzwischen macht die Arbeit in der Landwirtschaft insgesamt etwa 30% der erfassten Wirtschaftstätigkeit von Frauen aus. Im Jahr 2000 waren es noch 41%. In den am wenigsten entwickelten Ländern sind es allerdings immer noch gut 60%.
Die sinkende Zahl der landwirtschaftlichen Arbeitskräfte spiegelt Veränderungen der Nahrungsmittelproduktion wider. In ärmeren Ländern überwiegen zwar noch die kleinen landwirtschaftlichen Betriebe, doch der globale Trend geht in Richtung Mechanisierung und Zusammenlegung – Nahrungsmittel werden von weniger Menschen in größeren Betrieben produziert, oft für transnationale Konzerne.
In den landwirtschaftlichen Großbetrieben, die durch Mechanisierung und Zusammenlegung entstanden sind, arbeiten überwiegend Männer, während Frauen in kleinen Betrieben und in Subsistenzbetrieben immer noch die Mehrheit der Arbeitskräfte bilden. Oft gelten Nutzpflanzen, die für den Großhandel und den Export angebaut werden, als »Männerpflanzen« und Nutzpflanzen, die für den Eigenbedarf angebaut werden, als »Frauenpflanzen«.

Landarbeit

Anteil erwerbstätiger Frauen, die im Agrarsektor arbeiten (ausgenommen unbezahlte Arbeit im Familienbetrieb oder für den Eigenbedarf)
2017

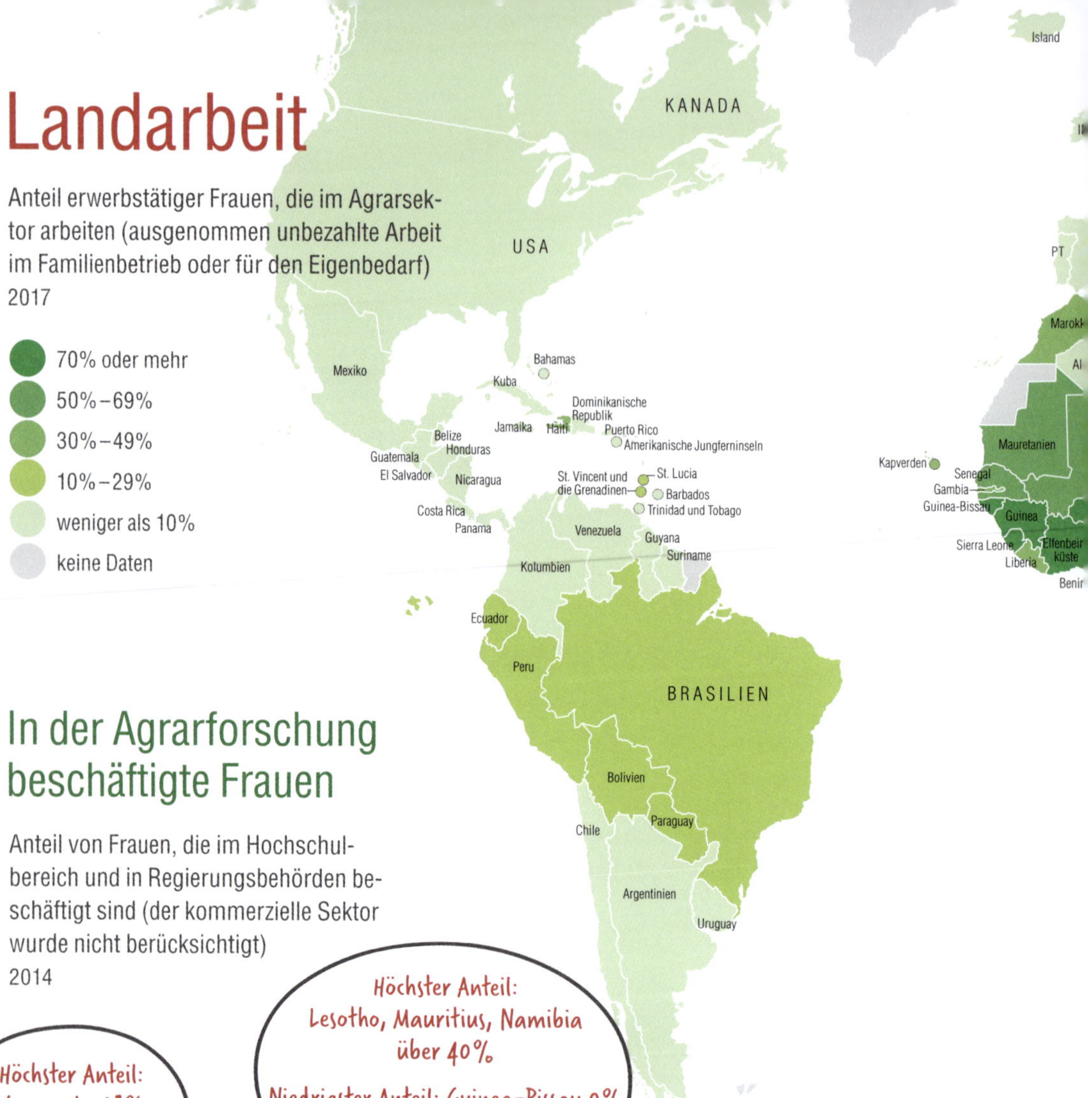

In der Agrarforschung beschäftigte Frauen

Anteil von Frauen, die im Hochschulbereich und in Regierungsbehörden beschäftigt sind (der kommerzielle Sektor wurde nicht berücksichtigt)
2014

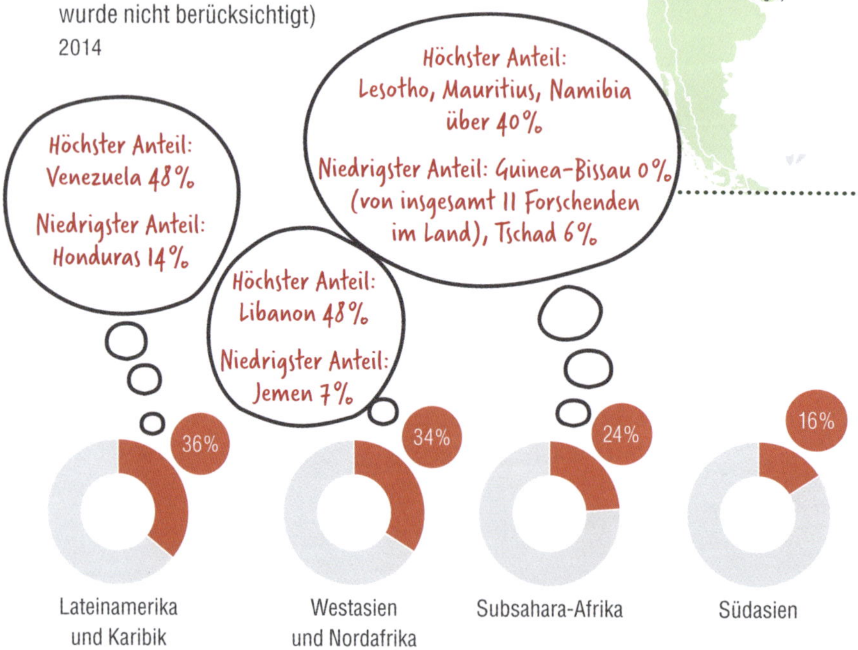

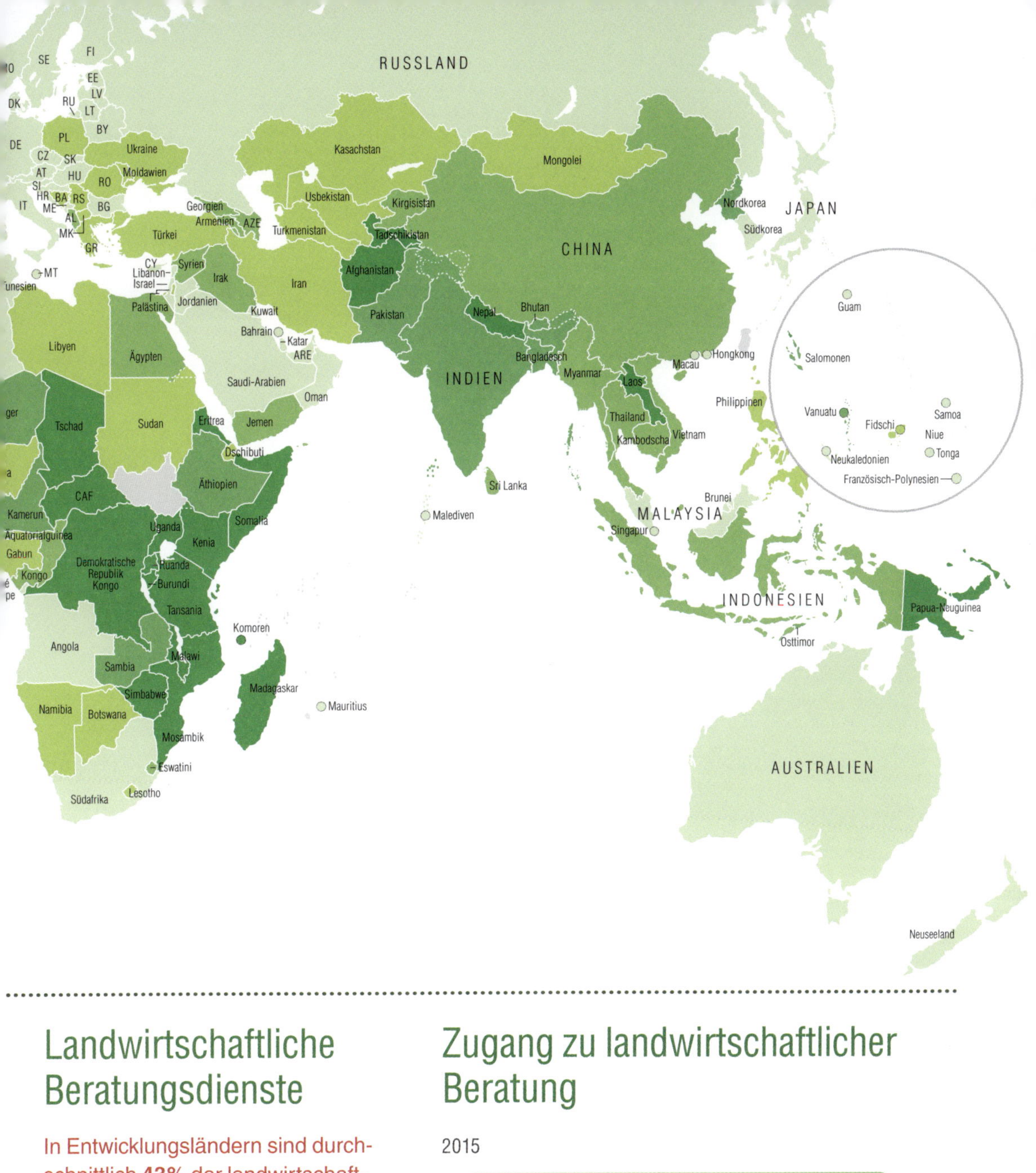

Landwirtschaftliche Beratungsdienste

In Entwicklungsländern sind durchschnittlich **43%** der landwirtschaftlichen Arbeitskräfte Frauen. Und von den weltweit 600 Millionen armen Viehhalter*innen sind geschätzte 2 Drittel Frauen. Doch nur **15%** der landwirtschaftlichen Beratungskräfte auf der Welt sind Frauen, und nur **5%** der Bäuerinnen können Beratungsdienste nutzen.

Zugang zu landwirtschaftlicher Beratung

2015

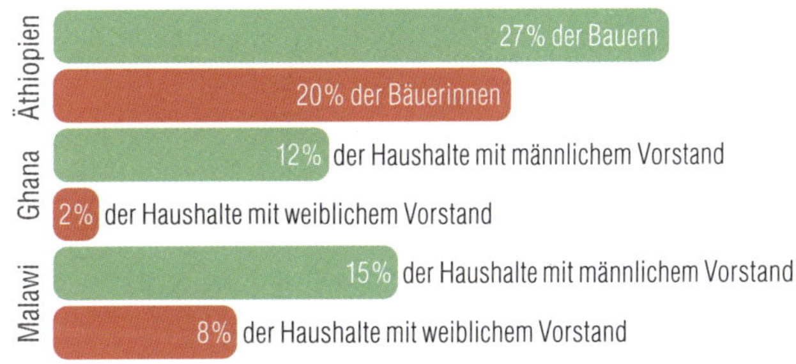

Arbeitsteilung in der Landwirtschaft

Wie in landwirtschaftlichen Betrieben Arbeiten aufgeteilt und Entscheidungen getroffen werden, variiert von Ort zu Ort stark, aber fast immer spiegelt es die vorherrschenden kulturellen Normen von Weiblichkeit und Männlichkeit wider.

Biologische Landwirtschaft

Ontario, Kanada
Arbeitsteilung auf Höfen von heterosexuellen Paaren
2007

Meistens von Männern erledigt:
- Wartung von Gerätschaften
- Kauf von Saatgut und Vorräten
- Gülleverarbeitung
- Düngemitteleinsatz
- mechanisierte Feldarbeit
- Pflanzung

Meistens von Frauen erledigt:
- Buchführung

Meistens gemeinsam erledigt:
- Versorgung des Viehs
- Unkrautjäten und Ernte von Hand

Reisproduktion

Ostuganda
2016

Meistens von Männern erledigt:
- Ernten/Schneiden und Bündeln
- Dreschen
- Kontrolle der Trocknung
- Abfüllen in Säcke zur Lagerung
- Entscheidungen über Erntegerätschaften

Meistens von Frauen erledigt:
- Essenkochen für Erntehelfer
- trocknenden Reis wenden und Vögel verscheuchen

Meistens gemeinsam erledigt:
- Reis zu den Planen tragen, auf denen er getrocknet wird
- Reis zum Trocknen in der Sonne ausbreiten
- Worfeln
- Entscheidungen über Gerätschaften zum Worfeln

Kaffeeanbau

Narino, Kolumbien
2015

Meistens von Männern erledigt:
- Pestizidausbringung
- Pflanzung
- Auswahl des Saatguts
- Beschattung
- Rückschnitt
- Düngung
- Ernte
- Verkauf

Meisten von Frauen erledigt:
- Es gibt im Kaffeeanbau keine Aufgaben, die vorwiegend Frauenarbeit sind
- Aufzucht von Vieh

Meistens gemeinsam erledigt:
- Nassaufbereitung
- Trocknung

Geschlechtsspezifische Arten des Pestizidkontakts

Osteuropa
2015

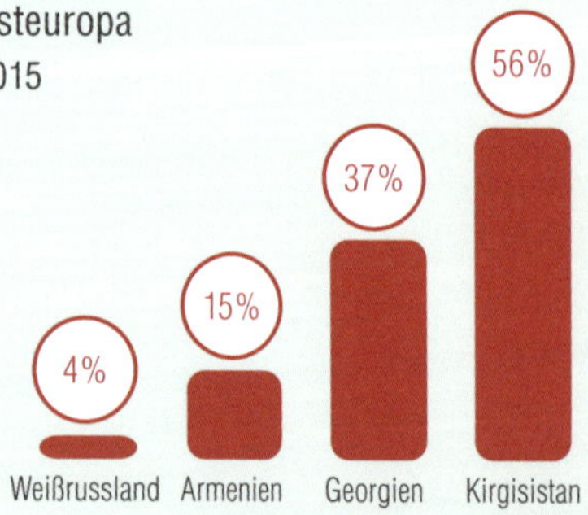

Anteil von Bäuerinnen, die direkten Kontakt mit Pestiziden haben

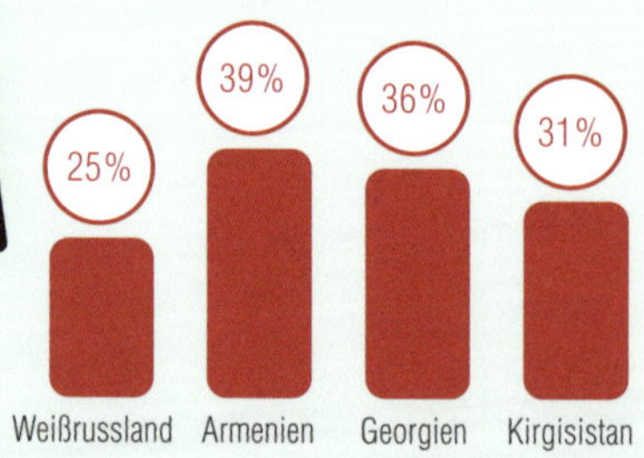

Anteil von Bäuerinnen, die auf indirektem Weg mit Pestiziden in Kontakt kommen, weil sie mit Pestiziden kontaminierte Kleidung von Hand waschen

Fischfang

Frauenanteil an den Arbeitskräften in der Fischwirtschaft, einschließlich Fischfang, -verarbeitung und -verkauf
Globaler Durchschnitt von 2012

Der Fischfang ist von Männern dominiert, aber wenn alle Bereiche der Fischwirtschaft berücksichtigt werden, sind weltweit insgesamt **47%** der Arbeitskräfte Frauen. In Bereichen wie der Verarbeitung und dem Verkauf von Fisch sind mehr Frauen als Männer beschäftigt.

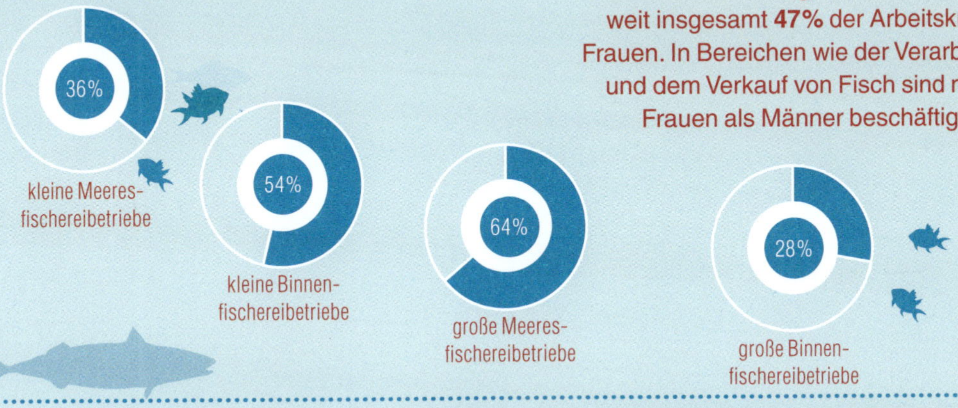

Fischverarbeitung

Fischzucht

Frauenanteil an den Arbeitskräften in der Aquakulturwirtschaft
(z. B. Garnelenzucht, Algenverarbeitung, Teichfischerei)
Daten seit den frühen 2000er-Jahren

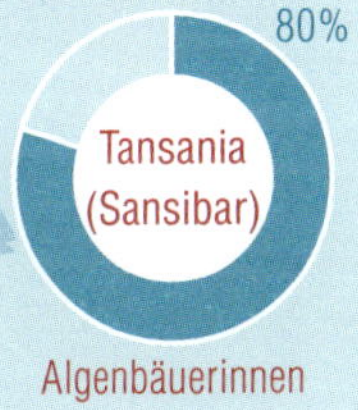

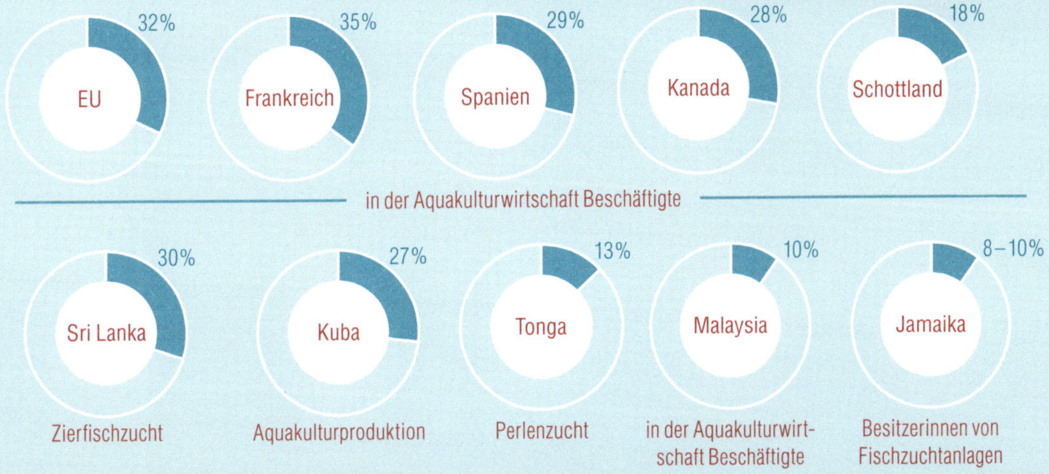

Arbeitsmigration

2015 waren etwa **3%** der Weltbevölkerung unterwegs, meistens grenzüberschreitend.

48% aller Migranten weltweit sind weiblich. Viele sind auf der Suche nach neuen wirtschaftlichen Möglichkeiten.

Pflegekräfte

Der Pflegekräftemangel in reichen Ländern führt zu neuen Migrationsströmen von weiblichen Arbeitskräften. Internationale Personalvermittlungsagenturen suchen aktiv nach Pflegekräften aus armen Ländern, insbesondere in Afrika, Asien und der Karibik. In vielen Fällen entsteht dadurch in diesen Ländern ein akuter Mangel an medizinischem Personal.

Jedes Jahr verlassen 17 000 bis 22 000 medizinische Fachkräfte, größtenteils Krankenschwestern, die Philippinen, um im Ausland zu arbeiten.
2010 wurden 12 000 Krankenpflegekräfte von den Philippinen, 86% davon Frauen, für offene Stellen in Übersee angeheuert. Sie gingen in folgende Länder:

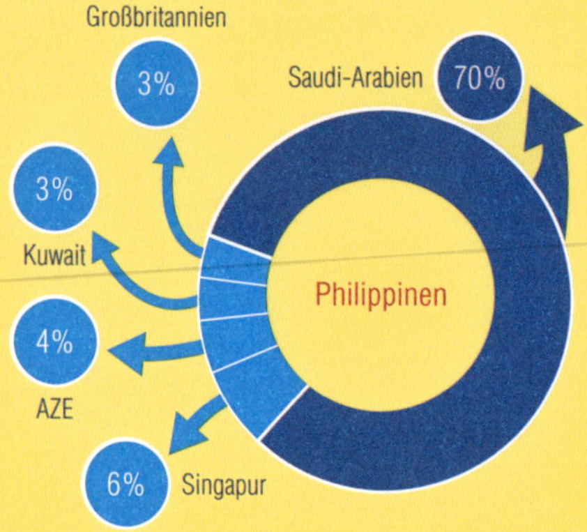

Die wichtigsten Herkunfts- und Zielländer von arbeitssuchenden Pflegekräften

HERKUNFTSLÄNDER	
Philippinen	Simbabwe
Guyana	Uganda
Jamaika	Polen
China	Litauen
Indien	

ZIELLÄNDER		
Australien	Schweiz	AZE
Neuseeland	USA	Oman
Großbritannien	Kanada	Bahrain
Deutschland	Israel	Katar
Norwegen	Saudi-Arabien	Singapur
Niederlande	Kuwait	Brunei
Belgien	Libyen	

BEIDES
Irland
Spanien

In den USA arbeiteten 2015 die meisten der im Ausland geborenen weiblichen Arbeitskräfte, die im Gesundheitswesen beschäftigt waren, als Krankenschwestern, Psychiatriehelferinnen und in der häuslichen Krankenpflege (28%) oder als examinierte Krankenschwestern (27%), während die ausländischen männlichen Arbeitskräfte aus dem medizinischen Bereich am häufigsten als Ärzte und Chirurgen (30%) oder als Technologen und Techniker (20%) tätig waren.

In Großbritannien waren 2017 15% der Krankenschwestern Migrantinnen. 7% kamen aus anderen EU-Staaten, größtenteils aus Irland, Portugal und Spanien. Weitere 8% kamen aus Ländern außerhalb der EU, größtenteils aus Indien, den Philippinen und Simbabwe.

Anteil der im Ausland geborenen Krankenschwestern 2010/2011

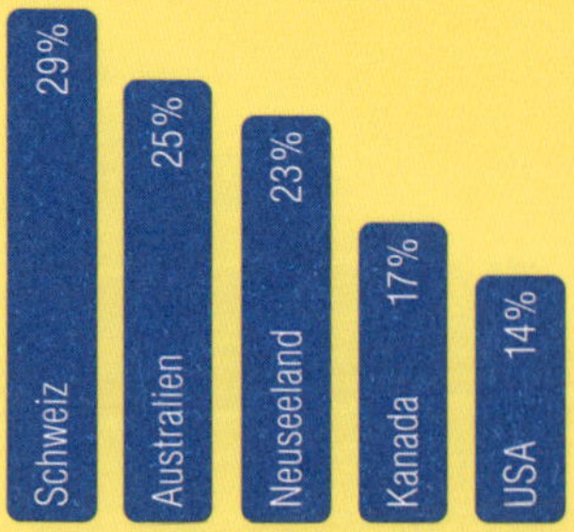

Hausangestellte

Weltweit gibt es 11,5 Millionen Hausangestellte mit Migrationshintergrund: Kindermädchen, Reinigungskräfte und häusliche Pflegekräfte. Etwa 73% von ihnen sind Frauen.

Wo sie sind

Regionale Verteilung von internationalen Migrantinnen, die als Hausangestellte arbeiten
2013

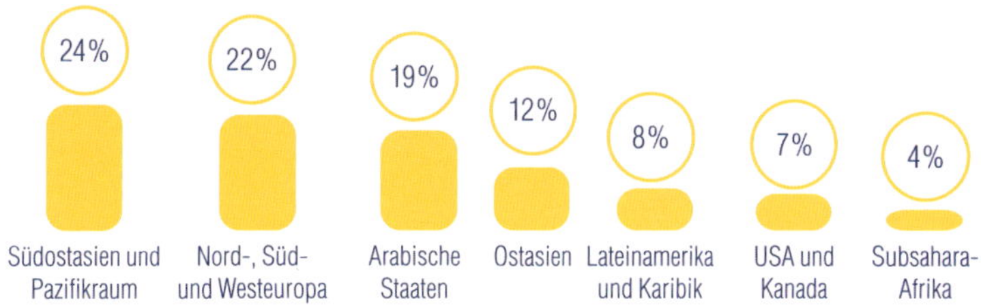

Migranten bei der Arbeit

Anteil der Migrant*innen an allen Hausangestellten
2013

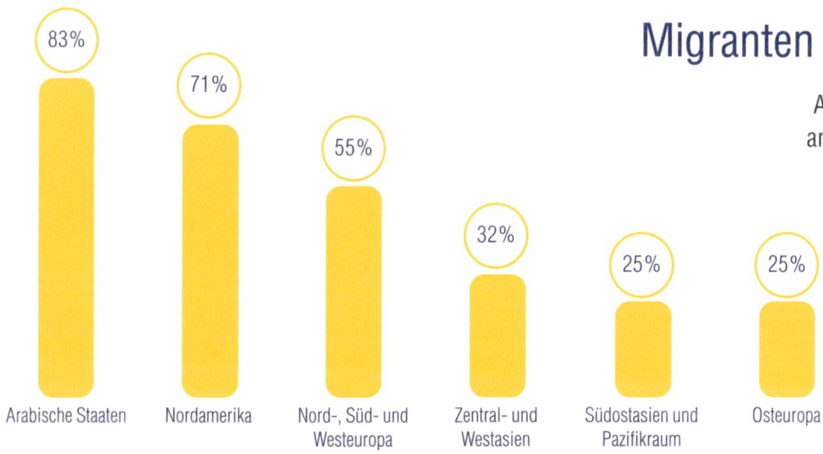

Mancherorts sind fast alle Hausangestellte internationale Migrant*innen

SAUDI-ARABIEN

In Saudi-Arabien leben schätzungsweise eine Million Migrantinnen, größtenteils aus Indonesien, den Philippinen und Sri Lanka, und fast alle arbeiten als Hausangestellte.

SCHUTZ

Hausangestellte, und erst recht migrantische Arbeitskräfte, sind der Gefahr von Missbrauch und Ausbeutung ausgesetzt. In 30% aller Länder sind Hausangestellte vom Schutz des nationalen Arbeitsrechts gänzlich ausgeschlossen. Nur in 10% der Länder gelten für Hausangestellte die allgemeinen Arbeitsgesetze ebenso wie für andere Arbeitskräfte.

Wöchentliche Arbeitsstunden von Hausangestellten (im Durchschnitt)
Daten ab 2008

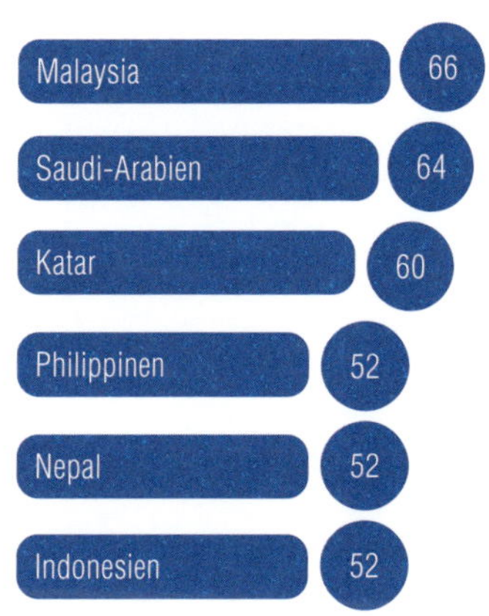

Bildung und Vernetzung

»Ich sagte zu mir: ›Malala, sei mutig. Du darfst vor niemandem Angst haben. Du versuchst nur, eine Ausbildung zu bekommen. Du begehst kein Verbrechen.«

Malala Yousafzai

2012 schossen Taliban-Attentäter in Pakistan einem 15-jährigen Mädchen in den Kopf. Sie wollten Malala Yousafzai zum Schweigen bringen, weil sie sich couragiert und öffentlich für das Recht von Mädchen auf Bildung einsetzte. Durch den Mordanschlag wollten sie alle Mädchen einschüchtern. Doch Malala überlebte und ließ sich nicht unterkriegen. Sie wurde eine weltberühmte Verfechterin des Rechts auf Bildung für Mädchen und die jüngste Friedensnobelpreisträgerin.

Durchschnittliche Schuljahre

Absolviert von Frauen über 25 Jahren
2010

- 10–13
- 7–9
- 4–6
- weniger als 4
- keine Daten
- <1 weniger als 1 Jahr Schule

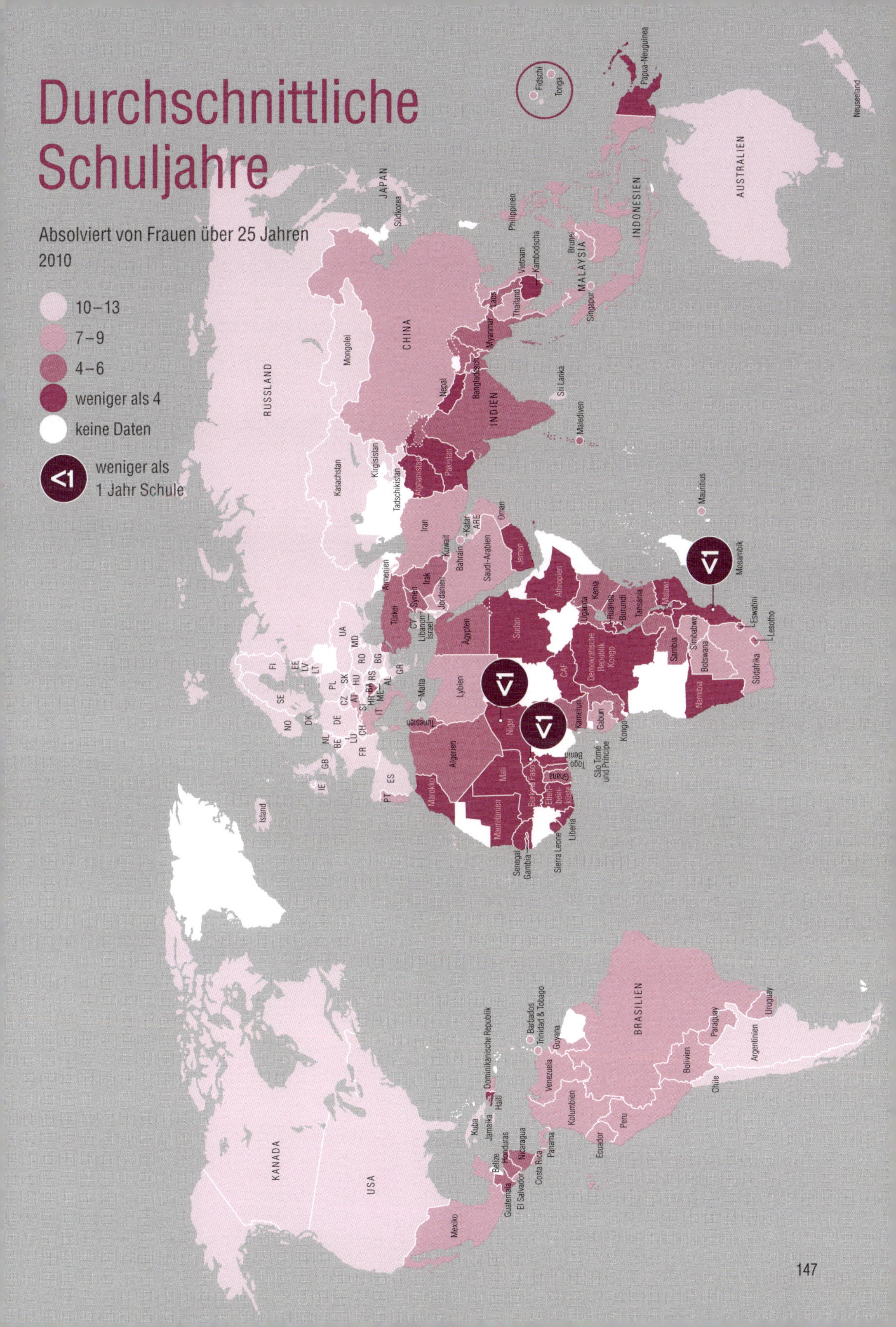

Ohne Schulabschluss

Niedrige Grundschulabschlussraten bei Mädchen

Daten von 2015, soweit bekannt

- 50%–75%
- weniger als 50%

Mehr Mädchen als je zuvor besuchen die Grundschule, aber in vielen Ländern ist für sie selbst eine Grundschule außer Reichweite. Weltweit werden anteilsmäßig weniger Mädchen als Jungen zur Schule angemeldet, und sie werden in einem jüngeren Alter heruntergenommen. Wenn Krisen ausbrechen oder sich verschärfen – Krieg, zunehmende Armut, sinkende finanzielle Unterstützung – und Familien oder Regierungen sich gezwungen sehen, den Rotstift anzusetzen, werden Mädchen als Erste von der Schule genommen. Zudem verlassen Mädchen oft im Pubertätsalter die Schule, wenn es dort keine angemessenen sanitären Einrichtungen für sie gibt.

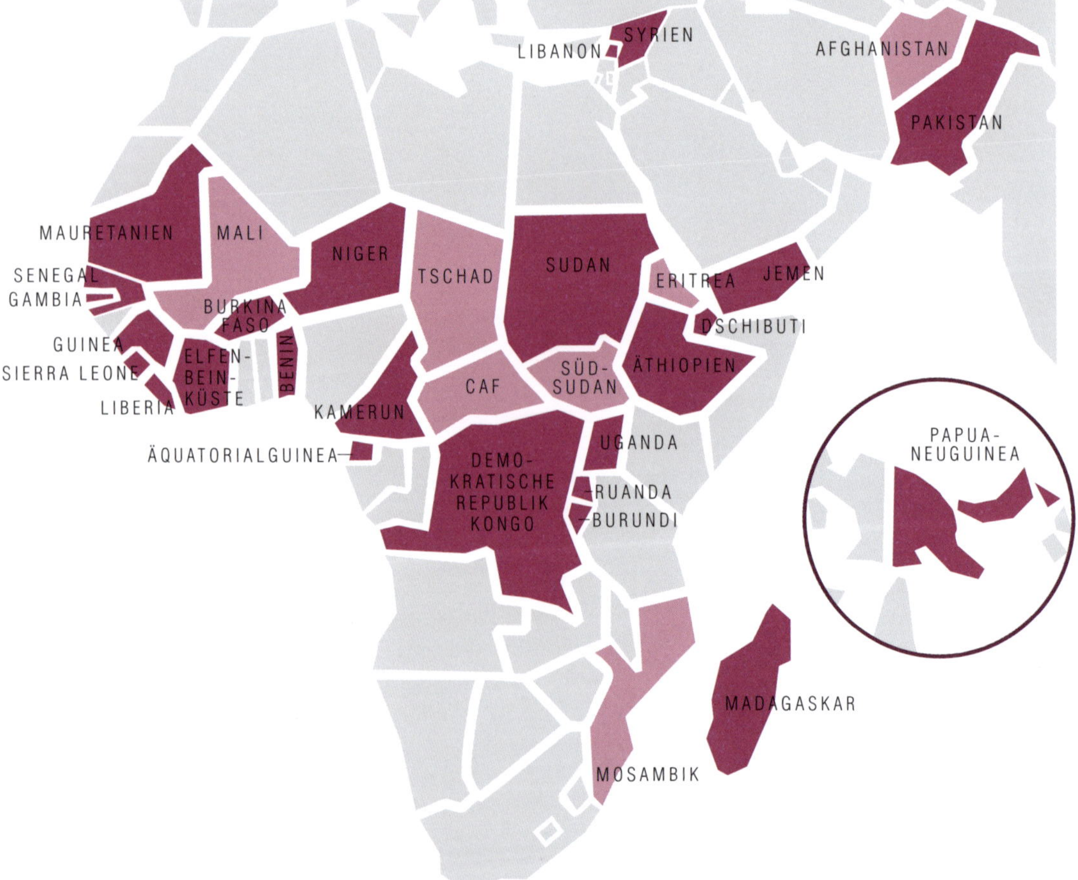

Gendergaps beim Grundschulabschluss

Ausgewählte Beispiele, 2015

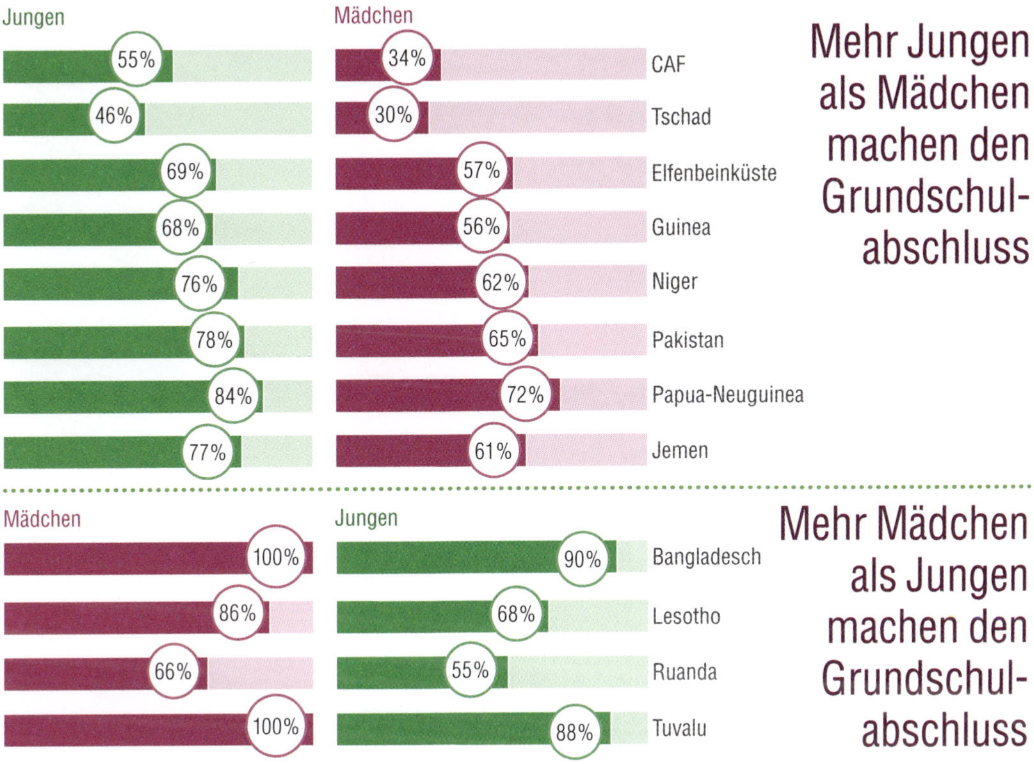

Einkommen und Schulabschluss

Anteil von Kindern aus dem reichsten und aus dem ärmsten Fünftel der Bevölkerung, die die Grundschule abschließen

Ausgewählte Beispiele, Daten ab 2011

	Reichstes Fünftel	Ärmstes Fünftel		Reichstes Fünftel	Ärmstes Fünftel		Reichstes Fünftel	Ärmstes Fünftel
Afghanistan	69%	21%	Guinea	72%	12%	Laos	97%	28%
Äthiopien	73%	20%	Honduras	98%	61%	Nepal	92%	68%
Bangladesch	89%	62%	Kamerun	91%	18%	Nigeria	96%	21%
Bhutan	90%	43%	Kambodscha	90%	48%	Südsudan	44%	7%
Dominikanische Republik	98%	74%	Kenia	94%	58%	Tansania	92%	51%

Jenseits der Sekundarstufe

Prozentualer Anteil der weiblichen Studenten an Universitäten, Hochschulen, Berufs-, und Fachakademien

Daten seit 2012

- 60% und mehr
- 50%–59%
- 40%–49%
- unter 40%
- keine Daten vorhanden

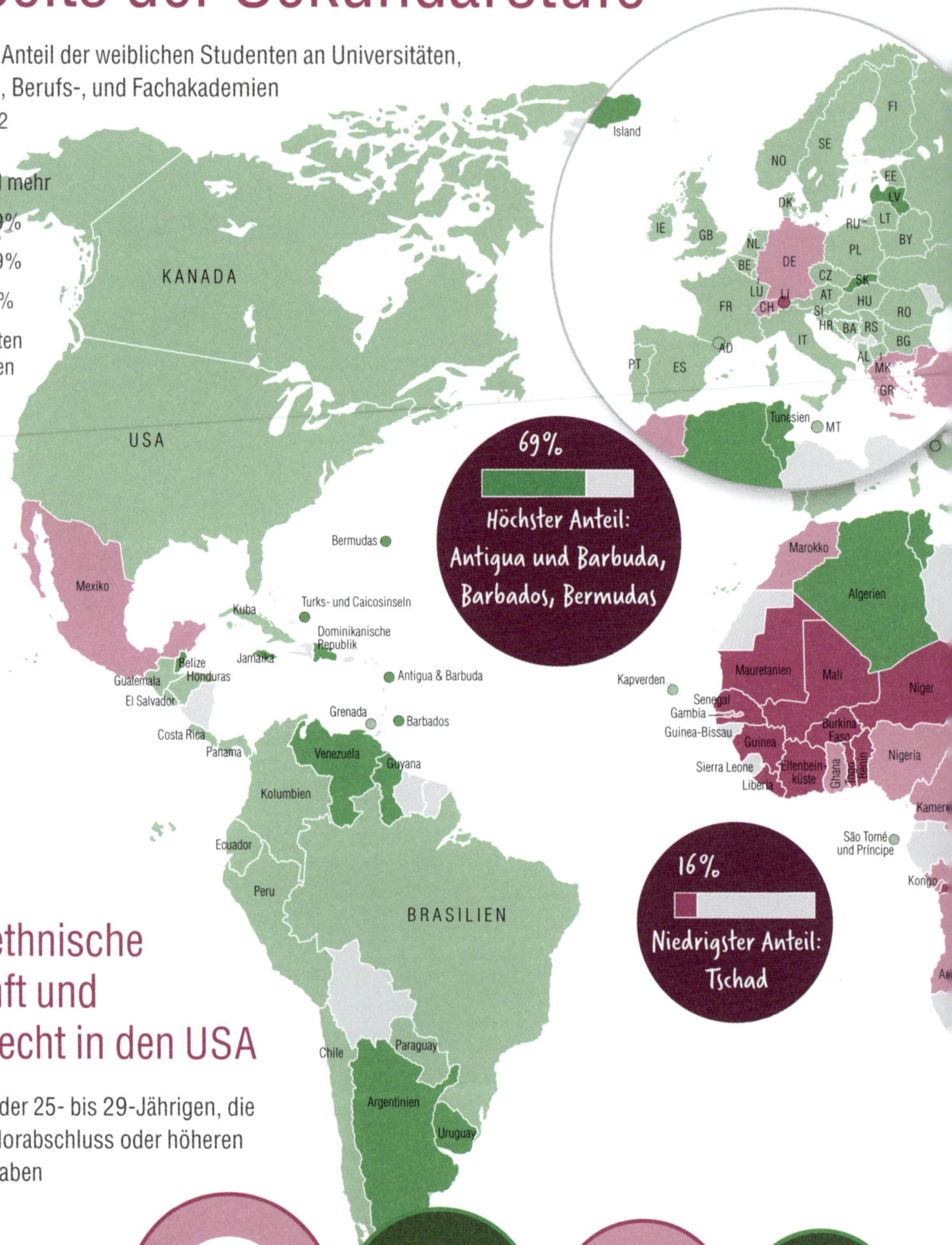

Race, ethnische Herkunft und Geschlecht in den USA

Prozentsatz der 25- bis 29-Jährigen, die einen Bachelorabschluss oder höheren Abschluss haben

2016

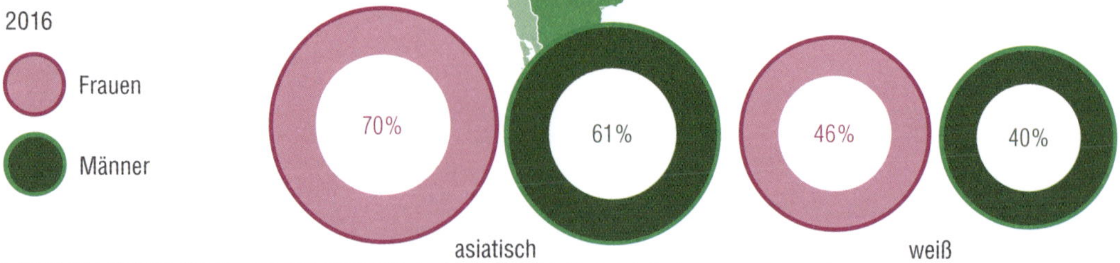

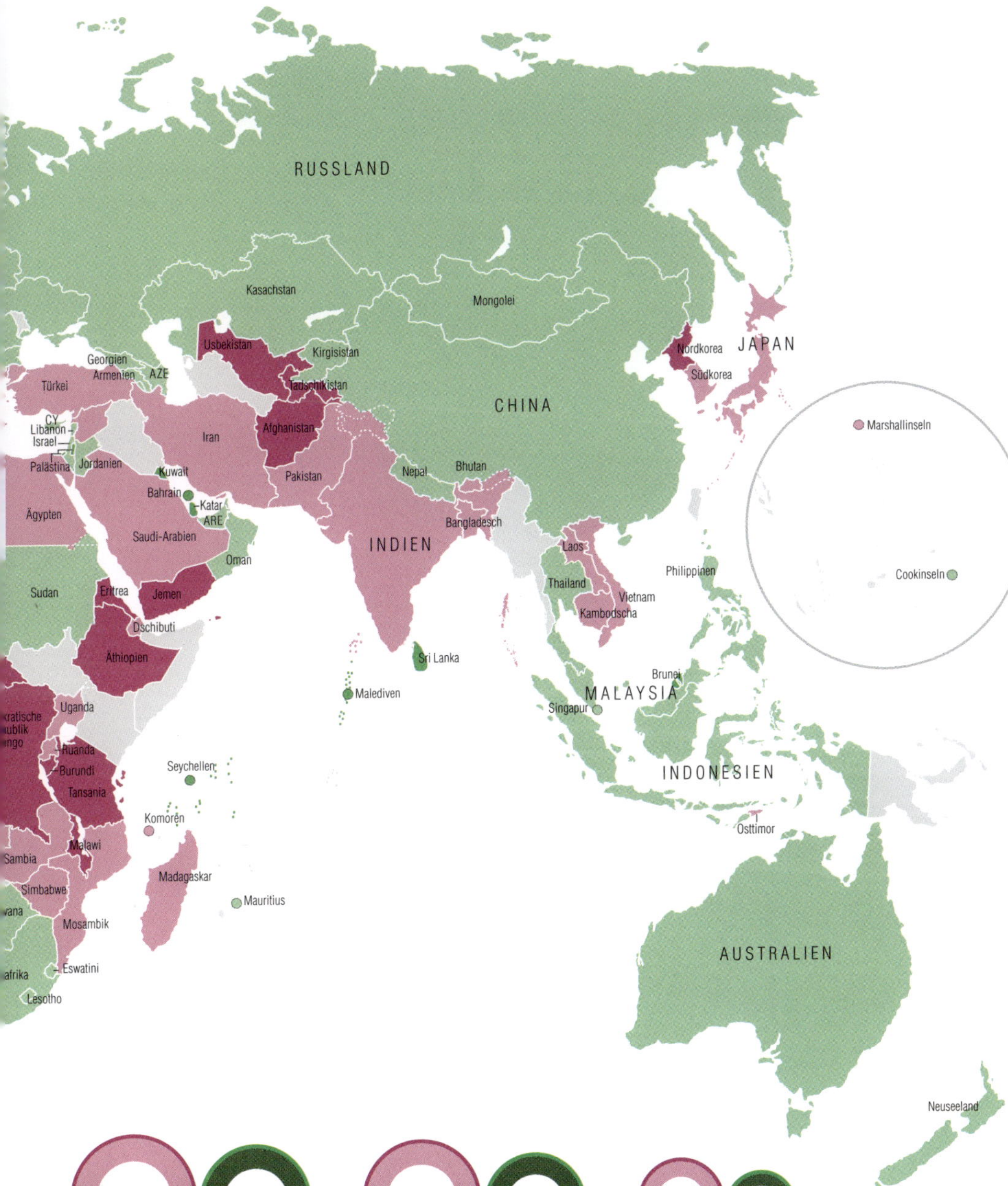
RUSSLAND
Kasachstan
Mongolei
Usbekistan
Kirgisistan
Tadschikistan
Georgien
Armenien
AZE
Türkei
CY
Libanon
Israel
Palästina
Jordanien
Iran
Afghanistan
Pakistan
Kuwait
Bahrain
Katar
ARE
Ägypten
Saudi-Arabien
Oman
Sudan
Eritrea
Jemen
Dschibuti
Äthiopien
Uganda
Ruanda
Burundi
Tansania
Malawi
Sambia
Simbabwe
Mosambik
Eswatini
Lesotho
Seychellen
Komoren
Madagaskar
Mauritius
Malediven
Sri Lanka
INDIEN
Nepal
Bhutan
Bangladesch
CHINA
Nordkorea
Südkorea
JAPAN
Laos
Thailand
Vietnam
Kambodscha
Philippinen
Brunei
MALAYSIA
Singapur
INDONESIEN
Osttimor
AUSTRALIEN
Neuseeland
Marshallinseln
Cookinseln

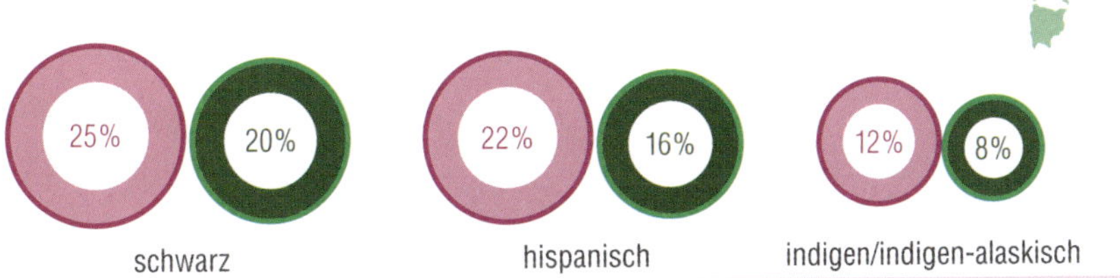
25%
20%
schwarz
22%
16%
hispanisch
12%
8%
indigen/indigen-alaskisch

Allmählicher Fortschritt

Wann Frauen gleichberechtigt mit Männern zu Vordiplomstudiengängen an titelverleihenden Universitäten zugelassen wurden

An einigen Universitäten wurden Absolventinnen angegliederter Mädchencolleges früher zugelassen, doch wurden ihre Abschlüsse bis zum unten angegebenen Jahr von der Ersthochschule nicht ausgestellt (oder in anderen Fällen nicht anerkannt). Ausgewählte Beispiele

	Eröffnungsjahr (nur Männer zugelassen)	Zulassung von Frauen
University of Melbourne (Australien)	1853	1881
University of Toronto (Kanada)	1843	1884
Universität Heidelberg (Deutschland)	1385	1900
Oxford University (GB)	1167	1920
Cairo University (Ägypten)	1908	1928
Makerere University (Uganda)	1922	1945
University of Tokyo (Japan)	1877	1946
Cambridge University (GB)	1209	1948
Yale College (USA)	1701	1969
Brown University (USA)	1764	1971
Dartmouth College (USA)	1769	1972
Harvard University (USA)	1636	1977

Hochschulbildung

Die Geschichte der Hochschulbildung ist bis heute eine Geschichte des Ausschlusses von Frauen. An den meisten Eliteuniversitäten vergingen Jahrhunderte zwischen ihrer Gründung als reine Herrenclubs und der – häufig gegen erbitterten Widerstand – Zulassung von Frauen. Angesichts dieses unglücklichen Starts stellt die derzeitige »Feminisierung« der Hochschulbildung einen bemerkenswerten Wandel im globalen Bildungswesen dar. In den 1990er-Jahren befanden sich im postsekundären Bildungswesen fast überall mehr Männer als Frauen.

Anfang der 2000er-Jahre hat sich die Geschlechterungleichheit in der Hochschulbildung quasi weltweit verschoben: Inzwischen befinden sich mehr Frauen als Männer im tertiären Bildungssystem. In manchen Ländern handelt es sich sogar um einen beträchtlichen Überschuss. Dieser Trend zur Feminisierung findet sich in den meisten Teilen der Welt, nicht jedoch in Ländern in Subsahara-Afrika und Südasien.

Für diese Verschiebung gibt es mehrere Erklärungen: Generell lässt sich sagen, dass Männer in Prüfungen und anderen Leistungsnachweisen des sekundären Bildungssystems weniger erfolgreich sind. Dies hält sie möglicherweise davon ab, sich in Institutionen des tertiären Bildungsbereichs einzuschreiben. Da Männer bessere wirtschaftliche Aufstiegschancen als Frauen haben, sehen sie vielleicht einen Vorteil darin, keine Zeit für eine Ausbildung im tertiären Bildungswesen zu vergeuden und früher einer bezahlten Arbeit nachzugehen. Darüber hinaus könnte es Männer abschrecken, dass Hochschulbildung immer weiblicher wird.

Der Trend, dass sich mehr Frauen als Männer im tertiären Bildungswesen immatrikulieren, entstand zeitgleich mit einer allgemeinen Verbesserung der Bildungschancen im tertiären Bildungsbereich.

#Übrigens

In den meisten Ländern ist Hochschulbildung immer noch den Eliten vorbehalten.

520 Millionen Frauen können dies nicht lesen

Analphabetismusraten von mehr als 50% bei Frauen über 15 Jahren
Daten, 2013–2015

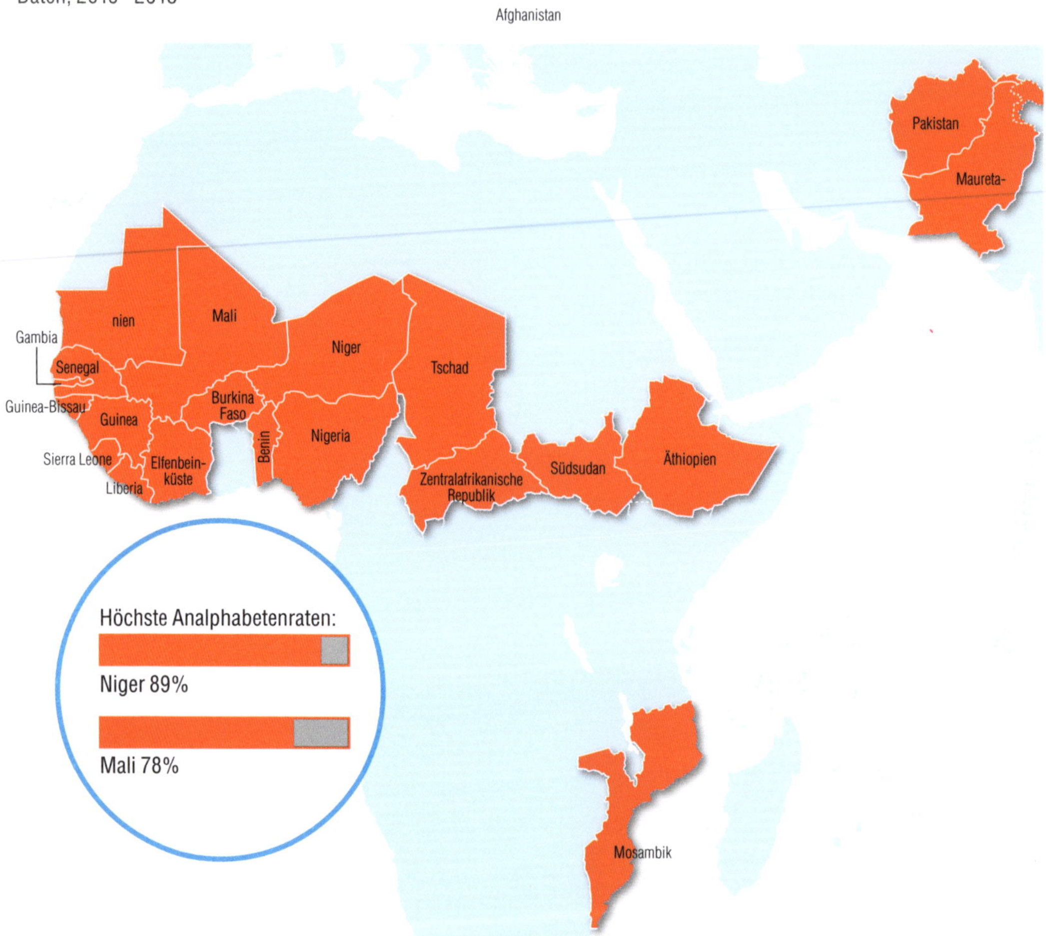

In den vergangenen beiden Jahrzehnten haben Fortschritte bei der Alphabetisierung die Weltkarte verändert. Nach wie vor sind 780 Millionen Erwachsene weltweit Analphabeten. Fast zwei Drittel von ihnen sind Frauen, und dieser Anteil hat sich innerhalb der letzten 20 Jahre nicht verändert. 2015 berichteten 20 Länder, dass die Analphabetismusquote unter Frauen 50% oder mehr betrug. Für Männer galt diese Quote nur in 8 Ländern.

Weitverbreiteter Analphabetismus ist meist eine Folge von Armut und begrenzten Bildungsmöglichkeiten. Allerdings deuten die höheren Raten unter Frauen auf etablierte Geschlechterdiskriminierung hin. Zu geschlechtsspezifischen Faktoren gehören: die zeitliche Überbelastung von Frauen, besonders in ländlichen Gebieten (siehe S. 134), die Tätigkeitsbeschränkung von Frauen auf den häuslichen Bereich und die Angst von Männern, ihre familiäre Machtposition zu verlieren, wenn Frauen lesen lernen. Frauen, die lesen und schreiben können, haben ein besseres wirtschaftliches Auskommen, sind weniger abhängig von Männern und können ihre Armut, ihren Besitz, ihre Gesundheit und Rechtsansprüche besser kontrollieren und verstehen. Die gute Neuigkeit ist, dass die Analphabetenzahlen in den letzten drei Jahrzehnten kontinuierlich gesunken sind. Dies lässt sich in erster Linie darauf zurückführen, dass Mädchen bessere Bildungschancen erhalten.

Es sieht gut aus

Prozentualer Anteil der Frauen, die lesen und schreiben können

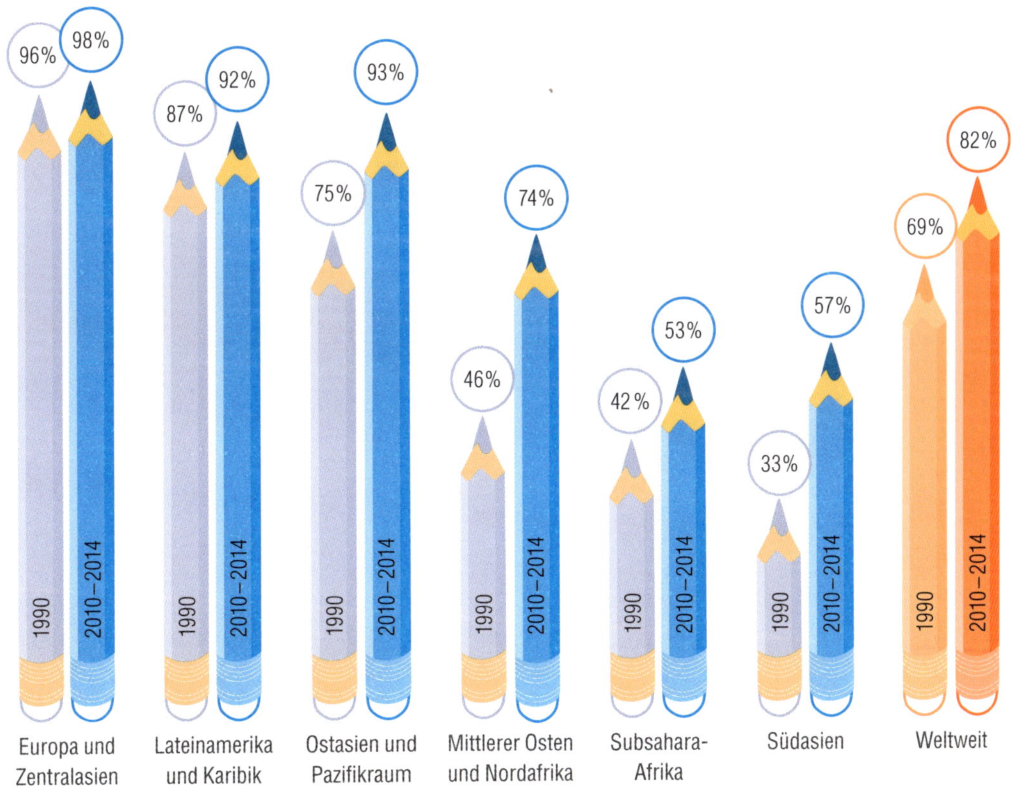

Große Fortschritte

Prozentualer Anteil der erwachsenen Frauen,
die lesen und schreiben können
Ausgewählte Beispiele

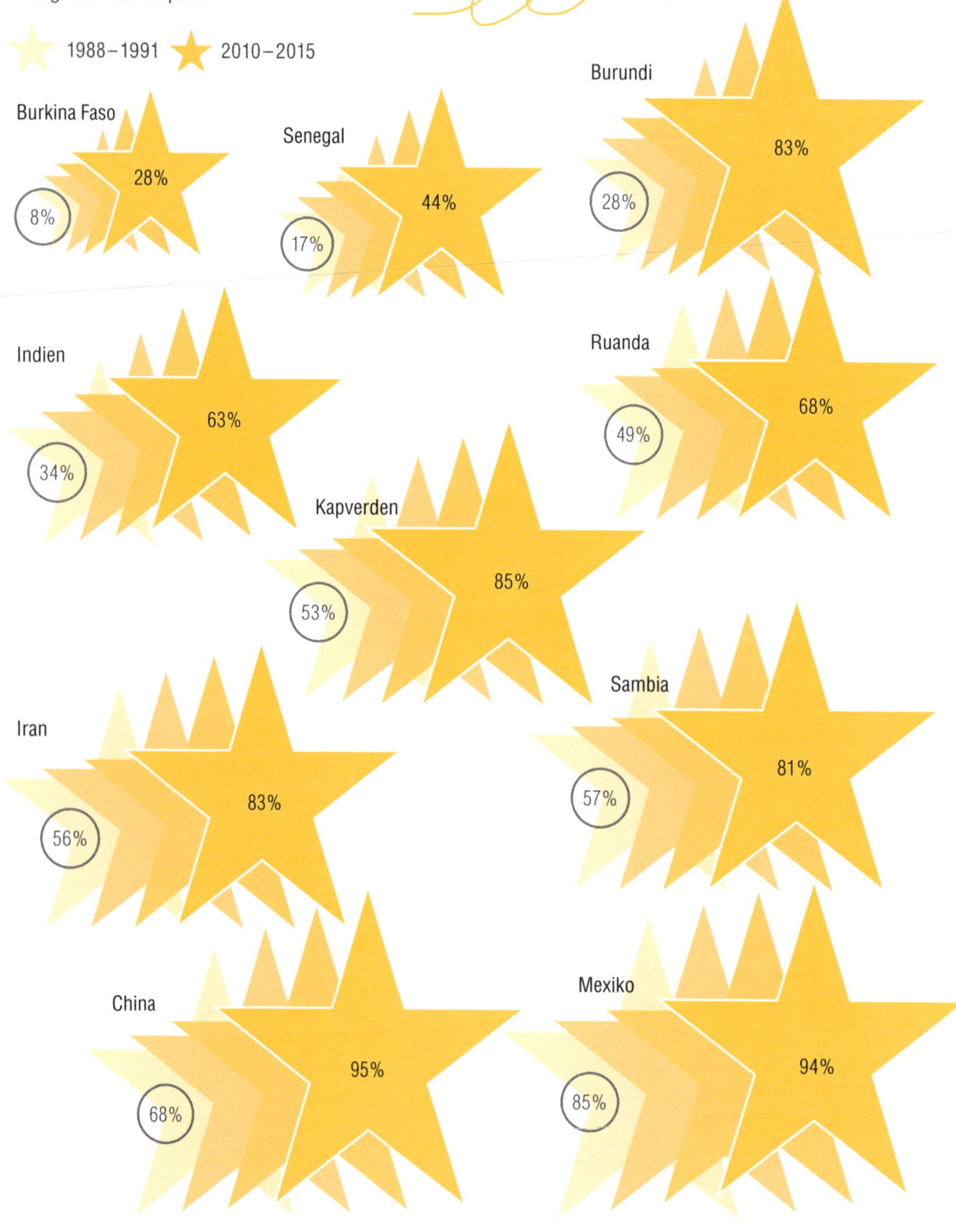

Funktionaler Analphabetismus

Analphabetismus in den USA

Prozentualer Anteil der Erwachsenen zwischen 16 und 65 Jahren, die eine geringe Literalität aufweisen
2014

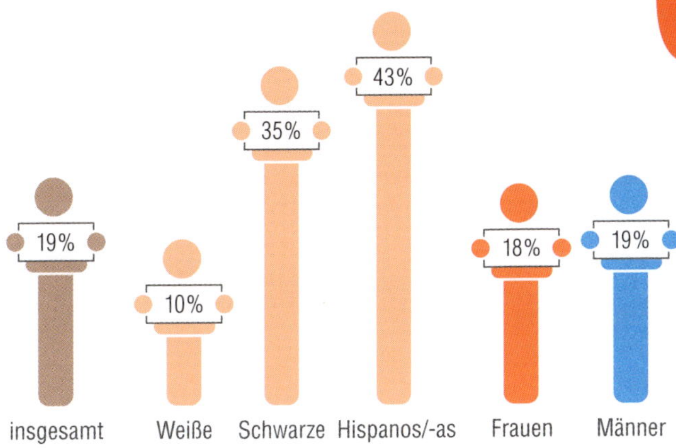

Die USA, wie die meisten reichen Länder, liefern den internationalen Datenagenturen Analphabetismuszahlen, die gegen null gehen.

#Übrigens

Bei 36 Millionen Menschen in den USA gehen die Fähigkeiten im Lesen, Schreiben und den Grundrechenarten nicht über das Niveau der 3. Klasse hinaus.

Analphabetismus international

Prozentsätze der Männer und Frauen, die geringe Lese- und Schreibfähigkeiten aufweisen
Ausgewählte Mitgliedsländer der OECD, 2014

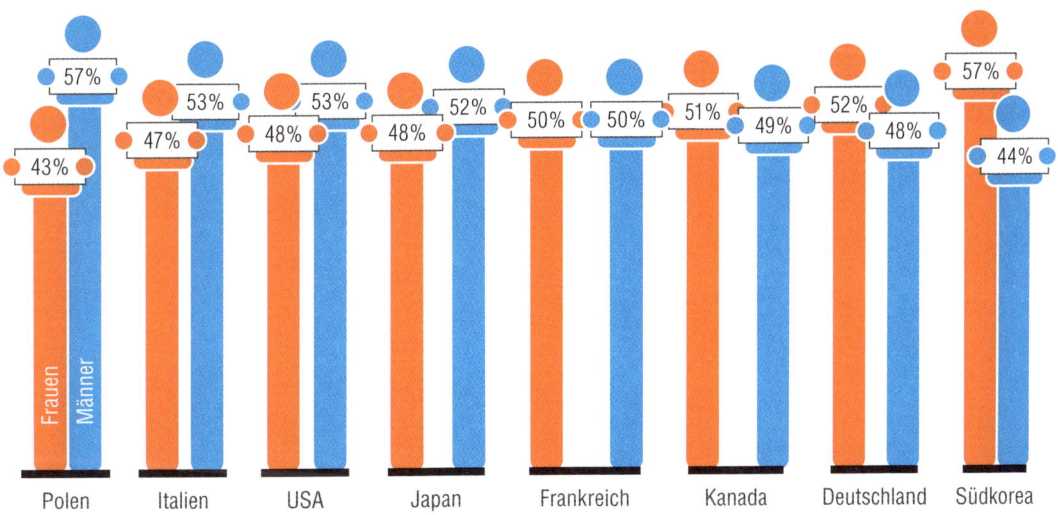

Als Computer weiblich waren

Grace Hopper

In den späten 1950er-Jahren gehörte die Amerikanerin Grace Hopper zu den ersten Programmiererinnen der modernen Informatik. Sie leitete das Team, das die Programmiersprache COBOL entwickelte. Ihr Leitsatz, dass Programmiersprachen so einfach wie Englisch zu verstehen sein sollten, beeinflusste die Entwicklung der »Wenn/Dann«-Programmierarchitektur anstatt der Verwendung von Einsen und Nullen. 1969 wurde sie von der Data Processing Management Association mit dem Man of the Year Award ausgezeichnet.

Hedy Lamarr

Die Österreicherin Hedy Lamarr, hauptsächlich als Schauspielerin bekannt, war auch eine Erfinderin im Bereich Computertechnik. In den 1940er-Jahren unterstützte sie während des Krieges die Alliierten und erfand ein Frequenzsprungverfahren, das Vorläufer vieler moderner Funktechnologien wurde, etwa von Bluetooth, GPS und Mobilfunknetzen.

Die ENIAC-6 · Die ENIAC-6 · Die ENIAC-6 · Die ENIAC-6 · Die ENIAC-6 · Die ENIAC-6

Die »ENIAC-6«: 1946 programmierten 6 Frauen im Rahmen eines von der US-Armee in Philadelphia betriebenen Geheimprojekts des Zweiten Weltkriegs den ersten elektronischen turingmächtigen Universalrechner, den ENIAC. Sie programmierten ohne Programmiersprachen oder Hilfsprogramme (es existierten keine) – nur mithilfe von Logikschaltungen. Als der ENIAC 1946 der Öffentlichkeit vorgestellt wurde, erwähnte man die Frauen mit keiner Silbe.

Unerkannte Heldinnen

Zu Beginn des Zweiten Weltkriegs waren Mathematikerinnen, viele von ihnen Afroamerikanerinnen, die »unerkannten Heldinnen«, die Flugbahnen berechneten und entscheidende Algorithmen für das US-Raumfahrtprogramm der NASA entwickelten. Als das Raumfahrtprogramm dazu überging, seine Berechnungen von Maschinen anstellen zu lassen, waren sie von Beginn an als FORTRAN-Programmierinnen und -Projektleiterinnen beteiligt.

Ada Lovelace

Die Mathematikerin Ada Lovelace (1815–1852) wird häufig als welterster Mensch, der programmierte, genannt. Sie entwickelte Algorithmen und Anleitungen für Charles Babbages »analytische Maschine«, die allerdings niemals gebaut wurde.

Männerwelt

Prozentsatz der Bachelor-Abschlüsse im Fach Informatik, die von Frauen gemacht wurden, USA

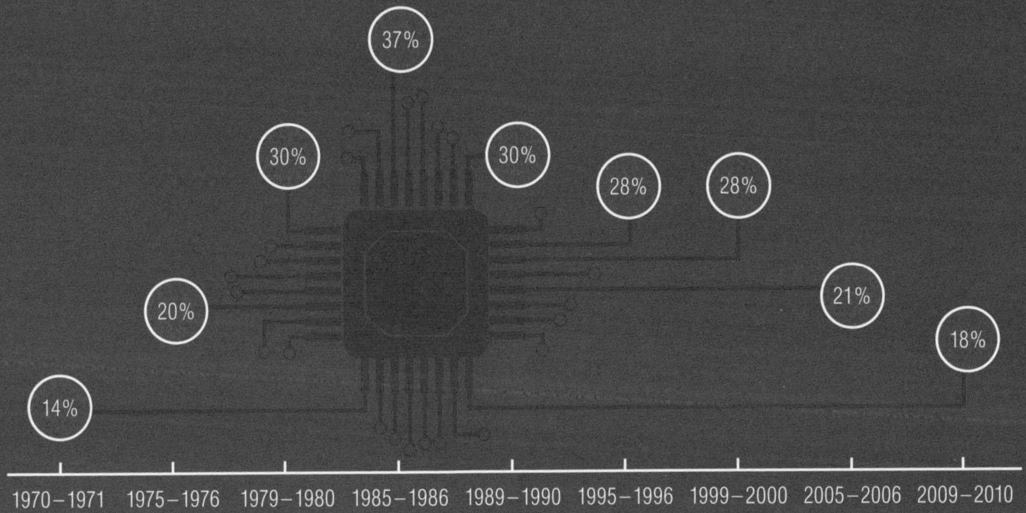

In den USA ist die moderne Informatik ein männerdominiertes Fach, doch das war nicht immer so. Neben den Computerpionierinnen wuchs über Jahrzehnte hinweg die Zahl der Frauen, die Informatik studierten, rascher als die der Männer. 1984 kam es zu einem Umschwung.

Der Frauenanteil in der Informatik sank ungefähr zeitgleich mit dem Einzug einer beträchtlichen Zahl von Personal Computern in amerikanische Haushalte. Diese ersten PCs waren im Grunde genommen nicht viel mehr als Spielzeuge – deren Vermarktung fast ausschließlich auf Männer und Jungen abzielte. Computer wurden in die Kategorie »Jungenspielzeug« eingeordnet. Dies führte dazu, dass Jungen, die Zugang zu den Geräten hatten und vertraut im Umgang mit ihnen waren, in den Informatik-Anfängerklassen gegenüber Mädchen einen Vorteil besaßen.

ABER!

Nicht in Indien, wo 2011 der Frauenanteil in den Grundstudiengängen Informatik und Technische Informatik 42% betrug.

Prozentualer Anteil der Haushalte mit einem Computer

2017

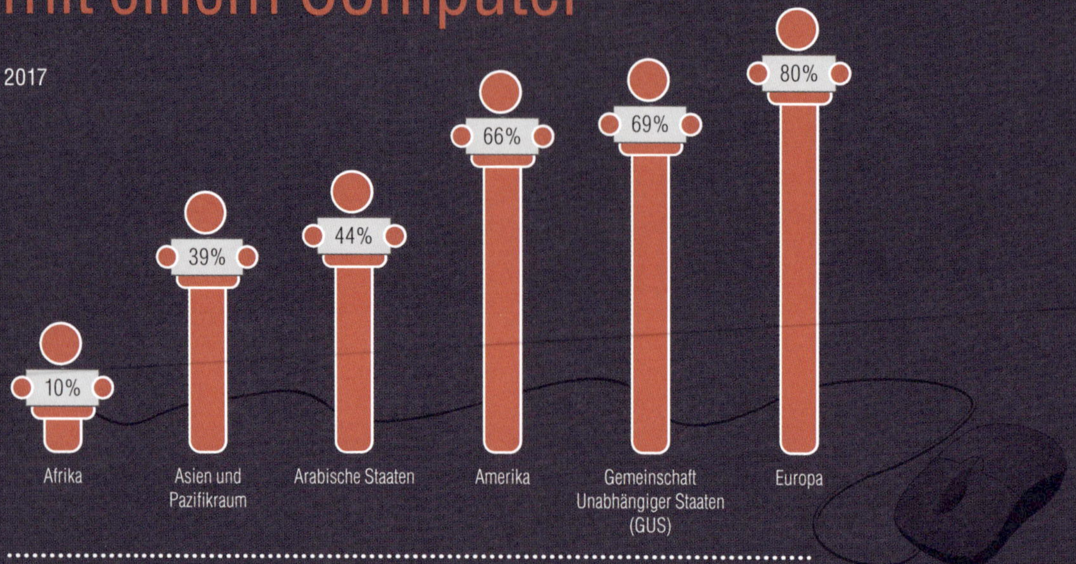

Prozentualer Anteil der amerikanischen Haushalte mit einem Desktop-Rechner oder Laptop

Daten seit 2015

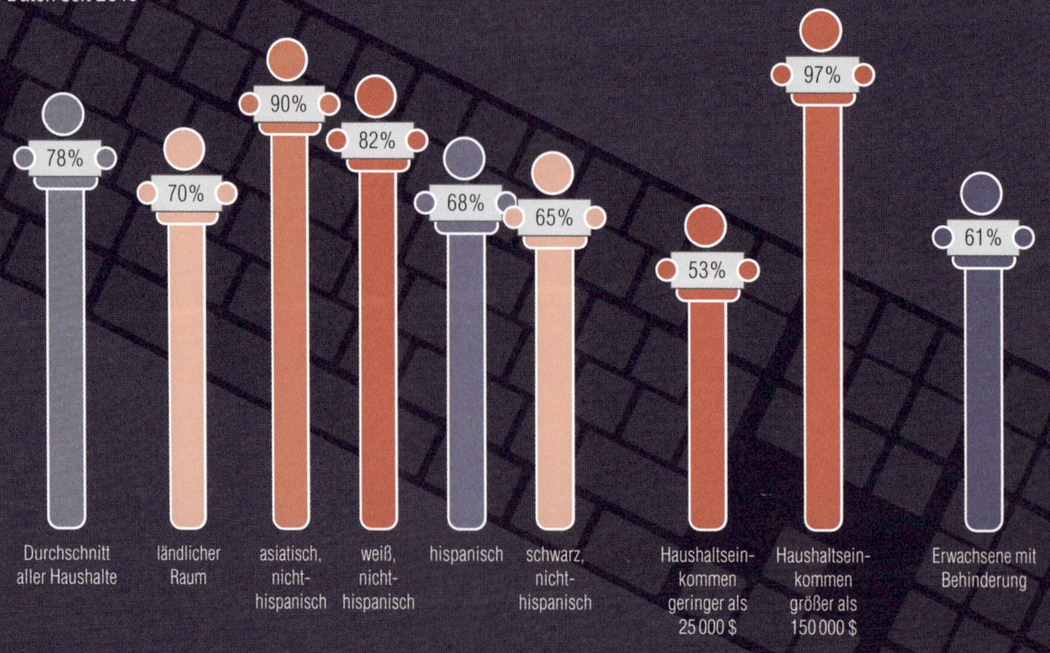

Geschlechterkluft im Ländervergleich

Prozentsatz der Menschen, die das Internet nutzen, Daten seit 2015

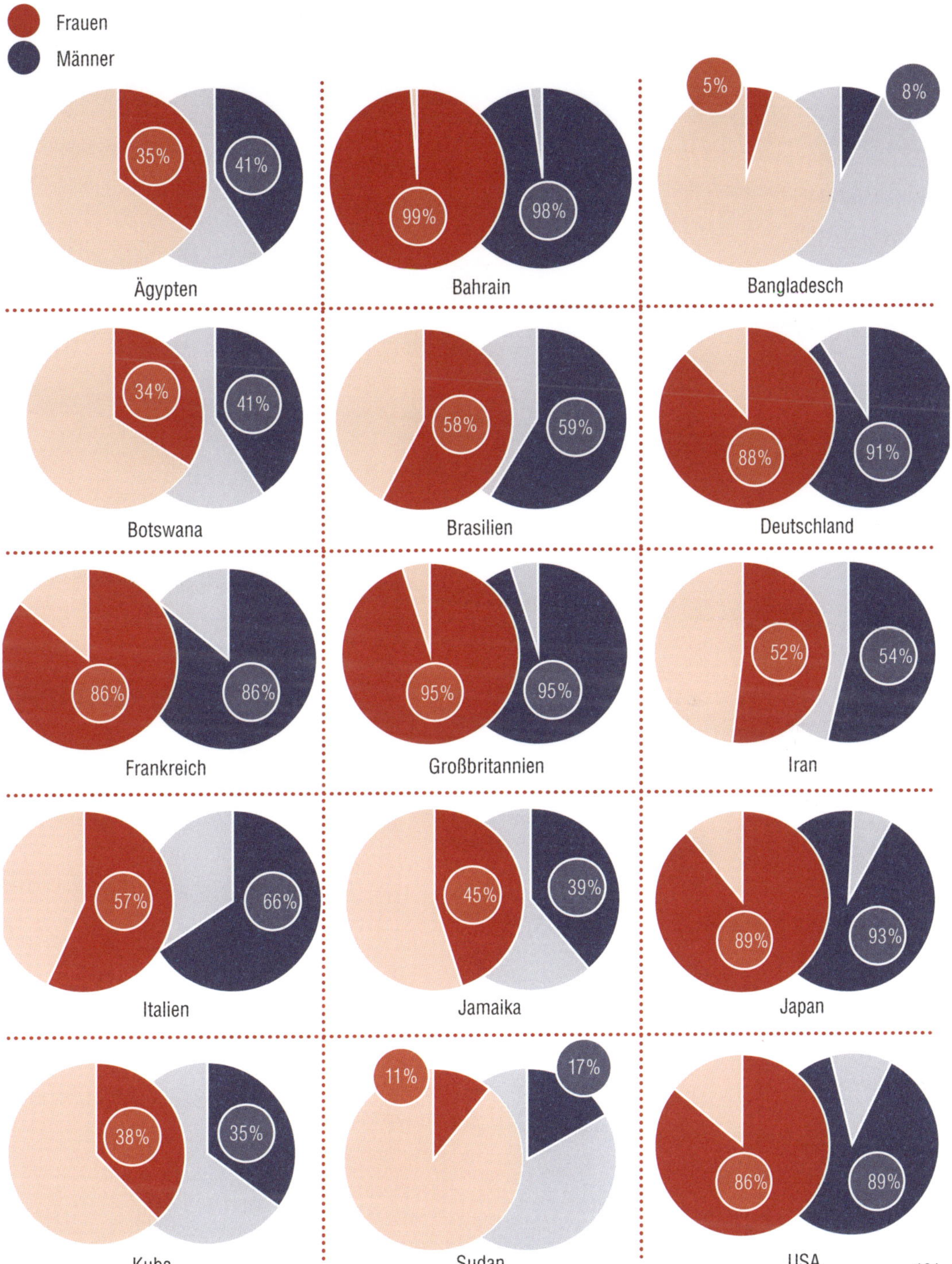

Digitale Kluft

Prozentsatz der Internetnutzer 2016

50% und mehr
weniger als 50%

Geschlechterkluft im Weltregionen-vergleich

Prozentsatz der Internetnutzer 2017

Männer
Frauen

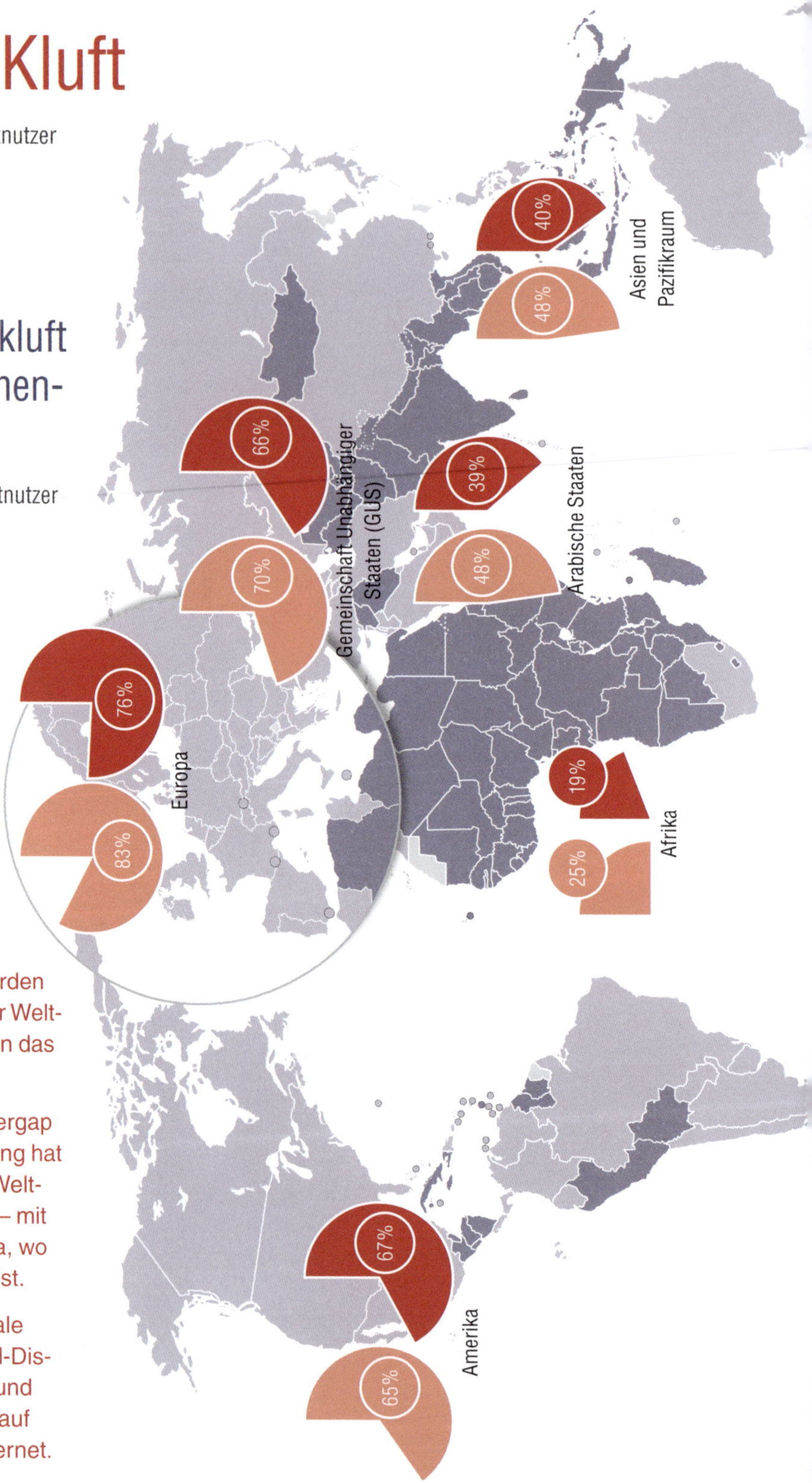

Ende 2016: 3,9 Milliarden Menschen – 53% der Weltbevölkerung – nutzten das Internet nicht.

Seit 2013: Der Gendergap bei der Internetnutzung hat sich in den meisten Weltregionen verkleinert – mit Ausnahme von Afrika, wo er größer geworden ist.

Weltweit haben soziale Herkunft, Stadt-Land-Diskrepanz, Erziehung und Geschlecht Einfluss auf den Zugang zum Internet.

Immer auf dem Laufenden: Nachrichten

Erwachsene Internetnutzer, die 2014 das Internet nutzten, um sich über politische Nachrichten zu informieren

Frauen
Männer

Immer auf dem Laufenden: Gesundheit

Mehr Frauen als Männer nutzen das Internet, um sich über Gesundheitsthemen zu informieren 2013–2015

Frauen
Männer

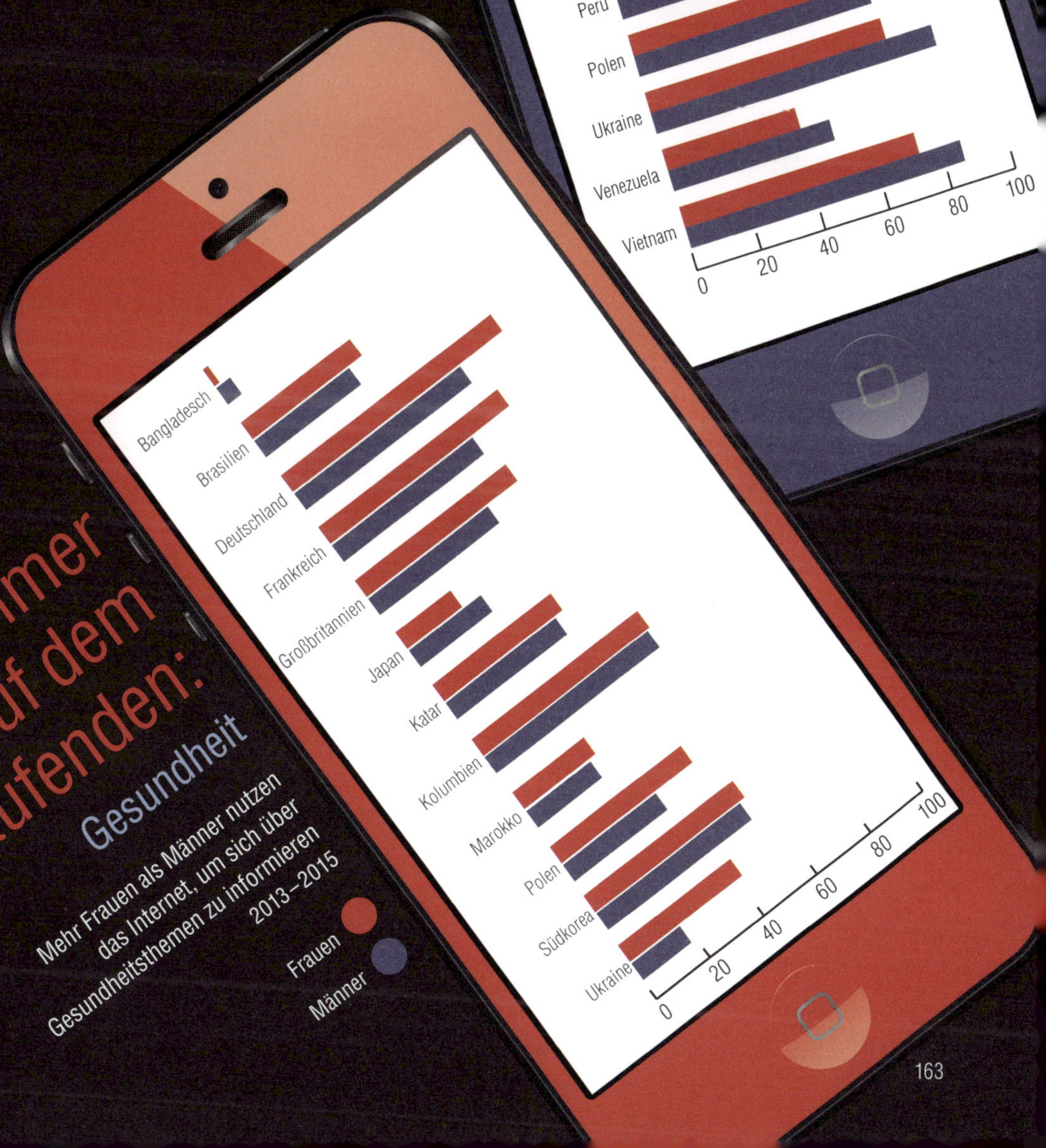

Frauen und soziale Medien

Online-Aktivismus kann sozialem Aktivismus Schubkraft verleihen und ihn unterstützen. Soziale Medien ermöglichen die LGBT-Gemeinschaft sowie länderübergreifende feministische Solidarität.

Wenn Frauen sich online organisieren, erlangen sie leichter überregionale Aufmerksamkeit. Generell gilt, dass Frauen fast überall auf der Welt die sozialen Medien stärker nutzen als Männer.

Mexiko

2016 versammelten sich in Mexiko Stadt und landesweit Zehntausende von Frauen, um gegen die wachsende Welle von Frauenmorden und sexueller Belästigung zu protestieren. Nachdem sich Mexikanerinnen wochenlang in den sozialen Medien organisiert und zahlreiche Hashtags generiert hatten, um die öffentliche Aufmerksamkeit auf sexuelle Belästigung und Übergriffe zu lenken, kam es zu dem Protestmarsch. #NoEsNo #primaveravioleta

Polen

Im Oktober 2016 organisierten Frauen landesweite Streiks und Protestmärsche, um gegen einen Gesetzesvorschlag zu protestieren, der Abtreibung fast gänzlich verboten hätte. Am »schwarzen Montag« gingen Zehntausende von Frauen auf die Straßen Polens, und es gab europaweite Solidaritätsmärsche. #czarnyprotest #BlackMonday

Hawaii

Die »Women's Marches« im Januar 2017 mobilisierten weltweit Millionen von Frauen, auf die Straße zu gehen. Alles hatte mit einem Post auf Facebook begonnen. In der Nacht im November 2016, als Donald Trump die US-Wahlen mutmaßlich gewonnen hatte, postete eine Hawaiianerin, Teresa Shook, einen Appell für einen Marsch für Frauenrechte. Binnen Stunden war die Organisation in vollem Gange. #womensmarch

Brasilien

Im Oktober 2015 versammelten sich in Brasiliens Hauptstadt über 50 000 schwarze Frauen aus dem ganzen Land, um gegen Rassismus, Sexismus, und Völkermord zu demonstrieren. #MarchaDasMulheresNegras

Ägypten, Jordanien, Nepal

HarassMap ist eine mittels Crowdsourcing betriebene Internetplattform in Ägypten, die sexuelle Belästigung und Übergriffe meldet und kartografiert. In Jordanien heißt sie 7arkashat und in Nepal FightVAWG.

Cyber-Mobbing

… andererseits kann das Internet ein gefährlicher Ort sein. Digitale Tools und Internetplattformen bieten neue Wege und Kanäle für Mobbing, Bedrohung, Stalking, illegalen Handel, Rassismus, Homophobie und toxische Misogynie. Angriffe auf Frauen durch Trolle sind heftig und erbarmungslos.

Einstellungen gegenüber Cyber-Mobbing

USA, 2017

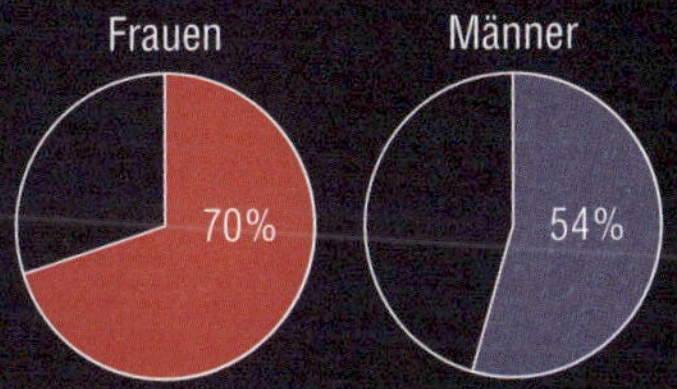

Cyber-Mobbing ist ein »sehr großes Problem«

21% der Frauen zwischen 18 und 29 Jahren sagen, dass sie Erfahrungen mit sexueller Belästigung im Internet gemacht haben; 53% haben unerwünschte obszöne Fotos erhalten.

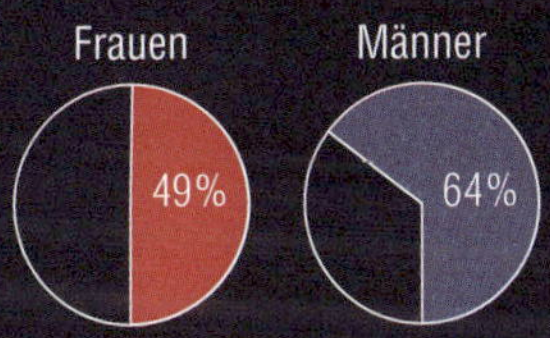

Beleidigende Inhalte im Internet werden zu ernst genommen

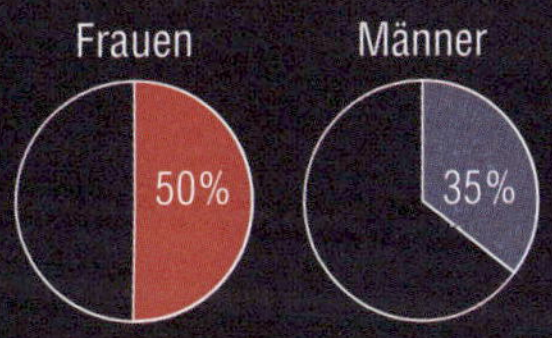

Beleidigende Inhalte im Internet werden zu oft bagatellisiert

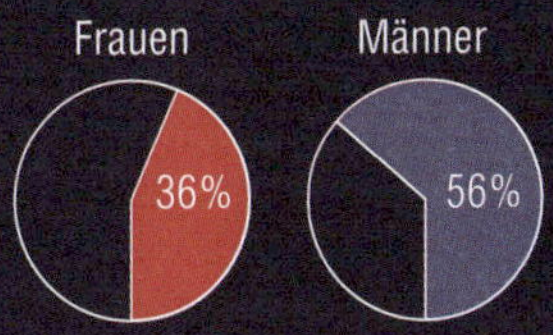

Es ist Menschen wichtiger, im Netz frei äußern zu können, was sie denken

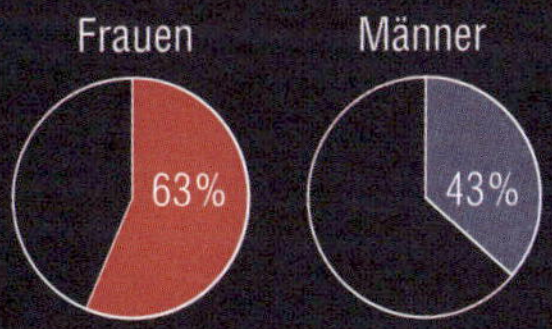

Es ist Menschen wichtiger, sich im Netz wohl und sicher zu fühlen

Übrigens

2016: 74% der Unternehmensführung bei Twitter und 73% der gehobenen Führungsetage bei Facebook waren Männer.
2017: 75% der Unternehmensführung bei Google waren Männer.

Der Mythos von der verbundenen Welt

Regionen mit geringem und mittlerem Einkommen
2015

- Prozentsatz der Frauen, die kein Handy besitzen
- Gendergap: geringere Wahrscheinlichkeit einer Frau im Vergleich zu einem Mann, ein Handy zu besitzen

2015 besaßen in Ländern mit geringem und mittlerem Einkommen 52 % der Männer und 59 % der Frauen kein eigenes Handy.

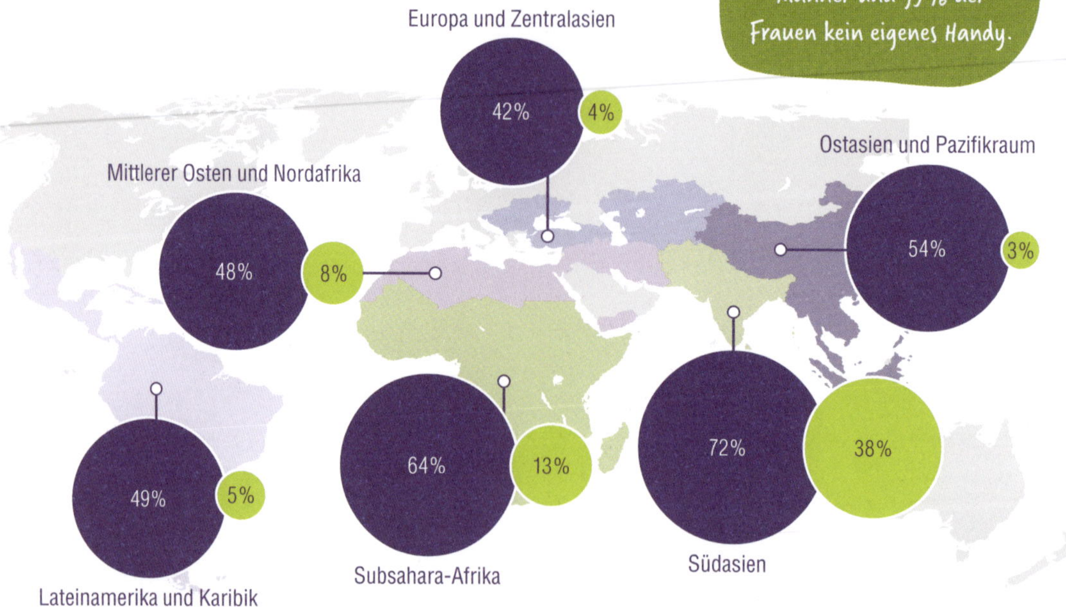

Für manche Frauen ist die Kluft sogar noch größer

Gendergap beim Zugang zu einem eigenen Handy in Relation zu Wohlstand und Bildungsstand
2015

	INDIEN	JORDANIEN	DEMOKRATISCHE REPUBLIK KONGO
Wohlhabendere Haushalte	32%	19%	20%
Ärmere Haushalte	41%	23%	43%
Geringer Bildungsstand	51%	7%	0%
Höherer Bildungsstand	24%	24%	32%

Die Kluft schließt sich

Lateinamerika & Karibik

Prozentsatz der Menschen, die ein Handy nutzen
2016

Ich kann es mir nicht leisten

Prozentsatz der Menschen, die nach eigener Aussage kein Mobiltelefon besitzen und nutzen, weil die Kosten dafür zu hoch sind, 2015

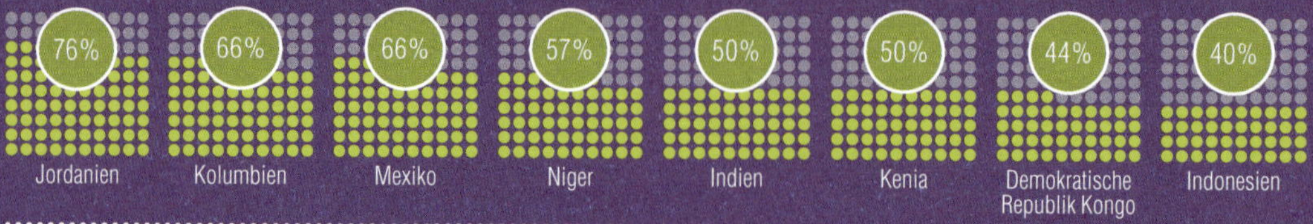

Belästigung wird mobil

Prozentsatz der Frauen, die nach eigener Aussage aus Furcht vor Telefonterror durch Fremde kein Handy besitzen oder nutzen, 2015

Mobile Autonomie

Prozentsatz der Frauen, die aussagen, dass sie sich mit einem eigenen Handy autonomer und unabhängiger fühlen, 2015

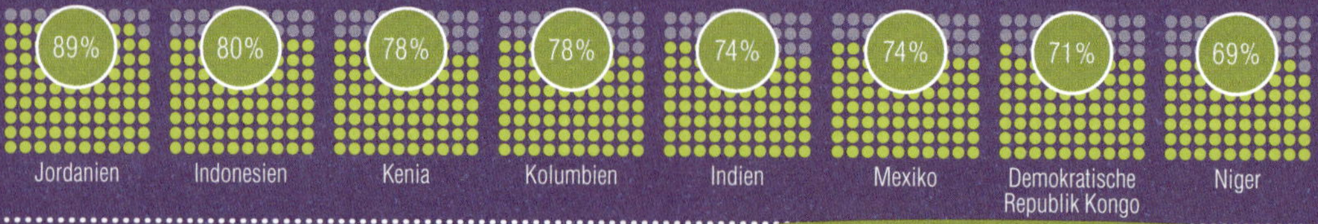

Die Familie ist dagegen

Prozentsatz der Frauen, die aussagen, dass ihre Familien es nicht gutheißen oder gutheißen würden, wenn sie ein Handy benutz(t)en, 2015

In Indien besitzen 114 Millionen mehr Männer als Frauen ein Mobiltelefon, was den ohnehin großen Gendergap verschlimmert. Mehrere Dorfräte in Gujarat und Uttar Pradesh haben angeordnet, dass unverheiratete Frauen keine Handys benutzen dürfen.

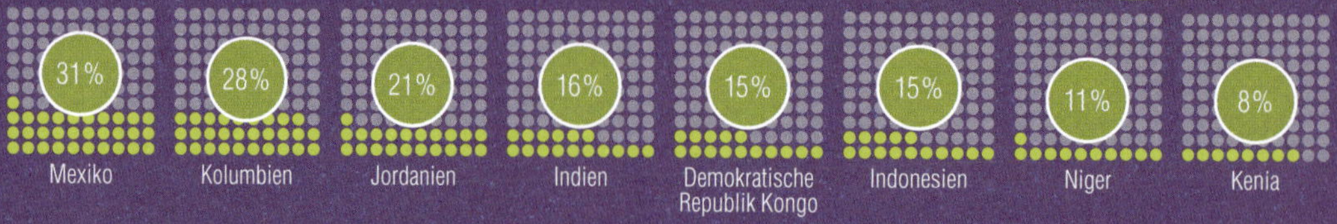

»Mobiltelefone sind wirklich gefährlich für Frauen. Mädchen sind anfälliger dafür, Schande über sich zu bringen.«

Männlicher Dorfältester in Gujarat, Indien, 2016

Besitz und Armut

Die weltweite ökonomische Ungleichheit ist verflochten mit der Disparität zwischen den Geschlechtern.

In den meisten Ländern der Welt sind Frauen vor dem Gesetz nicht gleichgestellt, wenn es um Besitz und die Kontrolle über diesen geht. Oft werden ihre Rechtsansprüche aber auch von gewohnheitsmäßigen Praktiken ausgehebelt, die verhindern, dass sie Zugriff auf materielle Vermögenswerte haben. Die Globalisierung hat zu einer Vergrößerung der ungerechten Besitzverteilung beigetragen, da der Zugang zu kommunalem oder privatem Landbesitz durch die Geldwirtschaft ersetzt wurde.

Das Weltwirtschaftsforum schätzt, dass der Gendergap bei der wirtschaftlichen Teilhabe und Chancengleichheit erst in 217 Jahren aufgehoben sein wird, sollte er sich im derzeitigen Tempo zurückentwickeln. Diese Schlussfolgerung spiegelt nicht nur die Stellung der Frau in der Arbeitswelt wider. Der Gendergap bei der wirtschaftlichen Gleichstellung vergrößert sich auch, weil Frauen nur begrenzte Kontrolle über Vermögenswerte, Besitz und Rücklagen haben.

Das Jahrzehnt von 2010 bis 2020 ist geprägt von wirtschaftlicher Ungleichheit. 2017 befanden sich 88 Prozent des weltweiten Vermögens im Besitz der reichsten 10 Prozent der Gesamtbevölkerung. Das reichste Prozent der Weltbevölkerung besaß die Hälfte des globalen Vermögens. Unter den 1810 Milliardären auf der Forbes-Liste von 2016 waren 89 Prozent Männer.

Diese Milliardäre besitzen zusammen so viel wie die untersten 70% der Weltbevölkerung. Dass es sich bei den Milliardären um Männer handelt, ist weder zufällig noch belanglos.

Besitz

Die Rechte von Frauen, Land zu besitzen, es zu nutzen und darüber zu verfügen

Angaben aus 116 Entwicklungsländern
2014

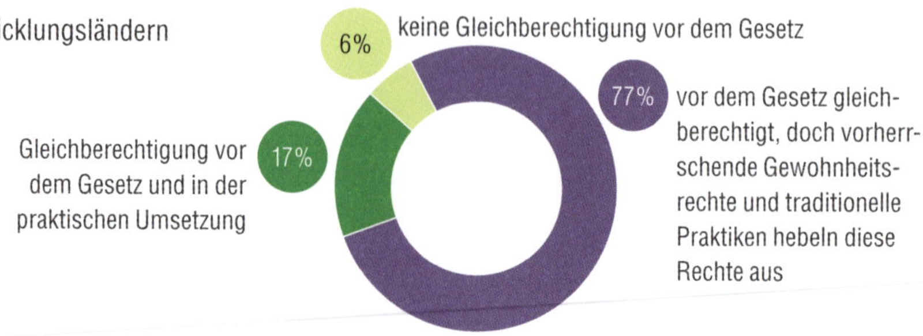

Afrika: Land, das sich in »Privatbesitz« befindet

Daten seit 2010

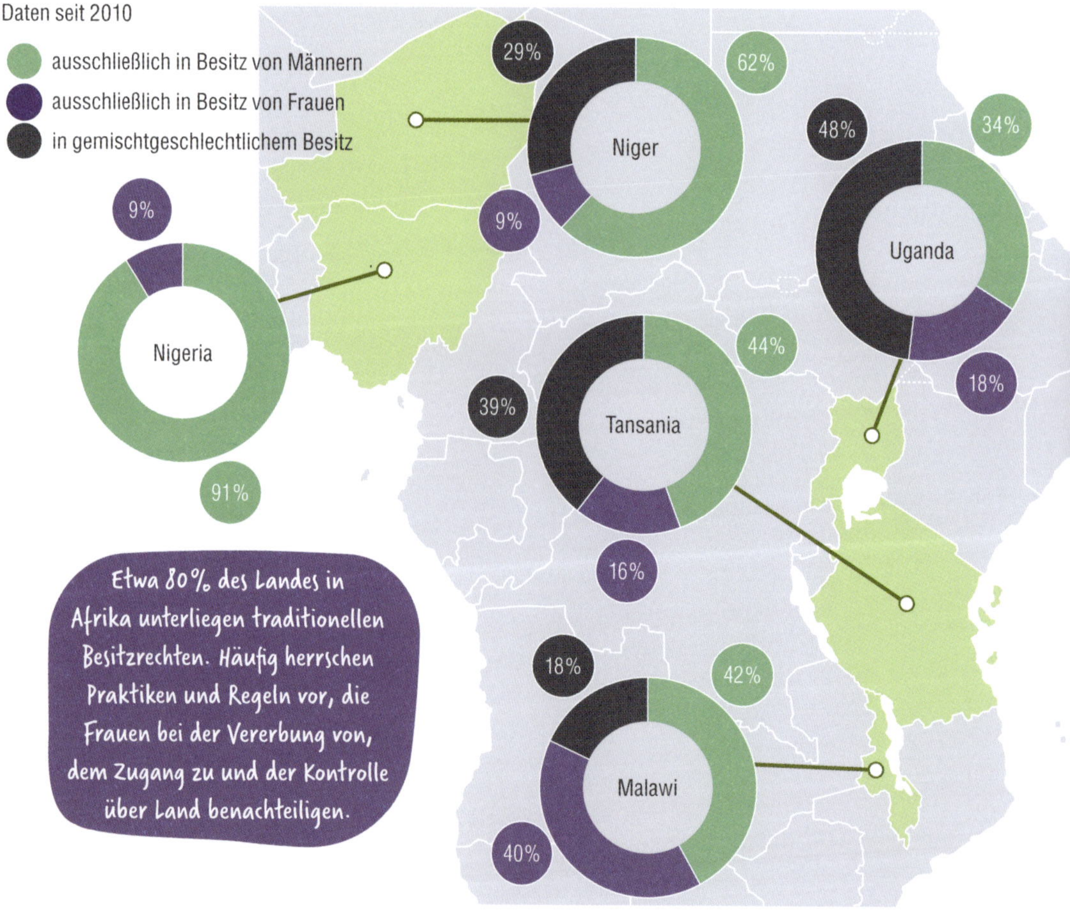

Besitzerinnen von Agrarflächen in Prozent

In den reichen Ländern
Daten seit 2010

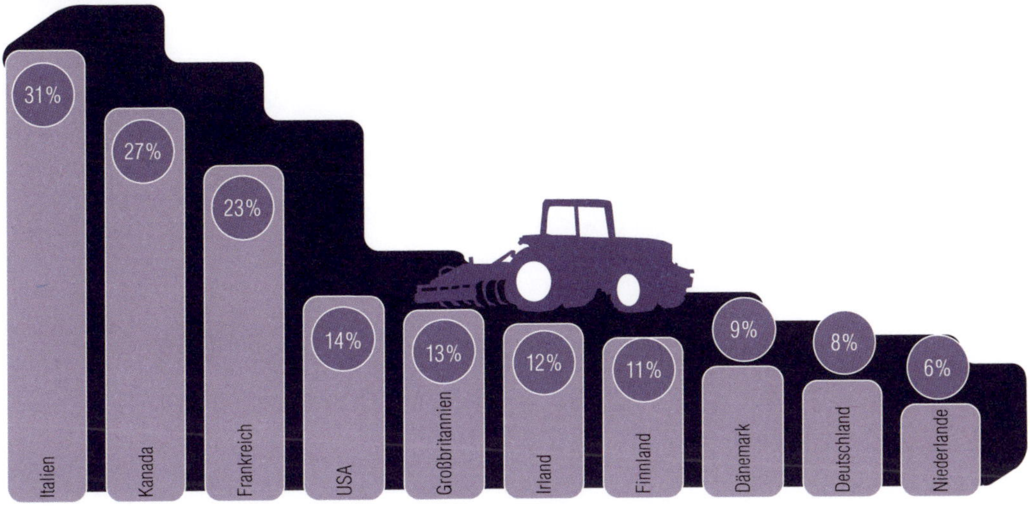

Wohneigentum in den USA

2017

US-Durchschnitt: 64%

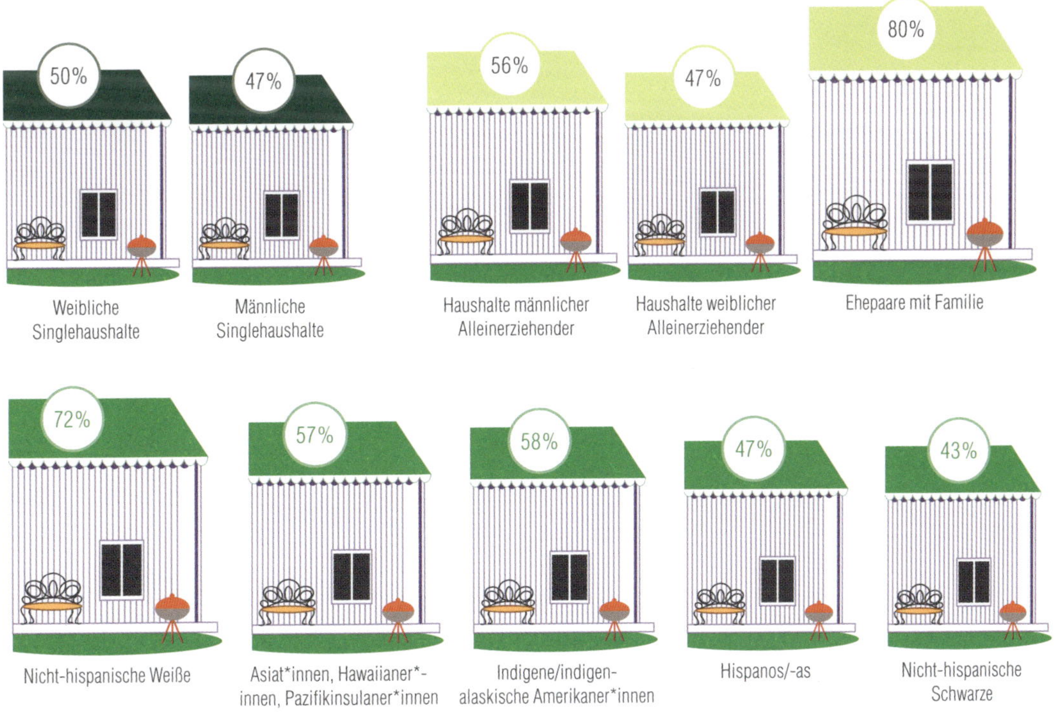

Erben

In mehr als 35 Ländern gewährt das Rechtssystem Frauen im Todesfall des Ehepartners nicht die gleichen Erbrechte wie Männern. Auch wenn Kinder von ihren Eltern erben, haben Mädchen nicht die gleichen Rechte wie Jungen.

In Dutzenden weiteren Ländern werden Frauen und Mädchen durch traditionelle Praktiken und Gewohnheitsrecht gezwungen, auf ihr Erbe zugunsten eines männlichen Verwandten zu verzichten.

Nicht auf gleicher Linie

seit 2016

Frauen und Mädchen haben nicht die gleichen Erbrechte wie Männer und Jungen

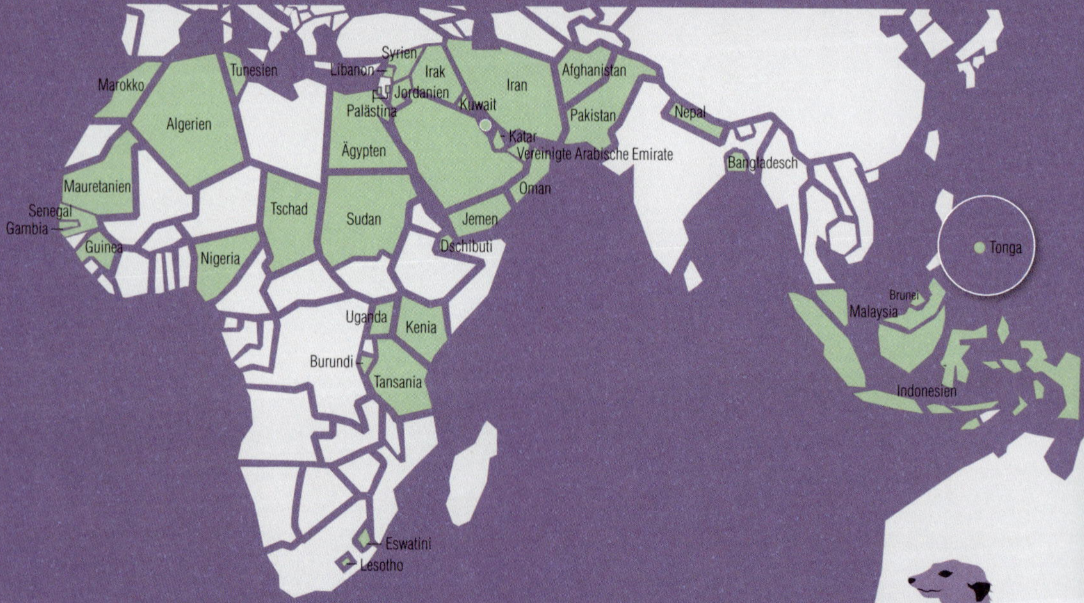

Übrigens

In Großbritannien schreibt das Gesetz vor, dass Erbadelstitel und die damit verbundenen Besitztümer nur an männliche Verwandte, auch an weit entfernte, weitergereicht werden können, unabhängig davon, ob sich in der Erbfolge Töchter befinden, die wegen ihres Alters oder ihres Familienstatus als Erste an der Reihe wären. Zwar kann eine Tochter nicht den Titel erben, doch könnte ihr Vater in seinem Testament bestimmen, dass sie ihren gerechten Anteil am Besitz und am Vermögen bekommt. Bis jetzt aber haben sich die meisten dagegen entschieden.

Keine Rücklagen

Prozentsatz der Frauen, die nach eigener Aussage keine Reserven haben, mit dem sie im Bedarfsfall auskommen würden
2014

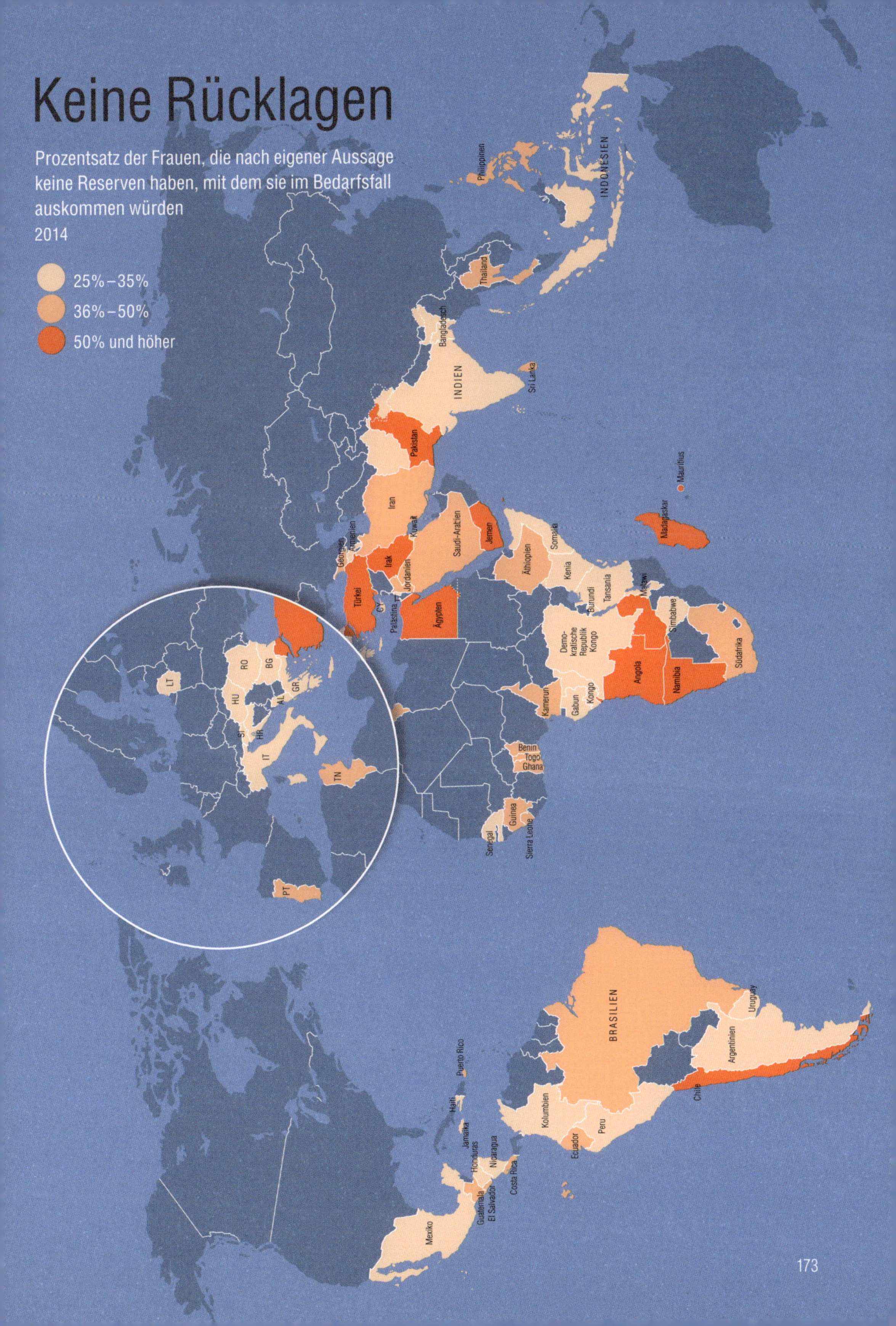

Leben am Limit

Prozentualer Anteil der Haushalte, die in mehrdimensionaler Armut leben, kombinierter Index aus monetärer und nichtmonetärer Deprivation

Entwicklungsländer, Zahlen seit 2011

- 50% und mehr
- 30%–49%
- 10%–29%
- weniger als 10%
- keine Daten vorhanden

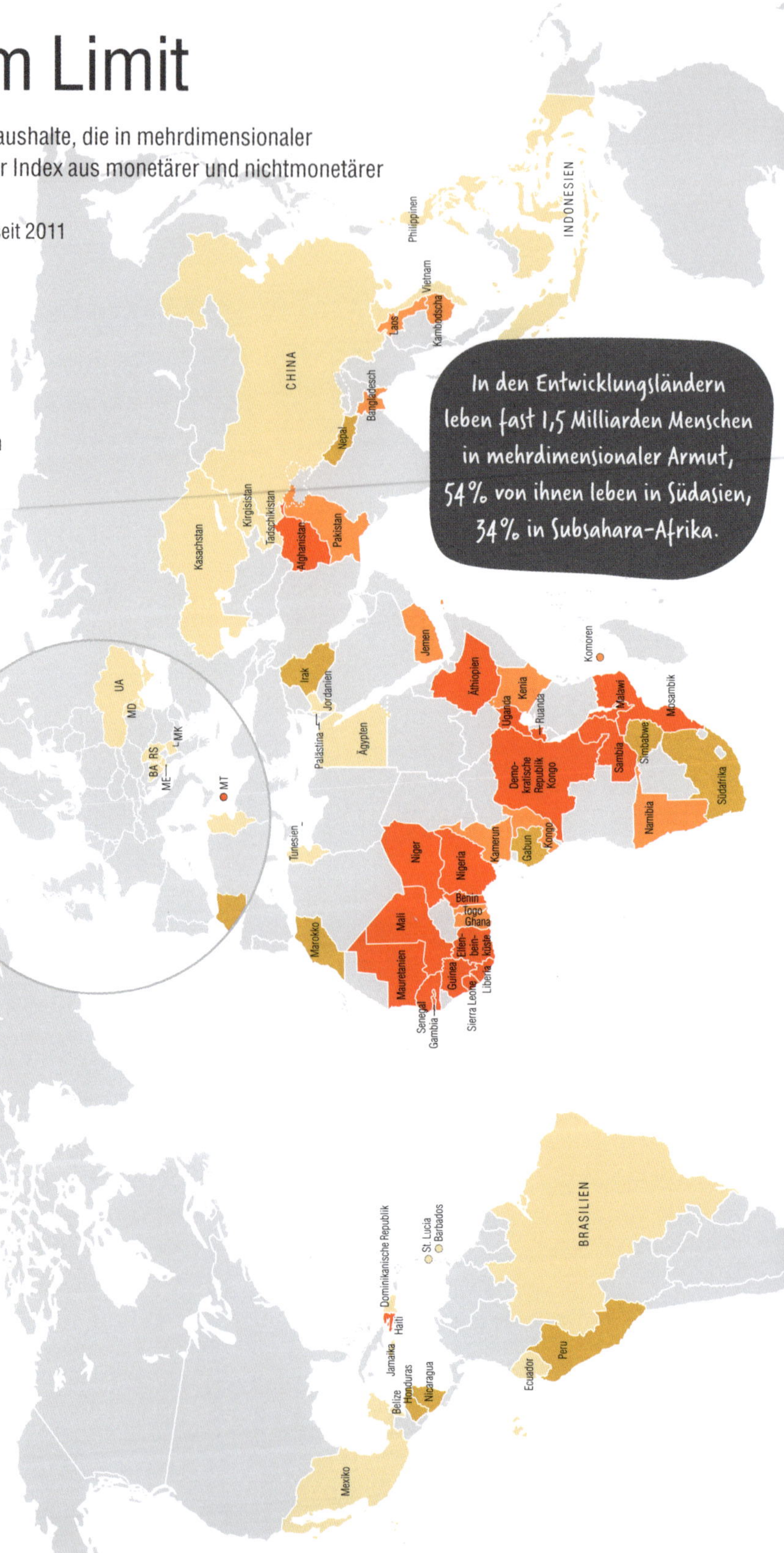

Extreme Armut

2016

Über die Hälfte der Bevölkerung lebt von weniger als 1,90 US-Dollar am Tag (gemäß Kaufkraftparität)

Armutsrisiko in Europa

Prozentsatz der Frauen und Männer, die von Armut bedroht sind
Daten seit 2015

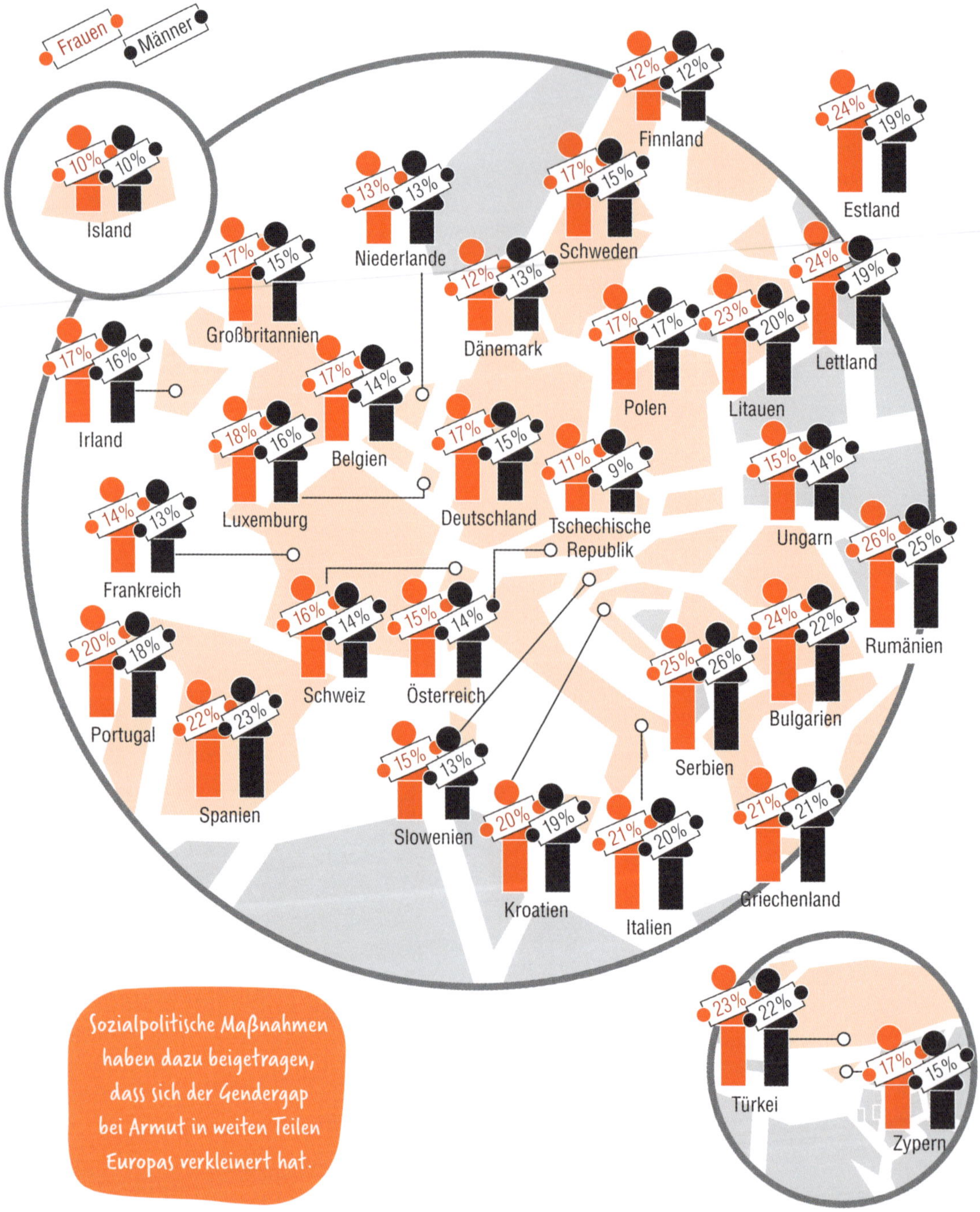

Sozialpolitische Maßnahmen haben dazu beigetragen, dass sich der Gendergap bei Armut in weiten Teilen Europas verkleinert hat.

Mittellos in Lateinamerika

Prozentsatz der Frauen und Männer über 15 Jahre, die kein eigenes Einkommen haben
Durchschnittsangaben aus 17 lateinamerikanischen Ländern

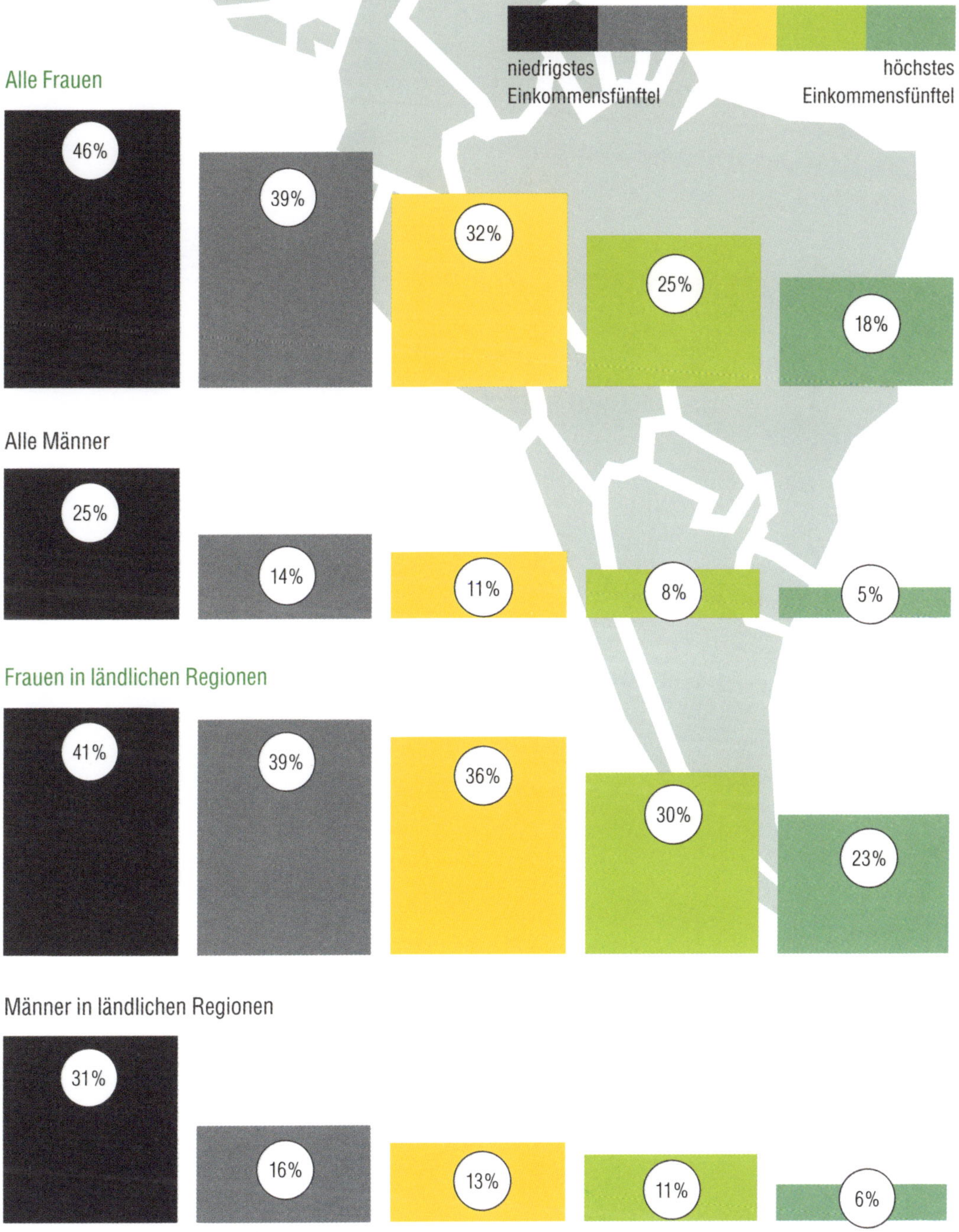

Armutsprofil in den USA

Offizielle Armutsquote nach unterschiedlichen Populationsgruppen
2016

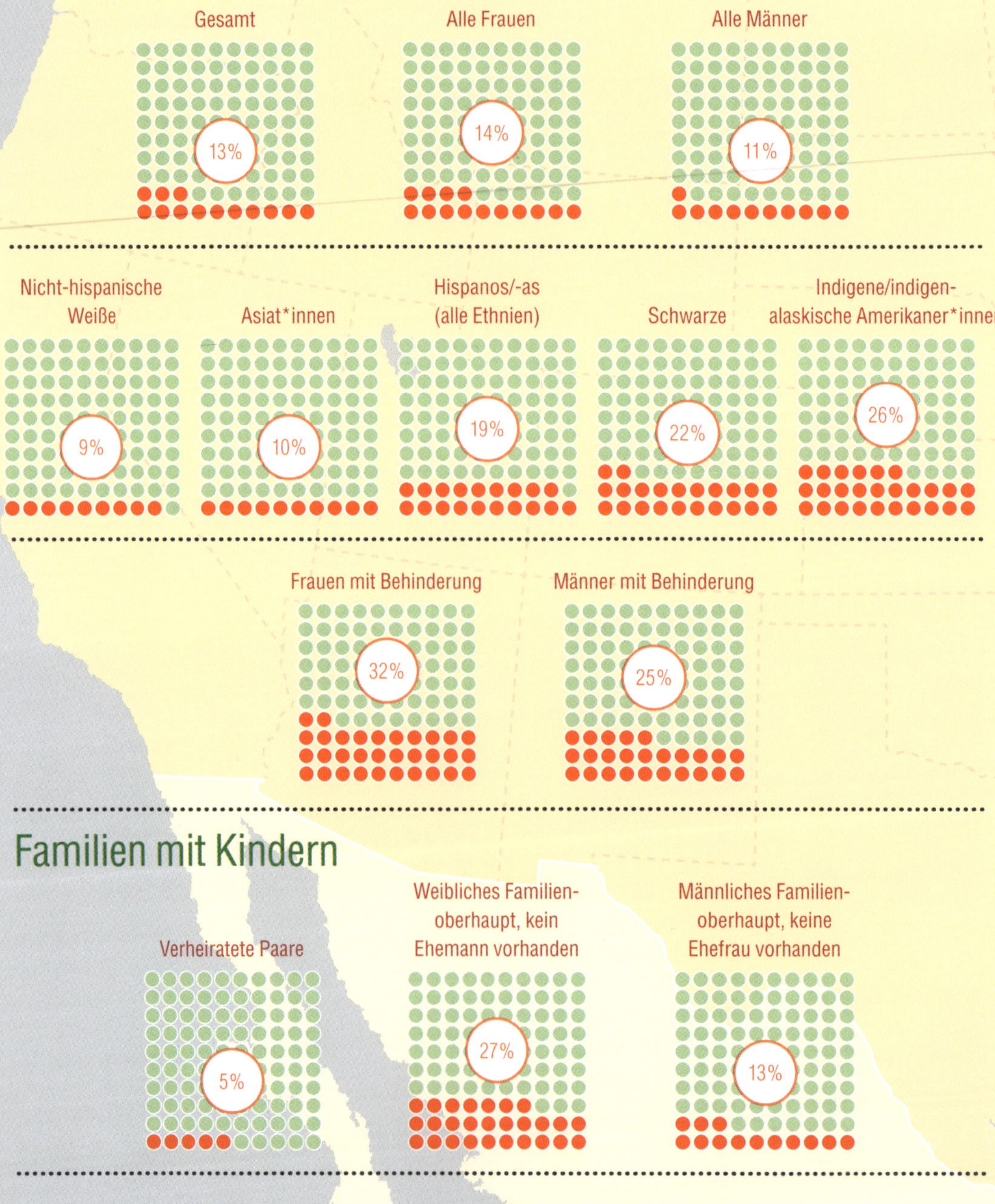

Reichtumsprofil in den USA

Die Wohlstandskluft zwischen den Ethnien

Mittlerer Haushaltswert in US-Dollar
2013

(der Wert aller Vermögenswerte abzüglich Schulden, inklusive Immobilien, Autos, Geldkonten und Pensionsrücklagen)

9 % der weißen Haushalte verfügen über null Eigenkapital oder weniger, bei den schwarzen Haushalten sind es 27 %.

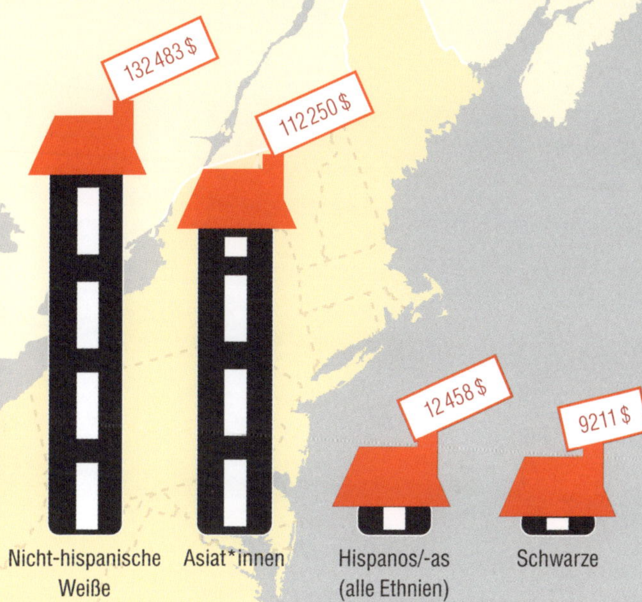

Die Wohlstandskluft nach Ethnien und Geschlecht

Durchschnittsvermögen alleinstehender Frauen und Männer zwischen 16 und 64 Jahren
2016

Reiche Welt / Arme Welt

Männer an der Spitze

Je größer der Wohlstand, auf desto weniger Menschen – meist Männer – ist er verteilt. Selbst der Internationale Währungsfonds warnt davor, dass Ungleichheit die wirtschaftliche und soziale Zukunftsfähigkeit und Stabilität untergraben könnte. Im Jahr 2017 machte das Weltwirtschaftsforum die wachsenden Disparitäten bei Einkommen und Wohlstand als größte Bedrohung für die globale Stabilität aus.

2017 besaßen 42 Menschen so viel Vermögen wie die ärmere Hälfte der Weltbevölkerung – 3,7 Milliarden Menschen.
2016 waren es 61 Menschen, 2009 waren es 380.

2017 wuchs das Vermögen der 2043 Milliardäre – 90% von ihnen sind Männer – um 762 Milliarden US-Dollar. Gleichzeitig leisteten Frauen unbezahlte Care-Arbeit im Gegenwert von 10 Billionen US-Dollar, um die Weltwirtschaft zu unterstützen.

Indonesien: Die 4 reichsten Menschen (allesamt Männer) besitzen so viel wie die untersten 100 Millionen Einwohner.

USA: Die drei reichsten Menschen (allesamt Männer) besitzen so viel wie die untere Hälfte der US-Bevölkerung, etwa 160 Millionen Menschen.

Die 10 reichsten Milliardäre der Welt

2017

- Bill Gates
- Warren Buffett
- Jeff Bezos
- Armancio Ortega
- Mark Zuckerberg
- Carlos Slim Helu
- Larry Ellison
- Charles Koch
- David Koch
- Michael Bloomberg

Hebt die Flut alle Boote?

Unter »integrativer Entwicklung« versteht man das Ausmaß, in dem alle Mitglieder einer Gesellschaft von Wirtschaftswachstum und steigenden Lebensstandards profitieren.

Hochentwickelte Volkswirtschaften 2018

Die 10 integrativsten Länder:
Norwegen, Island, Luxemburg, Schweiz, Dänemark, Schweden, Niederlande, Irland, Australien, Österreich

Die 10 am wenigsten integrativen Länder:
Griechenland, Portugal, Italien, Spanien, Israel, Japan, USA, Estland, Großbritannien, Slowakei

Die 10 bestbezahlten CEOs

Deutschland, 2018

- Bill McDermott
- Dieter Zetsche
- Kurt Bock
- Joe Kaeser
- Werner Lanthaler
- Matthias Müller
- Kasper Rorsted
- Frank Appel
- Bernd Scheifele
- Stefan Oschmann

Die 10 bestbezahlten CEOs

USA, 2016

- Marc Lore
- Tim Cook
- John Weinberg
- Sundar Pichai
- Elon Musk
- Virginia Rometty
- Mitch Garber
- Philippe Dauman
- Leslie Moonves
- Mario Gabelli

Gesamteinkünfte inklusive Aktien und Boni

In Deutschland verdient der Durchschnitts-CEO eines FTSE-100-Unternehmens jährlich 3,51 Millionen Euro. Dies bedeutet, dass am Vormittag des 7. Januar 2020 ein FTSE-100-Unternehmenschef bereits mehr verdient hat, als ein Durchschnittsarbeiter seiner Firma innerhalb eines Jahres verdient – nämlich 36 085 Euro.

Verhältnis eines Geschäftsführergehalts zum Gehalt eines Durchschnittsbürgers

Ausgewählte Beispiele 2016

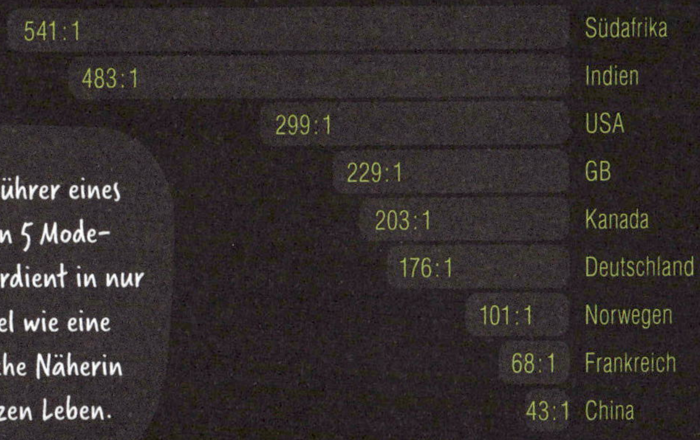

Der Geschäftsführer eines der führenden 5 Modeunternehmen verdient in nur 4 Tagen so viel wie eine bangladeschische Näherin in ihrem ganzen Leben.

Bankgeschäfte

Prozentualer Anteil der Erwachsenen ab 15 Jahren mit einem Konto bei einem Finanzinstitut
Ausgewählte Beispiele, 2014

Männer	Lücke	Frauen
Marokko 52%	25	27% Marokko
ARE 90%	24	66% ARE
Bahrain 90%	23	67% Bahrain
Indien 63%	20	43% Indien
Myanmar 29%	12	17% Myanmar
Afghanistan 16%	12	4% Afghanistan
Bhutan 39%	11	28% Bhutan
Pakistan 14%	11	3% Pakistan
Nicaragua 24%	10	14% Nicaragua
Sudan 20%	10	10% Sudan
Iran 97%	10	87% Iran
Weltdurchschnitt 64%	7	57% Weltdurchschnitt
Brasilien 72%	7	65% Brasilien
Kenia 59%	7	52% Kenia
Botswana 53%	7	46% Botswana
Bolivien 44%	6	38% Bolivien
Thailand 81%	6	75% Thailand
China 81%	5	76% China
Kambodscha 15%	4	11% Kambodscha
Frankreich 98%	3	95% Frankreich
Jamaika 79%	1	78% Jamaika
Japan 97%	1	96% Japan
Singapur 97%	1	96% Singapur
Vereinigtes Königreich 99%	0	99% Vereinigtes Königreich
Schweden 100%	0	100% Schweden

Frauen		Männer
Sri Lanka 83%	+1	82% Sri Lanka
Argentinien 51%	+1	50% Argentinien
Indonesien 37%	+2	35% Indonesien
USA 95%	+3	92% USA
Russland 70%	+6	64% Russland
Philippinen 34%	+12	22% Philippinen

Informelle soziale und familiäre Netzwerke bieten finanzielle Sicherheit. Dies gilt für Frauen noch mehr als für Männer. Aber wer es schafft, sich am Bankgeschäft zu beteiligen, kann Armut lindern, sich gegen Finanzschocks absichern und die eigene finanzielle Sicherheit steigern. Der erste Schritt zur »finanziellen Inklusion« in formale Finanzsysteme ist meist ein eigenes Bankkonto. Mobile Geldgeschäfte verändern die Natur finanzieller Inklusion, besonders in Subsahara-Afrika.

M-Pesa, das meistgenutzte System für bargeldlosen Zahlungsverkehr in Kenia, half alleine in den ersten 10 Jahren fast 200 000 überwiegend weiblich geführten Haushalten, ihrer extremen Armut zu entkommen.

Weltweit nutzen 2% der Erwachsenen ein mobiles Bankkonto, in Subsahara-Afrika sind es 12%. In 96% der kenianischen Haushalte benutzt mindestens 1 Mitglied bargeldlose Zahlungsmittel.

Siehe: Der Mythos von der verbundenen Welt, S. 166

Macht

Frauenwahlrecht

Einführung des allgemeinen Frauenwahlrechts

Gleichstellung mit Männern bei nationalen Wahlen

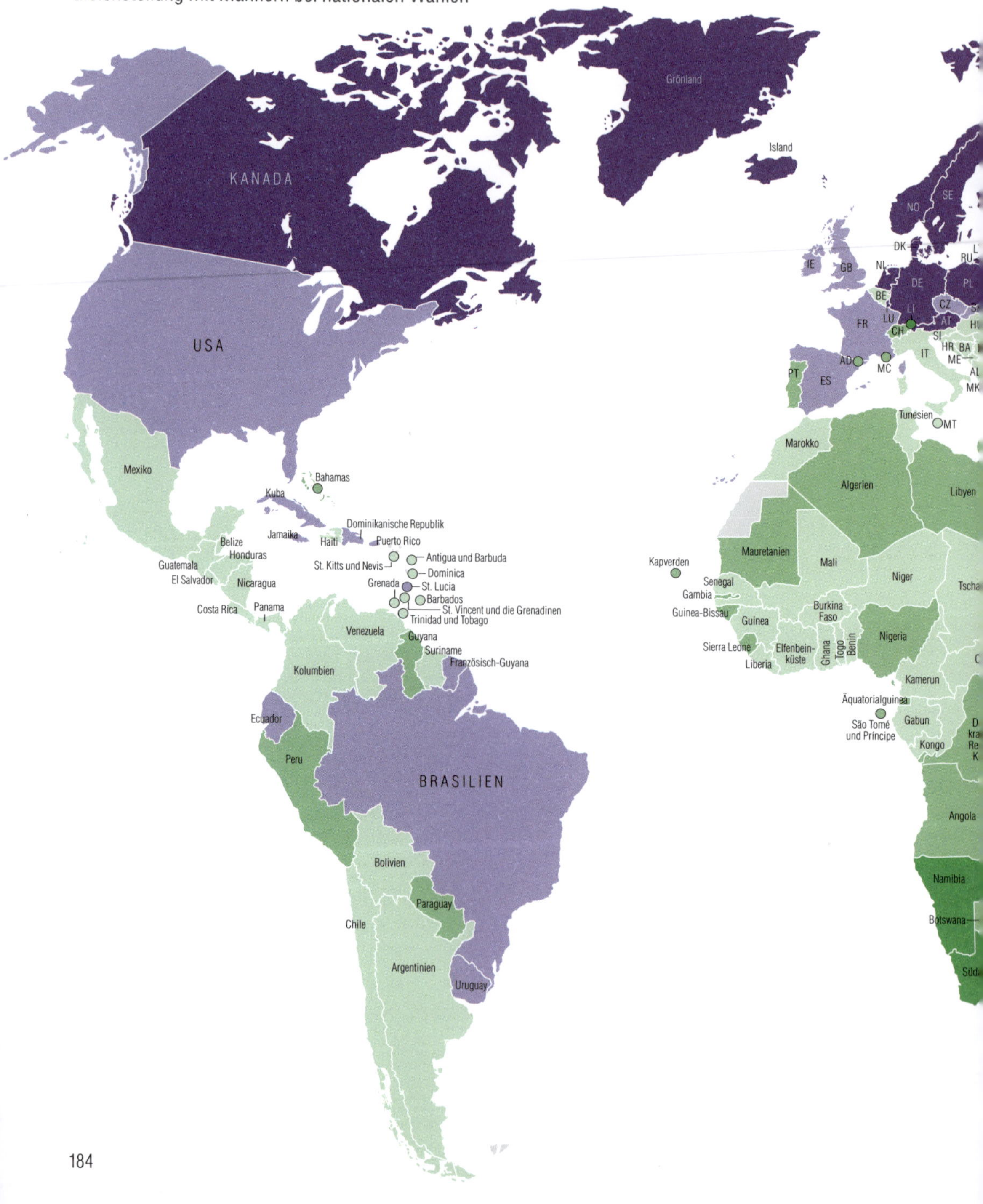

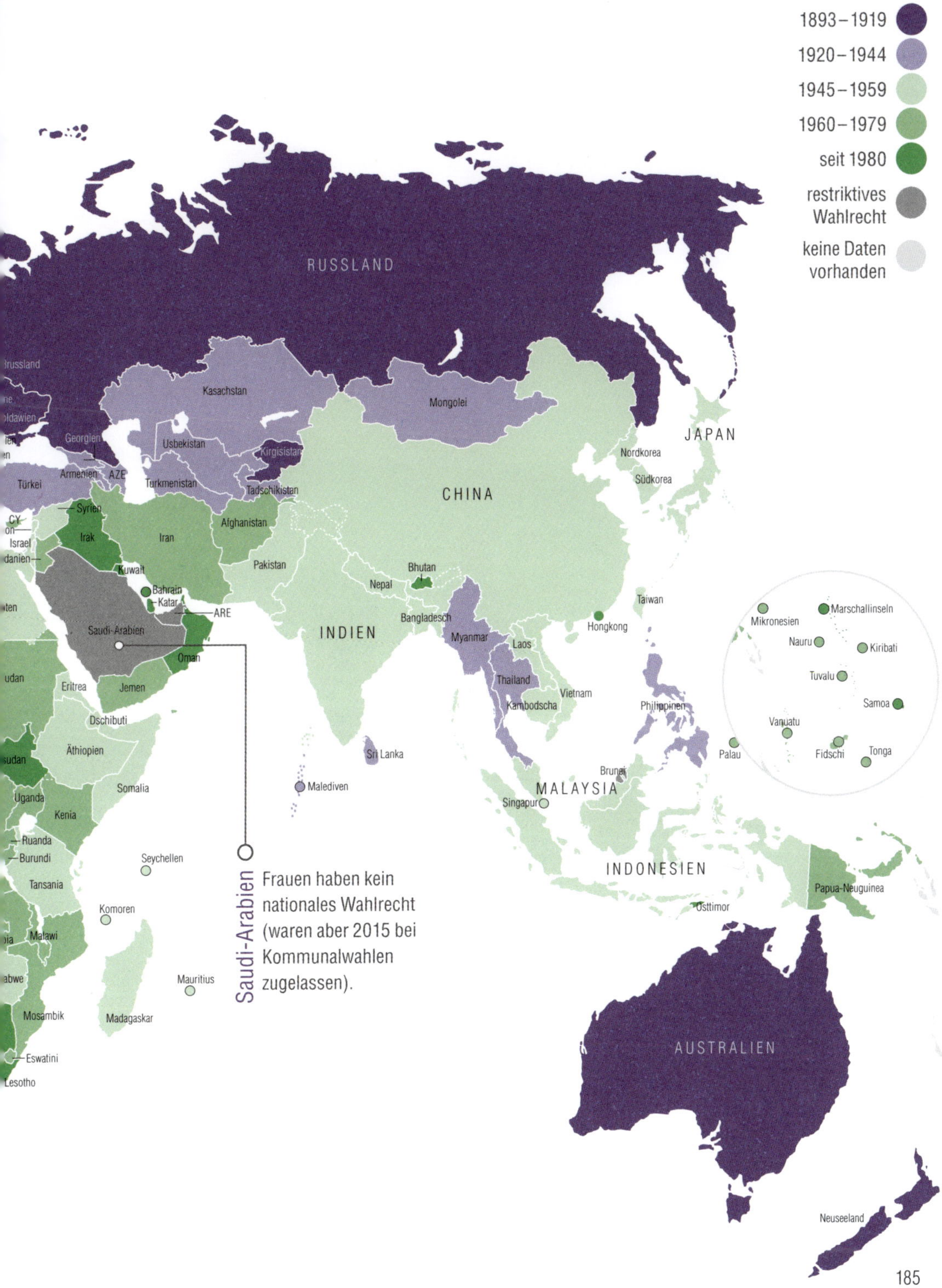
1893–1919
1920–1944
1945–1959
1960–1979
seit 1980
restriktives Wahlrecht
keine Daten vorhanden
RUSSLAND
Kasachstan
Mongolei
Georgien
Usbekistan
Kirgisistan
Armenien
AZE
Turkmenistan
Tadschikistan
Türkei
CY
Syrien
Israel
Irak
Iran
Afghanistan
Pakistan
Kuwait
Bahrain
Katar
ARE
Saudi-Arabien
Oman
Jemen
Eritrea
Dschibuti
Äthiopien
Somalia
Uganda
Kenia
Ruanda
Burundi
Tansania
Seychellen
Komoren
Malawi
Mosambik
Madagaskar
Mauritius
Eswatini
Lesotho
CHINA
JAPAN
Nordkorea
Südkorea
Nepal
Bhutan
Bangladesch
INDIEN
Myanmar
Laos
Thailand
Kambodscha
Vietnam
Taiwan
Hongkong
Philippinen
Sri Lanka
Malediven
Brunei
MALAYSIA
Singapur
INDONESIEN
Osttimor
Papua-Neuguinea
Palau
Mikronesien
Marschallinseln
Nauru
Kiribati
Tuvalu
Samoa
Vanuatu
Fidschi
Tonga
AUSTRALIEN
Neuseeland
Saudi-Arabien
Frauen haben kein nationales Wahlrecht (waren aber 2015 bei Kommunalwahlen zugelassen).

Hinter der offiziellen Version

Wenn »allgemeines Wahlrecht« nicht wirklich allgemein ist

USA

Das Inkrafttreten des 19. Zusatzartikels zur Verfassung der Vereinigten Staaten gilt als offizielles Einführungsdatum für das freie Wahlrecht für Frauen: »Das Wahlrecht der Bürger der Vereinigten Staaten darf von den Vereinigten Staaten oder einem Einzelstaat nicht aufgrund des Geschlechts versagt oder beschränkt werden.«

ABER!

Indigene Amerikaner*innen, die in Reservaten lebten, wurde die Staatsbürgerschaft nicht zuerkannt und damit bis 1924 auch nicht das Wahlrecht. In Puerto Rico, einem Außengebiet der USA, dauerte es bis 1929, bis zumindest Frauen, die lesen und schreiben konnten, wählen durften. Erst 1935 wurde das allgemeine Wahlrecht eingeführt.

Südafrika

Das Wahlrecht für weiße Frauen wurde 1930 eingeführt.

ABER!

Indische und »coloured« Frauen durften erst 1984 wählen. Schwarzen Frauen wurde das Wahlrecht 1994 zugestanden.

Australien

Das Wahlrecht für weiße Frauen wurde 1902 eingeführt.

ABER!

Weibliche und männliche Aborigines mussten bis 1962 warten, bis sie das Recht bekamen, bei Bundeswahlen wählen zu gehen.

Jahre voneinander entfernt

Die Lücke zwischen der Einführung des Wahlrechts für Männer und Frauen

in ausgewählten Ländern

Männerwahlrecht Frauenwahlrecht

Männerwahlrecht	Lücke in Jahren	Frauenwahlrecht
Dänemark 1915	0	1915 Dänemark
Niederlande 1917	2	1919 Niederlande
Großbritannien 1918	10	1928 Großbritannien
Japan 1925	20	1945 Japan
Italien 1919	26	1945 Italien
USA 1870	50	1920 USA
Belgien 1893	55	1948 Belgien
Spanien 1869	62	1931 Spanien
Frankreich 1848	96	1944 Frankreich
Schweiz 1848	123	1971 Schweiz

Militärdienst

Prozentualer Anteil von Frauen im aktiven Wehrdienst

Daten seit 2016

- Weniger als 5%
- 5%–9%
- 10%–14%
- 15% und höher
- Frauen im Wehrdienst aktiv, Frauenanteil unbekannt
- keine Daten vorhanden

#MeToo beim Militär

Die Belästigung von Soldatinnen durch männliche Kollegen ist weitverbreitet. Frauen aus Nordkorea berichten, dass beim Militär »Vergewaltigung eine Lebensrealität« sei. 2016 meldeten bei den US-Streitkräften 8600 Frauen und 6300 Männer meist mehrmalige sexuelle Übergriffe. Insgesamt waren es 41 000 gemeldete Übergriffe. Im aktiven Militärdienst werden 21% der Frauen und 6% der Männer Opfer schwerer und andauernder sexueller Übergriffe. Bekennende LGBT-Menschen sind wesentlich häufiger von Belästigung und Übergriffen betroffen.

#Übrigens

Würden 10% der weltweiten Militärausgaben in die Landwirtschaft und Infrastruktur armer Länder investiert, würden extreme Armut und extremer Hunger bis 2030 verschwinden. Um eine allgemein zugängliche Schulbildung im Primär- und frühen Sekundärbereich zu gewährleisten, bedürfte es 3% der weltweiten Militärausgaben.

Da der Militärdienst Arbeitsplätze, politischen Einfluss und soziales Ansehen bietet, sollten Frauen von diesen Möglichkeiten grundsätzlich nicht ausgeschlossen werden. Viele Feministinnen aber argumentieren, dass ein steigender Frauenanteil in männlich dominierten Institutionen organisierter Gewalt den langfristigen Interessen aller Frauen zuwiderlaufe. Außerdem bestehe die Aufgabe des Feminismus darin, Militär und Militarismus zu demontieren und diese nicht durch die Beteiligung von Frauen zu unterstützen.

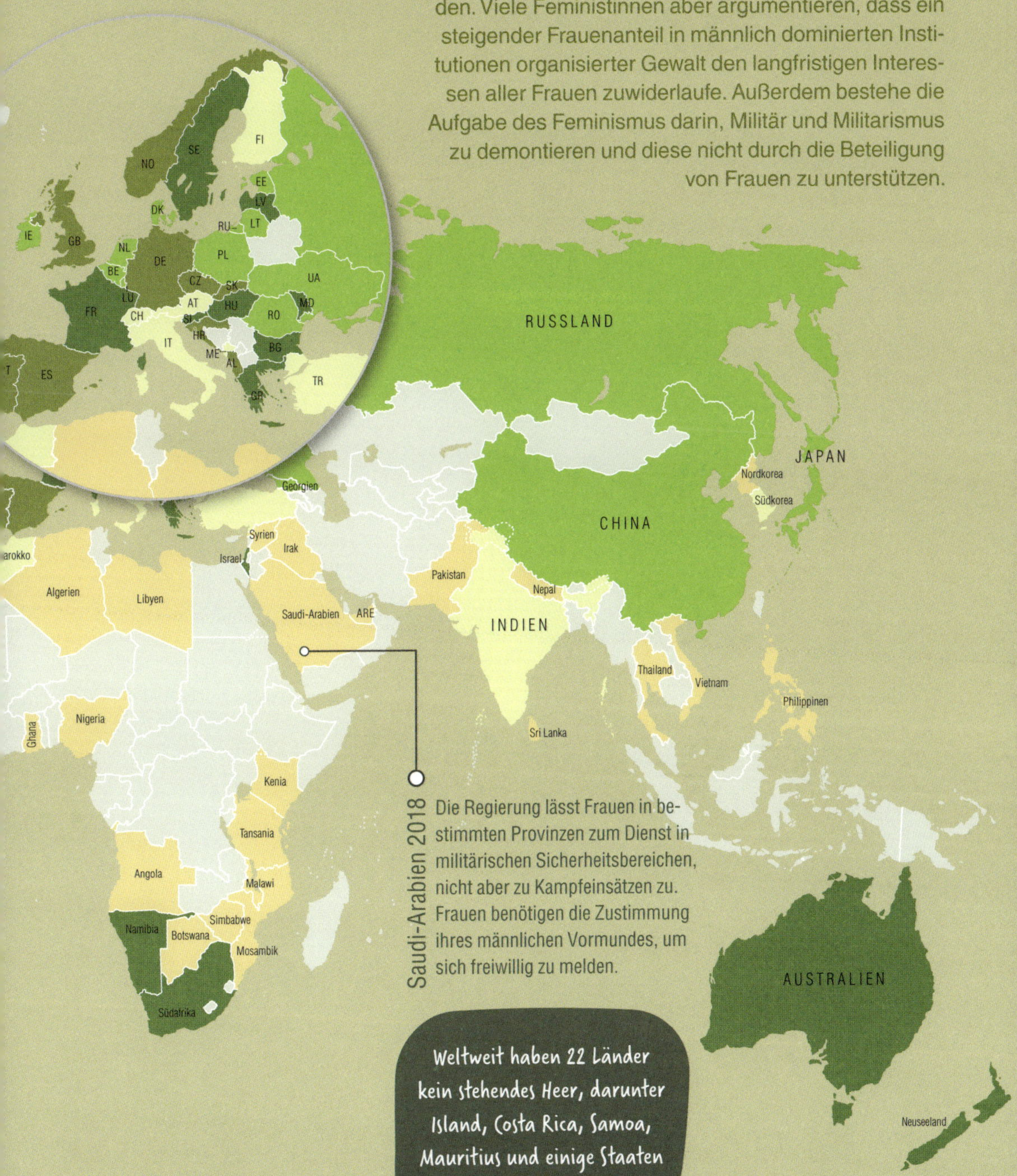

Saudi-Arabien 2018

Die Regierung lässt Frauen in bestimmten Provinzen zum Dienst in militärischen Sicherheitsbereichen, nicht aber zu Kampfeinsätzen zu. Frauen benötigen die Zustimmung ihres männlichen Vormundes, um sich freiwillig zu melden.

Weltweit haben 22 Länder kein stehendes Heer, darunter Island, Costa Rica, Samoa, Mauritius und einige Staaten in der Karibik.

Frauen in nationalen Regierungen

Frauenanteil unter gewählten Repräsentanten in nationalen Regierungen
bei einem Zweikammersystem in der zweiten Kammer
April 2020

- 40% und mehr
- 30% – 39%
- 20% – 29%
- 10% – 19%
- unter 10%
- keine Frauen in der Regierung
- keine Daten vorhanden

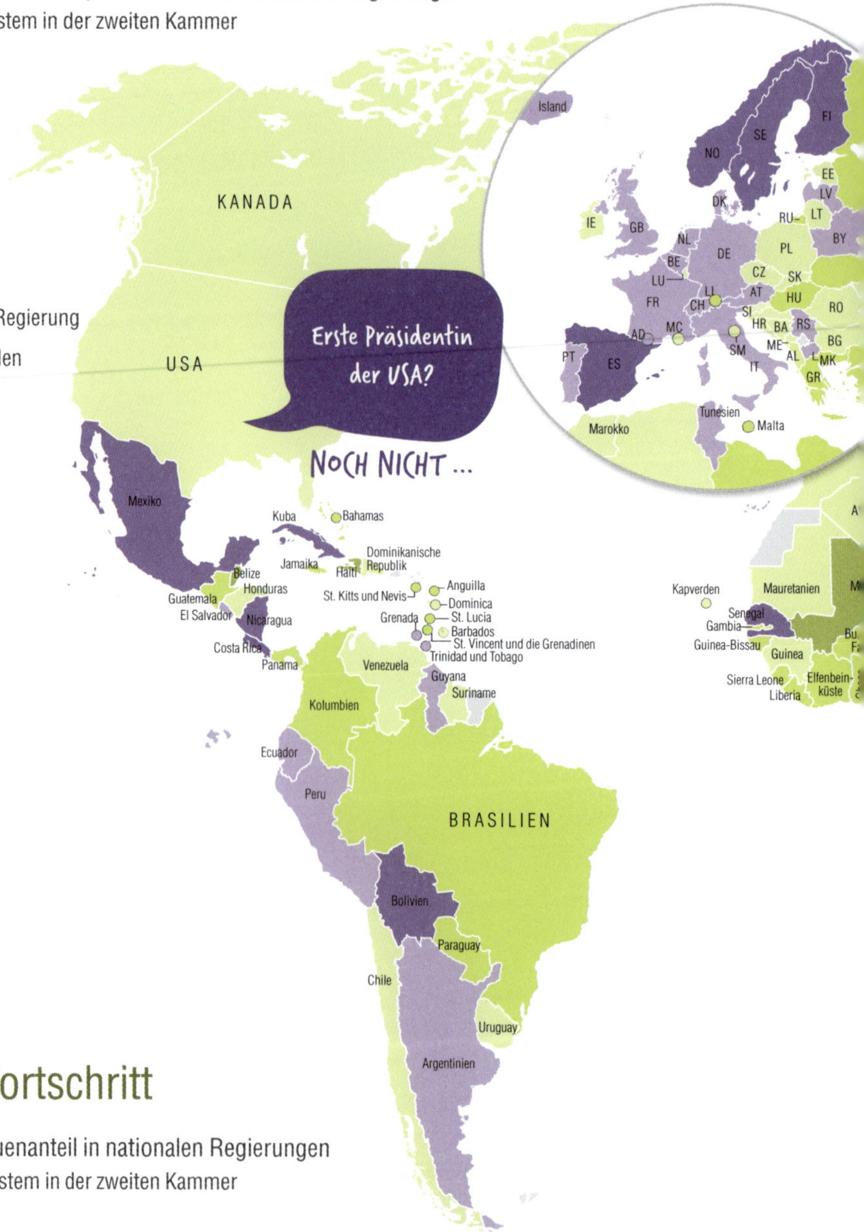

Langsamer Fortschritt

Durchschnittlicher Frauenanteil in nationalen Regierungen
bei einem Zweikammersystem in der zweiten Kammer

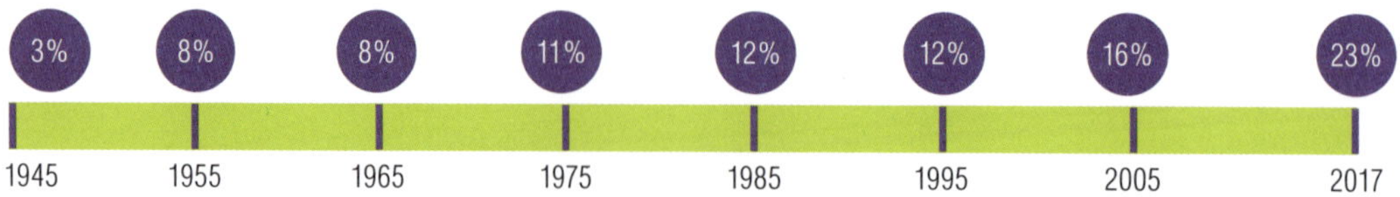

Liberia
Afrikas erstes gewähltes weibliches Staatsoberhaupt: Ellen Johnson Sirleaf.
1.
2005

Kuwait
Erste Frau, die als Ministerin ernannt wurde: Massouma al-Mubarak.
1.
2005

Ruanda
Erstes Land auf der Welt, in dem eine Regierung gewählt wurde, die mit 56 % überwiegend aus Frauen bestand.
1.
2008

Island
Erste weibliche Premierministerin und weltweit erstes bekennend lesbisches Staatsoberhaupt: Jóhanna Sigurðardóttir.
1.
2009

Saudi-Arabien
Zum ersten Mal ist es Frauen bei Kommunalwahlen erlaubt, sich zur Wahl aufstellen zu lassen und ihren Stimmzettel abzugeben.
1.
2015

Frauen auf Ministerposten

Frauenanteil von 30% und größer
2018

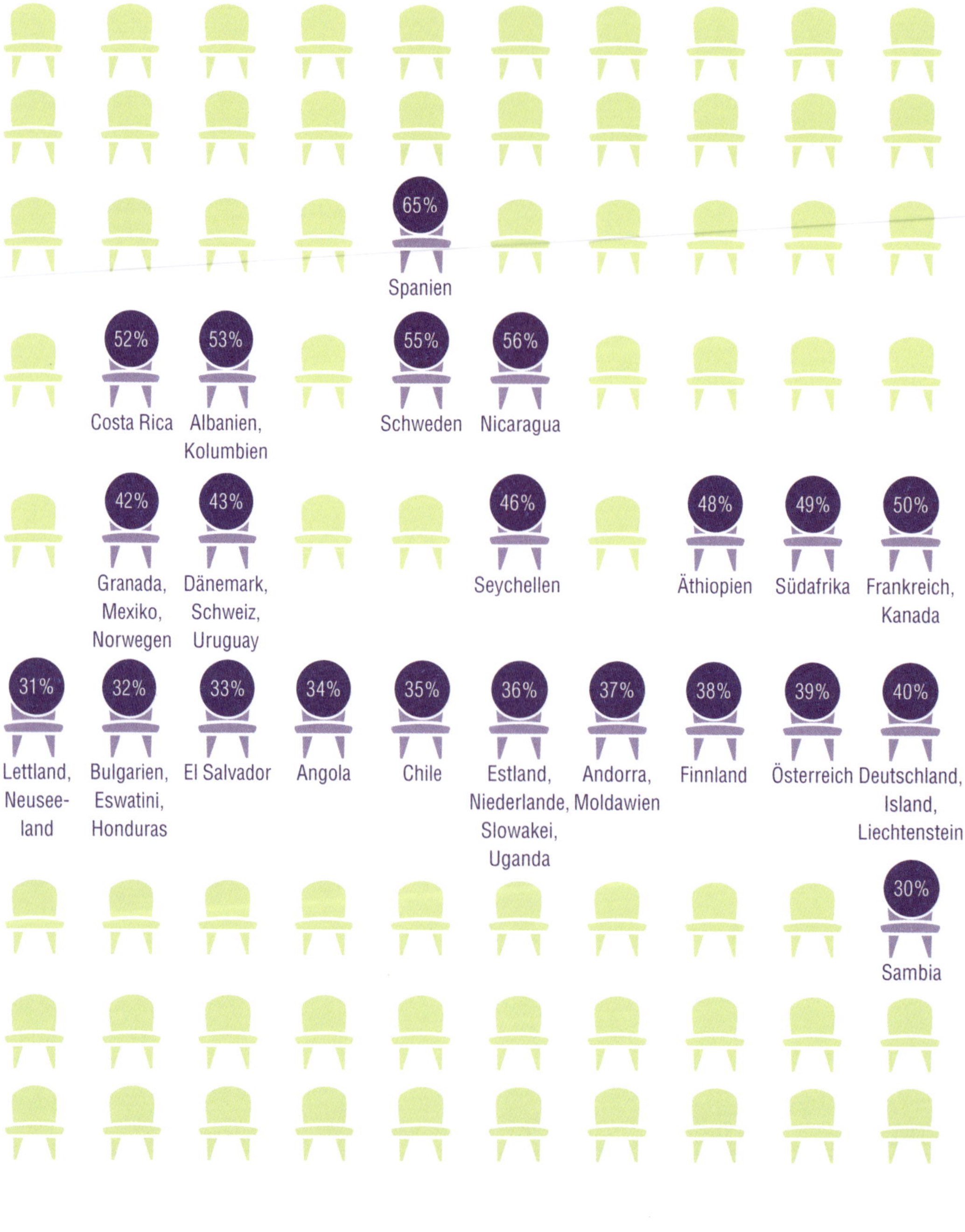

Europäisches Parlament

Prozentualer Anteil der Frauen, die per Nationalwahlen in das Europäische Parlament gewählt wurden
Juli 2019

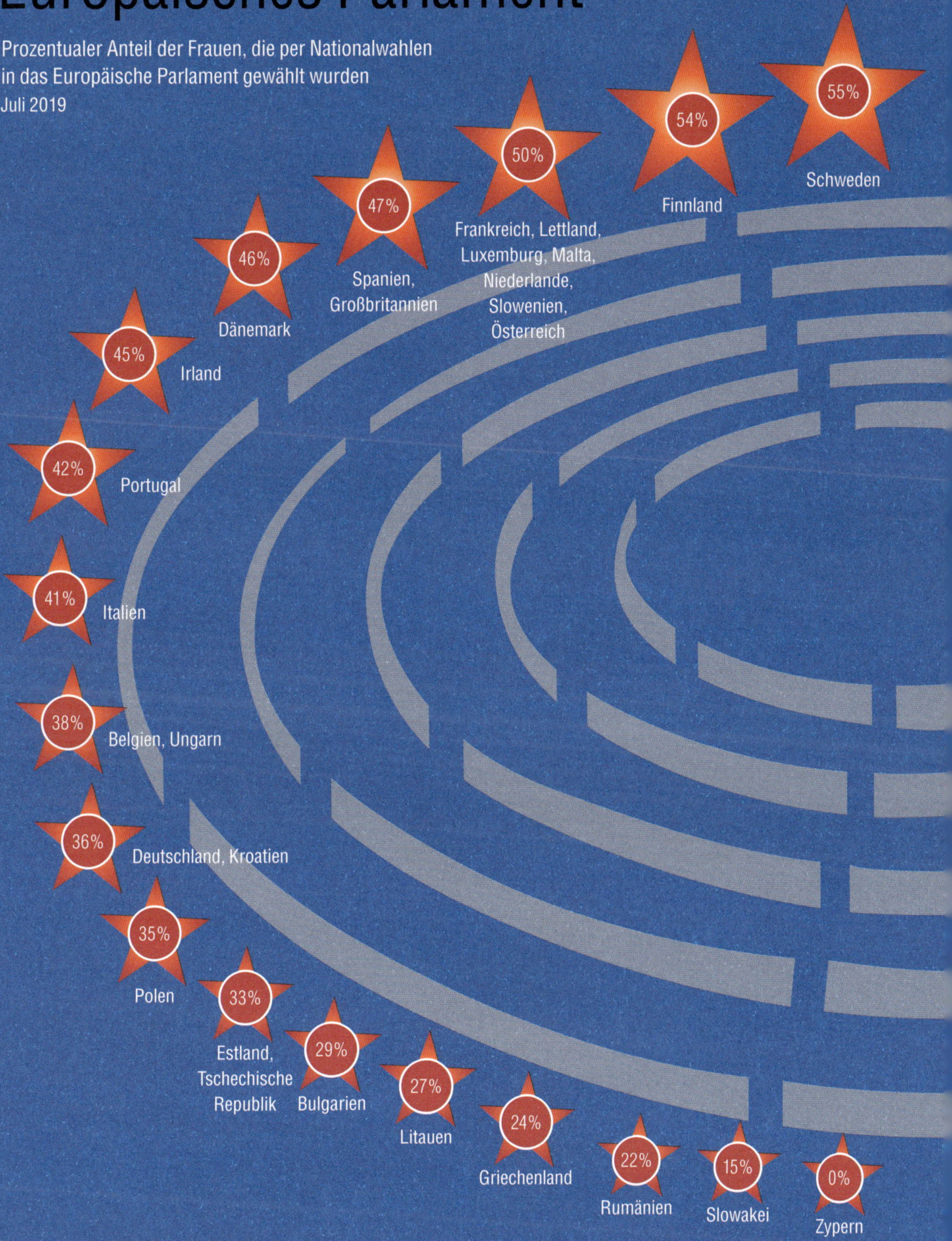

Quotenregelungen in nationalen Regierungen

Geschlechterquoten dienen dazu, die Repräsentation von Frauen in nationalen Regierungen zu verbessern

2017

- gesetzlich festgelegte Quoten inklusive reservierter Sitze
- einige Parteien haben freiwillige Quoten
- beide Regelungen gelten
- keine Quoten

% gesteigerter Frauenanteil in nationalen Ämtern in Parlamenten (mit einer oder zwei Kammern) nach der Einführung gesetzlich festgelegter Quoten

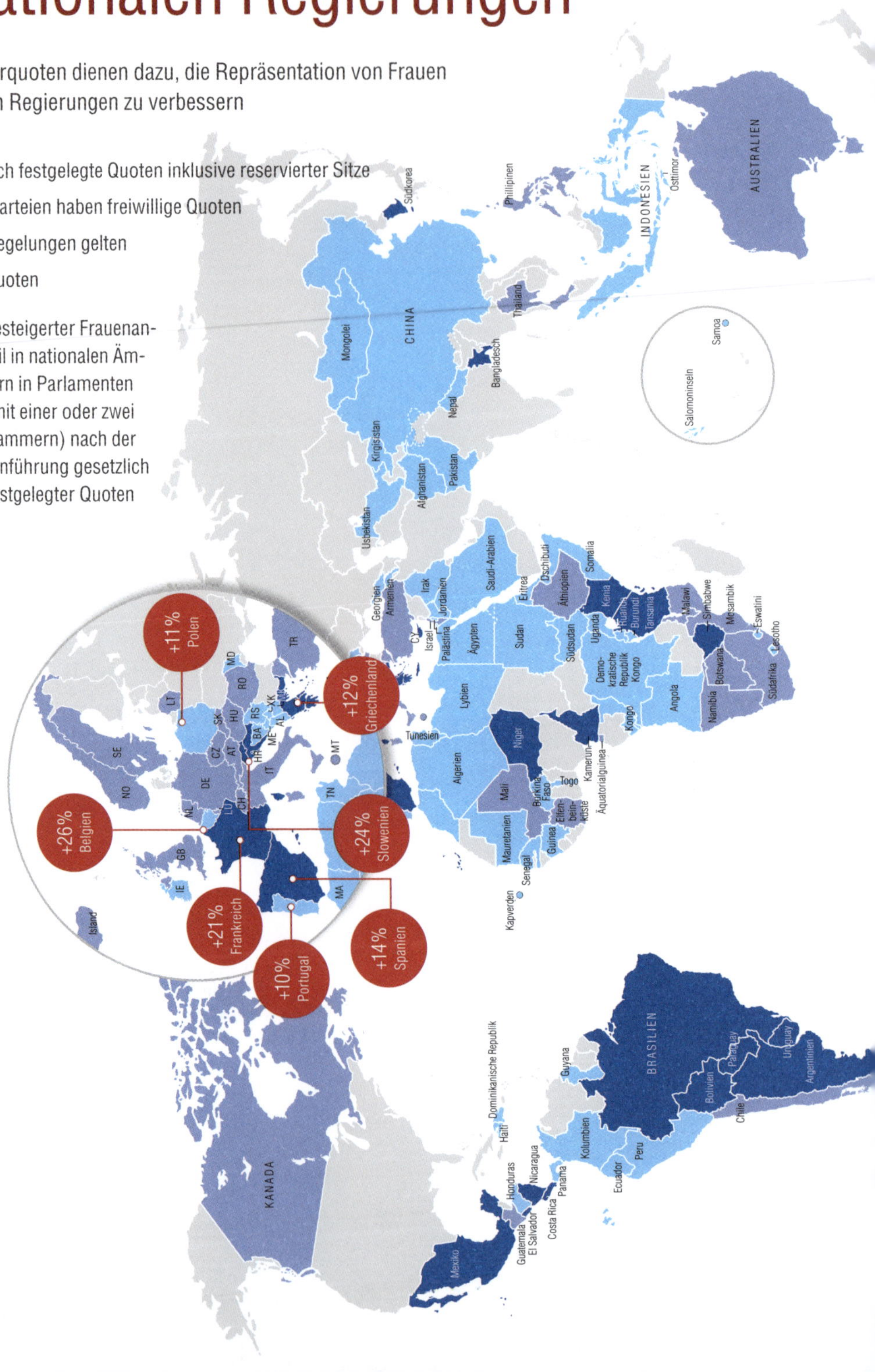

Frauen bei den Vereinten Nationen

Prozentualer Frauenanteil unter hochrangigen Führungskräften (Besoldungsgruppe D1 und darüber) bei den Vereinten Nationen
2015

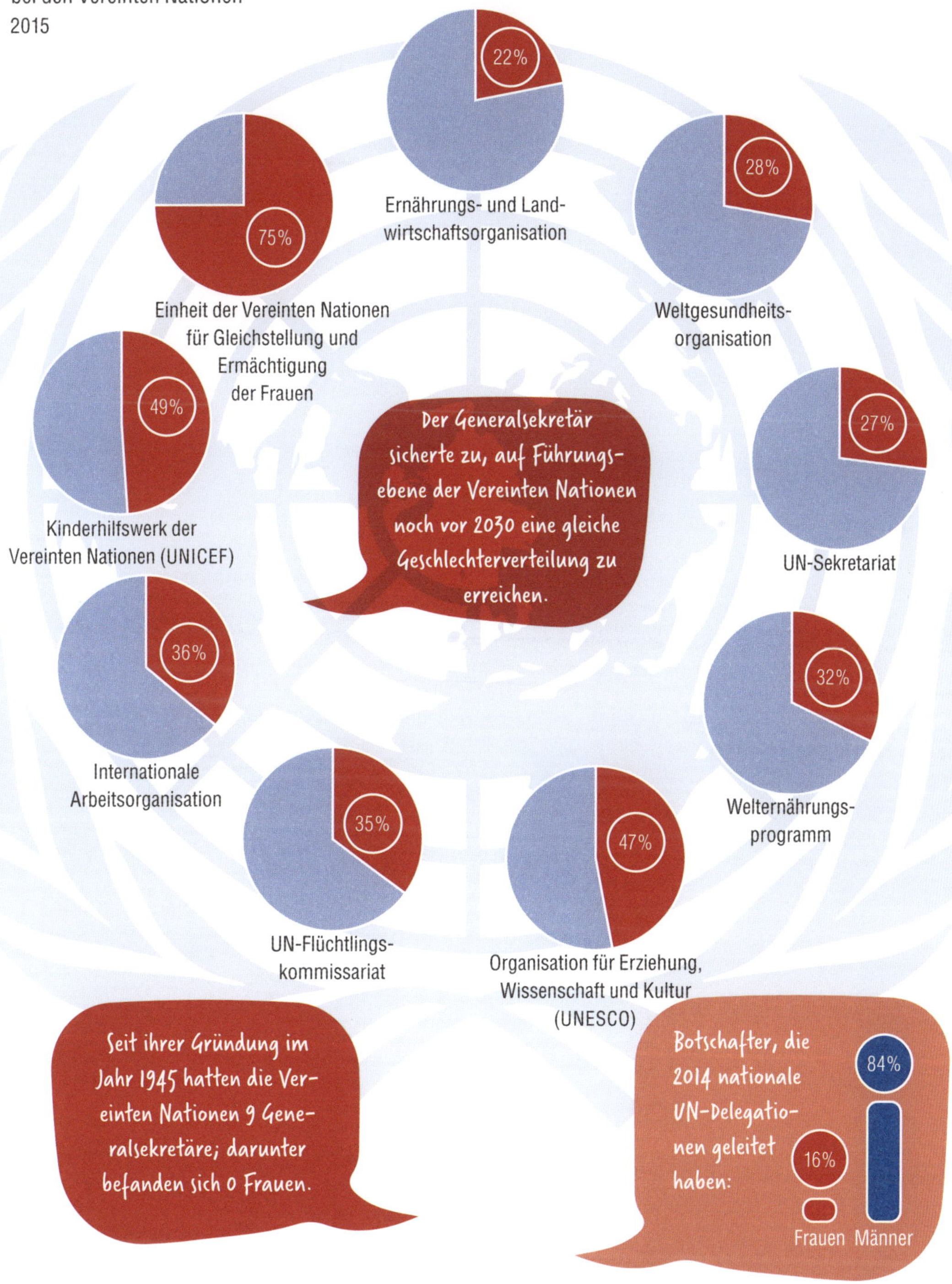

Feminismen

2 Island
4 Norwegen
1 Finnland
18 Großbritannien
2 Schweden
1 Lettland
1 Dänemark
1 Litauen
3 NL
4 Irland
1 Belgien
14 Deutschland
1 CZ
3 Polen
1 BY
1 Slowakei
10 Frankreich
1 Österreich
1 Ungarn
1 Rumänien
1 Schweiz
1 Slowenien
6 Portugal
3 Spanien
1 Serbien
1 Kosovo
1 Bulgarien
1 Kroatien
4 Italien
2 Griechenland
1 Marokko
1 Georgien
1 Libanon
1 Israel
1 Irak
1 Ägypten
1 Jordanien
2 Saudi-Arabie
1 Katar
50 Kanada
653 USA
1 Bermuda
1 Bahamas
4 Puerto Rico
24 Mexiko
1 Kaimaninseln
3 Amerikanische Jungferninseln
1 Guatemala
1 Nicaragua
1 Aruba
1 Bonaire
2 St. Kitts und Nevis
7 Costa Rica
3 Kolumbien
1 Guyana
1 Nigeria
1 Liberia
1 Ghana
1 Uganda
2 Ecuador
1 Demokratische Republik Kongo
1 Ruanda
1 Kenia
3 Tansania
2 Peru
2 Brasilien
1 Sambia
1 Malawi
1 Bolivien
1 Namibia
1 Botswana
1 Simbabwe
1 Madagaskar
1 Paraguay
2 Chile
3 Südafrika
1 Argentinien
1 Uruguay
2 Antarktis
I DIDN'T COME THIS FAR TO ONLY COME THIS FAR.
SOLIDARITY #WOMENSMARCH #BRASILIAPODE
FIGHT LIKE A GIRL
NASTY WOMEN UNITE!
NASTY WOMEN FOR PROGRESS
WOMEN'S RIGHTS ARE HUMAN RIGHTS
PUSSY GRABS BACK
THEY TRIED TO BURY US. THEY DIDN'T KNOW WE WERE SEEDS.

Frauenprotest am 21. Januar 2017

geschätzte Anzahl von Protestmärschen im jeweiligen Land

Frauen treten für soziale Gerechtigkeit ein und verfechten täglich ihre Rechte: in der Wahlkabine, am Arbeitsplatz, in persönlichen Beziehungen, in darstellender Kunst, Prosa und Lyrik, durch Forschung und Lehre sowie vor Gericht. Und sehr häufig auch auf der Straße.

Am 21. Januar 2017 gingen 5 bis 6 Millionen Menschen auf die Straße. Den Anstoß dazu gaben Frauen, die ihren Protest gegen die Wahl von Donald Trump zum US-Präsidenten zum Ausdruck brachten. Rasend schnell entstand daraus eine breit unterstützte weltweite Demonstration gegen Faschismus, Rassismus und für Frauenrechte. Einige der Protestmärsche bestanden aus 2 oder 3 Mutigen; in anderen Städten strömten Hunderttausende auf die Straße.

Quellen

S. 7–10 Einleitung

Adichie, Chimamanda Ngozi, Mehr Feminismus!, Frankfurt/M. 2016, S. 29f.

TEIL 1 FRAUEN IN DER WELT

S. 12–13 Diskriminierung beenden

CEDAW (Frauenrechtskonvention), United Nations Treaty Collection, siehe: https://treaties.un.org.

U. S. Government Publishing Office, »Hearing before the subcommittee on human rights and the law of the Committee on the Judiciary United States Senate«, 18. November 2010, US Senate Hearing 111–1143.

Poso, M. L., »Palau takes time to ratify the CEDAW«, in: Marianas Variety vom 19. April 2010, siehe: www.mvariety.com.

WUNRN, »Tonga – Ongoing debate over CEDAW ratification, reflects US CEDAW challenges on a smaller scale«, 1. Februar 2016, siehe: https://wunrn.com/2016/02/tonga-ongoing-debate-over-cedaw-ratification-reflects-us-cedaw-challenges-on-a-smaller-scale/.

Women's Committee of the National Council of Resistance of Iran, »CEDAW: Why the Iranian Regime does not join the CEDAW«, 5. März 2016, siehe: https://women.ncr-iran.org/2016/03/05/why-the-iranian-regime-does-not-join-the-cedaw.

Allafrica, »Sudan: Bahsir says Sudan will not sign CEDAW Convention«, 14. Januar 2001, siehe: https://allafrica.com/stories/200101140001.html.

S. 14–15 Diskriminierung messen • Der Globale Gendergap-Index

World Economic Forum, The Global Gender Gap Report 2017, siehe: https://www.weforum.org/reports/the-global-gender-gap-report-2017.

S. 16 Diskriminierung von Frauen

OECD, Social Institutions and Gender Index, Synthesis Report 2014.

S. 17 Lebenserwartung

UNDP, Human Development Report 2016.

United Nations Statistics Division, The World's Women 2015: Trends and Statistics, siehe: https://unstats.un.org/unsd/gender/worldswomen.html.

S. 18–19 Rechte von Lesben • Mehr als zwei Geschlechter

Ahnam T., »Transgender rights, Bangladesh style«, in: The New York Times vom 2. Juli 2015, siehe: https://www.nytimes.com/2015/07/03/opinion/tahmima-anam-transgender-rights-bangladesh-labannya-hijra.html.

Amnesty International, Gender, Sexuality, and Identity, Amnesty International Report 2016/17, State of the World's Human Rights. siehe: https://www.amnesty.org/download/Documents/POL1048002017ENGLISH.PDF.

Chiam Z. u. a., »Trans Legal Mapping Report 2016: Recognition before the law«, ILGA Genf, November 2016.

Eddy, Melissa und Bennett, Jessica, »Germany must allow third gender category«, in: The New York Times vom 8. November 2017, siehe: https://www.nytimes.com/2017/11/08/world/europe/germany-third-gender-category-vanja.html.

Lorde, Audre und Rich, Adrienne, Macht und Sinnlichkeit, Berlin: Orlanda, 1993, S. 158f.

S. 20–21 Rechtlicher Status von Schwulen • Nachzügler

Carroll A. und Mendos L. R., »State Sponsored Homophobia 2017: A world survey of sexual orientation laws: criminalisation, protection and recognition«, ILGA Genf, Mai 2017.

International Lesbian and Gay Association, »Maps – Sexual Orientation Laws«, siehe: https://ilga.org/maps-sexual-orientation-laws.

S. 22–23 Heiraten

UN Population Division, World Marriage Data 2015.

S. 22 Oder nicht ...

UN Economic Commission for Europe, Statistical Tables, siehe: https://w3.unece.org/PXWeb/en.

S. 24 Scheidung tut weh

Eurostat Divorce Indicators 2017.

Yau N., »Never Been Married«, siehe: https://flowingdata.com/2016/03/10/never-been-married/.

NCHS, Cohabitation, Marriage, Divorce, and Remarriage in the United States, Series Report 23, Nr. 22.

Raley R. K. u. a., »The Growing Racial and Ethnic Divide in US Marriage Patterns«, in: The Future of Children, Nr. 25(2) (2015), S. 89–109.

US Bureau of Labor Statistics, Marriage and divorce: patterns by gender, race, and educational attainment, Oktober 2013.

S. 25 Gleichgeschlechtliche Ehe • Eingetragene gleichgeschlechtliche Lebenspartnerschaften

»Marriage equality law passes Australia's parliament in landslide vote«, in: The Guardian vom 7. Dezember 2017, siehe: https://www.theguardian.com/australia-news/2017/dec/07/marriage-equality-law-passes-australias-parliament-in-landslide-vote.

Pew Research Center, Gay Marriage Around the World, 30. Juni 2017.

S. 26 Kinderehen in den USA

Kristof N., »11 years old, a mom, and pushed to marry her rapist«, in: The New York Times vom 26. Mai 2017, siehe: https://www.nytimes.com/2017/05/26/opinion/sunday/it-was-forced-on-me-child-marriage-in-the-us.html.

Massachusetts Law Updates, Child Brides, siehe: https://blog.mass.gov/masslawlib/legal-topics/child-brides/.

Morris A., »New Hampshire House kills bill that would raise minimum marriage age to 18«, 9. März 2017, siehe: https://www.concordmonitor.com/bill-on-whether-minors-can-marry-8581515.

Tahirih Justice Center, »Understanding state statues on minimum marriage age and exceptions«, Update vom 11. Juli 2017, siehe: https://www.tahirih.org/pubs/understanding-state-statutes-on-minimum-marriage-age-and-exceptions/.

Tsui, A. u. a., »Child marriage in America by the Numbers«, in: Frontline vom 6. Juli 2017, siehe: https://www.pbs.org/wgbh/frontline/interactive/child-marriage-by-the-numbers/.

McClendon D. und Sandstrom A., »Child marriage is rare in the US, although this varies by state«, 1. November 2016, siehe: https://www.pewresearch.org/fact-tank/2016/11/01/child-marriage-is-rare-in-the-u-s-though-this-varies-by-state/.

Unchained at Last, siehe: https://www.unchainedatlast.org.

S. 27 Kinderehen weltweit

Girls Not Brides, siehe: https://www.girlsnotbrides.org.

United Nations Statistics Division, The World's Women 2015: Trends and Statistics, siehe: https://unstats.un.org/unsd/gender/worldswomen.html.

UNICEF, Ending Child Marriage: Progress and Prospects, 2014. UNICEF Data, Monitoring the situation of children and women, siehe: https://data.unicef.org/topic/child-protection/child-marriage/.

S. 28–29 Haushaltsgröße • Einpersonenhaushalte in Europa

Asia Foundation, A Survey of the Afghan People 2015.

Chamie J., »The rise of one-person households«, 22. Februar 2017, siehe: http://www.ipsnews.net/2017/02/the-rise-of-one-person-households/.

China Statistical Yearbook 2016.

ESRI, Demographic Data Release Notes, Botswana, Average Household size, siehe: http://downloads.esri.com/esri_content_doc/dbl/int/Botswana_MBR_2015.pdf.

EUROSTAT, Household Composition Statistics, 2016.

Government of Canada 2016 Census Topic, Families, households and marital status.

Government of Hong Kong, Living Arrangement and Household Characteristics.

Government of Nepal, Central Bureau of Statistics 2016.

Iran Census 2016.

Living alone EUROSTAT, Household Composition Statistics 2016. OECD Family Database.

Office for National Statistics UK, Families and Households 2017. UNFPA, Lao People's Democratic Republic.

S. 30 Nicht alle Haushalte sind gleich

Eurostat Statistics Explained, Quality of Life in Europe 2015.

US Census Bureau, Income and Poverty in the United States: 2016, Table B-1.

S. 31 Flüchtlinge

UNHCR, Global Report 2016.

UNHCR, Syria Regional Refugee Response, 22. Februar 2018. UNHCR, Statistical Database.

UNRWA In Figures 2017.

UNHCR, Iraq Refugee Crisis.

UNHCR, Inside the world's 10 largest refugee camps.

UNHCR, Dadaab – Kenya: Camp Population Statistics, 31. Januar 2017.

UNHCR, South Sudan Situation.

Al Rifai, D. und Chughtai, A., »Where are the Syrian refugees?«, in: Aljazeera vom 4. Mai 2017, siehe: https://www.aljazeera.com/indepth/interactive/2017/05/syrian-refugees-170504094855640.html.

S. 32–33 Krisengebiete

Human Rights Watch, World Report 2018.

ReliefWeb, siehe: www.reliefweb. int/countries.
UN Office for the Coordination of Humanitarian Affairs, Global Humanitarian Overview 2018.
UN General Assembly. Human Rights Council, Report of the commission of inquiry on human rights in the Democratic People's Republic of Korea, 7. Februar 2014.

S. 34 Friedensstifterinnen

Council on Foreign Relations, Women's Roles in Peace Processes.

S. 34 Friedenssicherung

Zitat Gita Saghal aus: Jordan M., »Sex charges haunt UN forces«, in: Questia vom 26. November 2004, siehe: https://www.questia.com/newspaper/1P2-32613612/sex-charges-haunt-un-forces-in-places-like-congo.
Taylor S., »Dispatches: A Year of Reckoning on Sexual Abuse by UN Peacekeepers«, Human Rights Watch, 22. Dezember 2015, siehe: https://www.hrw.org/news/2015/12/22/dispatches-year-reckoning-sexual-abuse-un-peacekeepers.
United Nations Peacekeeping: Gender, siehe: https://peacekeeping.un.org/en/gender.

TEIL 2 WIE FRAUEN »IN IHRE SCHRANKEN GEWIESEN« WERDEN

S. 38–39 Königreich der Mündel

Begum R., »The brave female activists who fought to lift Saudi Arabia's driving ban«, Human Rights Watch, 29. September 2017, siehe: https://www.hrw.org/news/2017/09/29/brave-female-activists-who-fought-lift-saudi-arabias-driving-ban.
Hubbard B., »Once shunned as ›drivers‹, women who fought ban now celebrate«, in: New York Times vom 7. Oktober 2017, siehe: https://www.nytimes.com/2017/10/07/world/middleeast/saudi-arabia-women-driving-ban.html.
Human Rights Watch. Women's Rights, »Boxed In: Women and Saudi Arabia's Male Guardianship System«, 16. Juli 2016, siehe: https://www.refworld.org/docid/578ce04d4.html.
»Saudi police ›stopped‹ fire rescue«, 15. März 2002, siehe: http://news.bbc.co.uk/2/hi/middle_east/1874471.stm.
»Saudi women will need permission from male ›guardians‹ to drive«, in: The Guardian vom 27. September 2017, siehe: https://www.theguardian.com/world/2019/aug/01/saudi-women-can-now-travel-without-a-male-guardian-reports-say.
World Bank, Women, Business and the Law, siehe: https://wbl.worldbank.org.

S. 40 Gesetzlich zu Gehorsam verpflichtet

DR Congo, Women's Situation, siehe: https://kvinnatillkvinna.org/wp-content/uploads/2018/10/13-Equal-power-lasting-peace-DRC_ENG.pdf.
Human Rights Watch, Letter regarding the human rights situation in Sudan during the 36th session of the UH Human Rights Council, 21. September 2017.
Moaddel M., »The birthplace of the Arab spring: values and perceptions of Tunisians and a comparative assessment of Egyptian, Iraqi, Lebanese, Pakistani, Saudi, Tunisian, and Turkish publics«, University of Maryland 2013, siehe: https://mevs.org/files/tmp/Tunisia_FinalReport.pdf.

S. 41 Bekleidungsvorschriften • Die öffentliche Meinung

Bruce-Lockhart A., »Five countries with the strictest dress codes«, World Economic Forum, 7. Januar 2016, siehe: https://www.weforum.org/agenda/2016/01/5-countries-with-the-strictest-dress-codes/.
Pew Research Center, »Restrictions on Women's Religious Attire«, 5. April 2016, siehe: https://www.pewforum.org/2016/04/05/restrictions-on-womens-religious-attire/.

S. 42 »Ehrenmorde«

Honor Based Violence Awareness Network, siehe: www.hbv-awareness.com.
Honor Killings: Tradition and Law, siehe: www.sites.tufts.edu/anth27h/honor- killing-today.
Nasrullah M. u. a., »The epidemiological patterns of honour killing of women in Pakistan«, in: European Journal of Public Health, (April 2009), S. 193–197.
US Department of State, Country Reports on Human Rights Practices.

S. 43 »Gerechtfertigte« Schläge • Darüber sprechen oder nicht

United Nations Statistics Division, The World's Women 2015: Trends and Statistics, siehe: https://unstats.un.org/unsd/gender/worldswomen.html.

S. 44 Häusliche Gewalt nach Ländern

United Nations Statistics Division, The World's Women 2015: Trends and Statistics, siehe: https://unstats.un.org/unsd/gender/worldswomen.html.

S. 45 Häusliche Gewalt nach Regionen

Bunch C., »Women's Rights as Human Rights: Toward a Re-Vision of Human Rights«, in: Human Rights Quarterly, (November 1990), S. 486–498.
WHO, Global Health Observatory data repository, Intimate Partner Violence Prevalence. Data by WHO income region, siehe: http://apps.who.int/gho/data/view.main.IPVWHOINCOME.

S. 46 Im Fokus: Gewalt durch Partner

Breiding M. u. a., »Prevalence and Characteristics of Sexual Violence, Stalking, and Intimate Partner Violence Victimization – National Intimate Partner and Sexual Violence Survey, United States 2011«, in: Centers for Disease Control, September 2014, S. 1–18.
Chauhan R. und Baraik V. K., »Mapping Crime against Women in India: Spatio-Temporal Analysis, 2001–2012«, in: World Academy of Science, Engineering and Technology. International Journal of Law and Political Sciences, Nr. 6 (2016), S. 2243–2254.
National Coalition Against Domestic Violence, Facts about domestic violence, siehe: www.ncadv.org/statistics.
National Crimes Record Bureau, Chapter 5 Crime Against Women, siehe: http://ncrb.gov.in/StatPublications/CII/CII2015/chapters/Chapter%205-15.11.16.pdf.
Office for National Statistics, Domestic abuse in England and Wales, year ending March 2016.
Rauhala E., »Despite a new law, China is failing survivors of domestic violence«, in: Washington Post vom 7. Februar 2017, siehe: https://www.washingtonpost.com/world/asia_pacific/despite-a-new-law-china-is-failing-survivors-of-domestic-violence/2017/02/02/ae7948a4-e31f-11e6-a419-eefe8eff0835_story.html.

S. 48–49 »Heirate-deinen-Vergewaltiger«-Gesetze

https://www.abaadmena.org.
Barad E. u. a., »Gender-Based Violence Laws in Sub-Saharan Africa. 2007«, siehe: https://www.nycbar.org/pdf/report/GBVReportFinal2.pdf.
Equality Now, »The World's Shame: The Global Rape Epidemic – How laws around the world are failing to protect women and girls from sexual violence«, siehe: https://www.equalitynow.org/the_world_s_shame_the_global_rape_epidemic_how_laws_around_the_world_are_failing_to_protect_women_and_girls_from_sexual_violence.
Sengupta S., »One by One, Marry-Your-Rapist Laws Are Falling in the Middle East«, in: New York Times vom 22. Juli 2017, siehe: https://www.nytimes.com/2017/07/22/world/middleeast/marry-your-rapist-laws-middle-east.html.
World Bank, Women, Business, and the Law, 2016.

S. 50–51 Vergewaltigung

Institute for Security Studies, Rape and other forms of sexual violence in South Africa 2014, siehe: http://www.mrc.ac.za/policy-briefs/understanding-mens-health-and-use-violence-interface-rape-and-hiv-south-africa.
Middleton L., »Corrective Rape: Fighting a South African Scourge«, in: Time vom 8. März 2011, siehe: http://content.time.com/time/world/article/0,8599,2057744,00.html.
Raj A. u. a., »Sexual violence and rape in India«, in: The Lancet, (März 2014), S. 865.
Smith S. G. u. a., The National Intimate Partner and Sexual Violence Survey (NISVS): 2010–2012 State Report. National Center for Injury Prevention and Control, Atlanta 2017.
South African Medical Research Council, Understanding men's health and the use of violence, siehe: http://www.mrc.ac.za/policy-briefs/understanding-mens-health-and-use-violence-interface-rape-and-hiv-south-africa.
WHO, Department of Reproductive Health and Research, London School of Hygiene and Tropical Medicine, South African Medical Research Council, Global and regional estimates of violence against women: prevalence and health effects of intimate partner violence and non-partner sexual violence, London 2013.

S. 52 Vergewaltigung in Kriegsgebieten

Goetz A. M., »Inciting soldiers to rape in the Philippines«, 6. Juni 2017, siehe: https://www.opendemocracy.net/en/5050/inciting-soldiers-rape-philippines/.
Enloe C., Maneuvers: The international politics of militarizing women's lives, Berkeley 2000.
Human Rights Watch, »›They said we are their slaves‹, Sexual Violence by Armed Groups in the Central African Republic«, 5. Oktober 2017, siehe: https://www.hrw.org/video-photos/interactive/2017/10/05/they-said-we-are-their-slaves.
Report of the UN Secretary-General on Conflict-Related Sexual Violence, 15. April 2017.
Storr W., »The rape of men: the darkest secret of war«, in: The Guardian vom 16. Juni 2011, siehe:

https://www.theguardian.com/society/2011/jul/17/the-rape-of-men.
Thomas DQ und Regan E. R., »Rape in War: Challenging the Tradition of Impunity«, in: SAIS Review 1994, S. 82–99.
Women's Media Centre, Women Under Siege. Witness Reports: Bosnia, siehe: https://www.womensmediacenter.com/women-under-siege/witness/bosnia.

S. 53 Der Vergewaltiger im eigenen Zuhause

Centers for Disease Control, Intersection of intimate partner violence and HIV in women, siehe: https://www.cdc.gov/violenceprevention/pdf/ipv/13_243567_Green_AAG-a.pdf.
Equality Now, The Global Rape Epidemic, 2017, siehe: https://www.equalitynow.org/the_global_rape_epidemic_campaign?locale=en.
Kentish B., »Indian government files legal papers to try to stop marital rape being outlawed«, in: The Independent vom 1. September 2017, siehe: https://www.independent.co.uk/news/world/asia/india-marital-rape-ban-fight-legal-papers-file-parliament-law-change-marriage-a7924106.html.
Sarkar M. und Torre I., »Marital rape: Where in the world is it legal?« 2. Mai 2015, siehe: https://edition.cnn.com/2015/03/05/asia/gallery/marital-rape/index.html.
United Nations, 2015, The World's Women 2015: Trends and Statistics, siehe: https://unstats.un.org/unsd/gender/downloads/worldswomen2015_report.pdf.
UN Office on Drugs and Crime (UNODC), Statistics on justice and prison reform. Women Living Under Muslim Laws, Iran: Gender discrimination at its worst, 2014, siehe: WLUML_UPR20_IRN_E_Main.pdf.

S. 54–55 Mord an Frauen

Refuge, siehe: https://www.refuge.org.uk/our-work/forms-of-violence-and-abuse/domestic-violence/domestic-violence-the-facts/.
National Coalition against Domestic Violence, siehe: https://www.ncadv.org.
Petrosky E. u. a., »Racial and Ethnic Differences in Homicides of Adult Women and the Role of Intimate Partner Violence, – United States, 2003–2014«, in: Centers for Disease Control and Prevention, MMWR Morbidity and mortality weekly report, (Juli 2017), S. 741–746.
Salfati C. u. a., »Prostitute homicides: A descriptive study«, in: Journal of Interpersonal Violence (Mai 2008), S. 505–543.
Small Arms Survey Nov. 2016, A Gendered analysis of violent deaths, Nr. 63 (November 2016).
Statistics Canada, Prostitution Offences in Canada: Statistical Trends.
»The silent nightmare of domestic violence in Russia«, 1. März 2013, siehe: https://www.bbc.com/news/world-europe-21474931.
US Department of State, Country Reports on Human Rights Practices.
Vagianos A, »30 Shocking domestic violence statistics that remind us it's an epidemic«, 6. Dezember 2017, siehe: https://www.huffpost.com/entry/domestic-violence-statistics_n_5959776.
Violence Policy Center, When Men Murder Women: An Analysis of 2015 Homicide Data, Washington 2017.
Waiselfisz J. J., Mapa da Violência 2015: Homicídio de mulheres no Brasil, siehe: www.flasco.org.br.
»Häusliche Gewalt«, siehe: https://www.bmfsfj.de/bmfsfj/themen/gleichstellung/frauen-vor-gewalt-schuetzen/haeusliche-gewalt

S. 56 Mitgiftmorde

»24 771 dowry deaths reported in last 3 years«, 31. Juli 2015, siehe: https://www.indiatvnews.com/news/india/dowry-deaths-reported-in-last-3-years-delhi-govt-53283.html.
Corraya, S., »In Bangladesh, 87 per cent of women victims of domestic violence«, 2. März 2014, siehe: http://www.asianews.it/news-en/In-Bangladesh,-87-per-cent-of-women-victims-of-domestic-violence-30204.html.
Nigam, C., »21 lives lost to dowry every day across India: conviction rate less than 35 per cent«, 22. April 2017, siehe: https://www.indiatoday.in/mail-today/story/dowry-deaths-national-crime-records-bureau-conviction-rate-972874-2017-04-22.
Rao, H., »The wedding ritual that kills 2000 brides in Pakistan every year«, 30. Dezember 2016, siehe: www.en.dailypakistan.com.
ASK, Violence against women – Dowry: January-December 2016, siehe: http://www.askbd.org/ask/2017/01/08/dowry-january-december-2016/.

S. 57–58 Fundamentalistische Kriege gegen Frauen • Boko Haram

Abdelaziz S., »ISIS states its justification for the enslavement of women«, 13. Oktober 2014, siehe: https://edition.cnn.com/2014/10/12/world/meast/isis-justification-slavery/index.html.
Amnesty International, »Iraq: Yezidi survivors of horrific abuse in IS captivity neglected by international community«, 10. Oktober 2016, siehe: https://www.amnesty.org/en/latest/news/2016/10/iraq-yezidi-survivors-of-horrific-abuse-in-is-captivity-neglected-by-international-community/.
Amnesty International, »Escape from Hell: Torture and sexual slavery in Islamic State captivity in Iraq«, 22. Dezember 2014, siehe: https://www.amnestyusa.org/reports/escape-from-hell-torture-sexual-slavery-in-islamic-state-captivity-in-iraq/.
Human Rights Watch, »Iraq: Women suffer under ISIS«, 5. April 2016, siehe: https://www.hrw.org/news/2016/04/05/iraq-women-suffer-under-isis.
Mahmood M., »Double-layered veils and despair … women describe life under ISIS«, in: The Guardian vom 17. Februar 2015, siehe: https://www.theguardian.com/world/2015/feb/17/isis-orders-women-iraq-syria-veils-gloves.
Otten C., »Slaves of ISIS: the long walk of the Yazidi women«, in: The Guardian vom 25. Juli 2017, siehe: https://www.theguardian.com/world/2017/jul/25/slaves-of-isis-the-long-walk-of-the-yazidi-women.
The Crisis Group, Women and the Boko Haram Insurgency.
UNICEF, »Use of children as ›human bombs‹ rising in north east Nigeria«, 22. August 2017.
Warner J und Matfess H., »Exploding Stereotypes: The unexpected operational and demographic characteristics of Boko Haram's suicide bombers«, Combatting Terrorism Center, August 2017, siehe: https://ctc.usma.edu/app/uploads/2017/08/Exploding-Stereotypes-1.pdf.

TEIL 3 GEBURTSRECHTE

Firestone, Sulamith und Koedt, Anne (Hrsg.): Notes from the Third Year: Women's Liberation, New York 1971, S. 119.

S. 60–61 Geburten

World Bank Data, Fertility Rate, Total.

S. 62 Alter beim 1. Kind

CIA World Factbook, Mother's mean age at first birth, siehe: https://www.cia.gov/library/publications/the-world-factbook/fields/352.html.
»In diesem Alter bekommen Frauen inzwischen das erste Kind«, siehe: https://www.welt.de/vermischtes/article204218328/Frauen-bekommen-im-Durchschnitt-mit-30-Jahren-erstes-Kind.html

S. 63–65 Verhütung ist immer noch Frauensache • Verhütungsmethoden • Verwendung von Verhütungsmitteln

UN/ DESA Population Division, World Contraceptive Use 2017, siehe: https://www.un.org/en/development/desa/population/publications/dataset/contraception/wcu2017.asp.

S. 64 Verhütungsmittelanwendung im Wandel

»Contraception and family planning around the world – interactive«, siehe: https://www.theguardian.com/global-development/datablog/2016/mar/08/contraception-and-family-planning-around-the-world-interactive.

S. 66 Initiative »Family Planning 2020«

Clinton Health Access Initiative, Family Planning Market Report: August 2016, siehe: https://clintonhealthaccess.org/2016/08/.

S. 67 Unerfüllte Bedürfnisse

UN/DESA Population Division, World Contraceptive Use 2017, siehe: https://www.un.org/en/development/desa/population/publications/dataset/contraception/wcu2017.asp.
Guttmacher Institute, Adding It Up: Investing in Contraception and Maternal and Newborn Health, 13. Juli 2017, siehe: https://www.guttmacher.org/fact-sheet/adding-it-up-contraception-mnh-2017.

S. 68–69 Müttersterblichkeit

Amnesty International, Deadly Delivery: The Maternal Health Care Crisis in America. 2010, siehe: https://www.amnestyusa.org/reports/deadly-delivery-the-maternal-health-care-crisis-in-the-usa/.
CDC, Reproductive Health, siehe: https://www.cdc.gov/reproductivehealth/index.html.
Creanga A. A. u. a., »Maternal Mortality and Morbidity in the United States: Where Are We Now?«, in: Journal of Women's Health (Januar 2014), S. 3–9.

S. 69 Gefahrenzonen

WHO. GHO data, Skilled attendants at birth, siehe: https://www.who.int/gho/maternal_health/skilled_care/skilled_birth_attendance_text/en/.
WHO, Health Service Coverage, data by country, siehe: http://apps.who.int/gho/data/node.main.REPWOMEN39.
UNICEF, Maternal Mortality.

S. 70 Race, Ort, ethnische Herkunft und Tod

Amnesty International, Deadly Delivery: The Maternal Health Care Crisis in America. 2010, siehe: https://www.amnestyusa.org/reports/deadly-delivery-the-maternal-health-care-crisis-in-the-usa/.

Humphrey M. D. u. a., Maternal deaths in Australia 2008–2012, Maternal deaths series no. 5, Australia Institute Health and Welfare, Canberra 2015.

Creanga A. A. u. a., »Maternal Mortality and Morbidity in the United States: Where Are We Now?«, in: Journal of Women's Health (Januar 2014), S. 3–9.

Creanga A. A. u. a., »Pregnancy-related mortality in the United States, 2006–2010«, in: Obstetrics and Gynecology (Januar 2015), S. 5–12.

Knight M., Maternal mortality and severe morbidity in the UK: Trends and key messages for care, Oxford 2015, siehe: https://www.epicentro.iss.it/itoss/pdf/5%20marzo%202015/Knight.pdf.

Morrison J., »Race and Ethnicity by the Numbers«, in: Americas Quarterly (Frühjahr 2012), siehe: https://www.americasquarterly.org/morrison.

Singh G. K., »Maternal Mortality in the United States, 1935–2007: Substantial Racial/Ethnic, Socioeconomic, and Geographic Disparities Persist. A 75th Anniversary Publication«, Health Resources and Services Administration, Maternal and Child Health Bureau. Rockville, Maryland: U.S. Department of Health and Human Services (Oktober 2010), siehe: https://www.hrsa.gov/sites/default/files/ourstories/mchb75th/mchb75maternalmortality.pdf.

S. 72–73 Abtreibungsgesetze

Guttmacher Institute, International abortion: Legality and Safety, siehe: https://www.guttmacher.org/international/abortion/legality-and-safety.

Sedgh G. u. a., »Abortion incidence between 1990 and 2014: Global, regional, and subregional levels and trends«, in: The Lancet (Juli 2016), S. 258–267.

World Abortion Laws 2017, Center for Reproductive Rights, siehe: https://reproductiverights.org/worldabortionlaws.

Australien

https://www.childrenbychoice.org.au.

Angola

https://worldpopulationreview.com/countries/countries-where-abortion-is-illegal.

https://www.newvision.co.ug/new_vision/news/1455447/angola-backs-total-abortion-ban.

https://www.efe.com/efe/english/life/angola-decriminalizes-same-sex-relations-allows-abortion-in-certain-cases/50000263-3877510.

Demokratische Republik Kongo

https://www.prb.org/expanding-access-to-safe-abortion-in-the-democratic-republic-of-congo/.

Deutschland

https://www.dw.com/en/activists-in-germany-demand-legalization-of-abortion/a-50613936.

https://www.profamilia.de/en/topics/schwangerschaftsabbruch.html.

Griechenland

https://reproductiverights.org/worldabortionlaws?country=GRC&category[294]=294&category[325]=325&category[295]=295&category[296]=296&category[297]=297.

https://www.pewforum.org/2008/09/30/abortion-laws-around-the-world/.

Irland

https://data.oireachtas.ie/ie/oireachtas/act/2018/31/eng/enacted/a3118.pdf.

Kroatien

https://reproductiverights.org/press-room/croatian-court-reaffirms-constitutionality-of-womens-access-to-abortion.

Neuseeland

https://www.theguardian.com/world/commentisfree/2020/mar/20/this-week-we-brought-new-zealands-abortion-laws-into-the-21st-century.

https://www.parliament.nz/en/pb/bills-and-laws/bills-proposed-laws/document/BILL_89814/abortion-legislation-bill.

Nordirland

https://www.irishtimes.com/news/ireland/irish-news/legal-framework-for-northern-ireland-abortion-service-published-1.4212050.

Zypern

https://www.safeabortionwomensright.org/cyprus-the-parliament-has-changed-the-abortion-law-after-three-years-of-inaction/.

https://cyprus-mail.com/2018/03/30/parliament-decriminalises-abortion/.

S. 72 Männliche Zustimmung, wieder einmal

WHO, Global Abortion Policies Database.

Gynopedia, Taiwan, siehe: https://gynopedia.org/Taiwan.

Women on Waves, Abortion Law: Malawi, siehe: https://www.womenonwaves.org/en/page/5002/abortion-law-malawi.

S. 74 Wer treibt ab?

Guttmacher Institute, siehe: www.data.guttmacher.org/regions.

Sedgh G. u. u., »Abortion incidence between 1990 and 2014: Global, regional, and subregional levels and trends«, in: The Lancet (Juli 2016), S. 258–267.

S. 75 Sicherheit und Zugang

Boseley S., »Almost half of all abortions performed worldwide are unsafe, reveals WHO«, in: The Guardian vom 27. September 2017, siehe: https://www.theguardian.com/world/2017/sep/27/almost-half-of-all-abortions-performed-worldwide-are-unsafe-reveals-who.

Ganatra B. u. a., »Global, regional, and subregional classification of abortions by safety, 2010–14«, in: The Lancet (September 2017), S. 2372–2381.

WHO. Fact Sheet. www.who.int/ mediacentre/factsheets/fs388/en/.

S. 76 Die Rückkehr des Kleiderbügels

Feminist Majority Foundation, 2016 National Clinic Violence Survey, Februar 2017, siehe: https://www.feminist.org/anti-abortion-violence/images/2016-national-clinic-violence-survey.pdf.

Guttmacher Institute, United States: Abortion, siehe: https://www.guttmacher.org/united-states/abortion.

Holter L., »Abortion Apocalypse: 7 states have just one abortion clinic and some are in danger of closing«, 11. August 2017, siehe: www.refinery29.com.

S. 77 Söhne bevorzugt

Newport F., »Americans prefer boys to girls, just as they did in 1941«, Gallup 23. Juni 2011, siehe: https://news.gallup.com/poll/148187/americans-prefer-boys-girls-1941.aspx.

S. 78 Indien: Weniger Mädchen als Jungen

Census of India.

S. 79 China: Mehr neugeborene Jungen als Mädchen

UNICEF, Children in China: An Atlas of Social Indicators, 2014.

S. 78–79 Fehlende Frauen

Bongaarts J. und Guilmoto C. Z., »How many more missing women? Excess female mortality and prenatal sex selection, 1970–2050«, in: Population and Development Review (Juni 2015), S. 241–269.

S. 80 Unnatürliche Selektion

Alkema L. u. a., »National, regional, and global sex ratios of infant, child, and under-5 mortality and identification of countries with outlying ratios: a systematic assessment«, in: The Lancet Global Health (August 2014), e521-e530.

Brink S., »Selecting Boys over Girls is a Trend in More and More Countries«, 25. August 2015, siehe: https://www.npr.org/sections/goatsandsoda/2015/08/26/434616512/selecting-boys-over-girls-is-a-trend-in-more-and-more-countries?t=1581699964221.

Bongaarts J. und Christophe Z. G., »How many more missing women? Excess female mortality and prenatal sex selection, 1970–2050«, in: Population and Development Review (Juni 2015), S. 241–226.

Hudson V. und Den Boer A., »When a boy's life is worth more than his sister's«, in: Foreign Policy vom 30. Juli 2015, siehe: https://foreignpolicy.com/2015/07/30/when-a-boys-life-is-worth-more-than-his-sisters-sex-ratio/.

UNFPA, Gender-biased sex selection: Overview.

UNFPA, Sex Imbalances at Birth 2012.

TEIL 4 KÖRPERPOLITIK

Smith, Zadie: Von der Schönheit, Köln 2017, S. 249f.

S. 82–83 Frauen bei den Olympischen Spielen

Center for Human Rights in Iran, »Iranian women made history at Rio Olympics«, 5. September 2016, siehe: https://www.iranhumanrights.org/2016/09/olympics-leila-varizi-2/.

Factsheet, Women in the Olympic movement, update – January 2016. www.olympic.org.

Mooallem J., »Once prohibited, women's ski jumping set to take flight«, in: New York Times vom 1. Februar 2018, siehe: https://www.nytimes.com/interactive/2018/01/30/magazine/winter-olympics-ski-jumping-women.html.

Shepherd S., Kicking Off: How Women in Sport Are Changing the Game, London 2016.

Think Again Graphics 2016, The Gender Games.

S. 84–85 Ein Schritt nach vorne …

Acosta V. und Carpenter L., Women in Intercollegiate Sport. A Longitudinal, National Study, Thirty-Seven Year Update. 1977–2014, siehe: http://www.acostacarpenter.org/2014%20Status%20of%20Women%20in%20Intercollegiate%20Sport%20-37%20Year%20Update%20-%201977-2014%20.pdf.

Allen, S., »John McEnroe: Serena Williams world's best woman tennis player, but would rank ›like 700‹ among men«, in: Chicago Tribune vom 25. Juni 2017, siehe: www. chicagotribune.com.
Caple, N. u. a., »Gender, race, and LGBT inclusion of head coaches of women's collegiate teams. A special collaborative report on select NCAA Division I conferences for the 45th anniversary of Title IX«, Juni 2017, siehe: https://www.cehd.umn.edu/tuckercenter/library/docs/research/2017_Title_IX_at_45_Report.pdf.
World Econonic Forum, »How women won the fight for equal prize money«, siehe: https://www.weforum.org/agenda/2017/07/wimbledon-women-equal-prize-money/.
Isidore C., »Women world cup champs win way less money«, 7. Juli 2015, siehe: https://money.cnn.com/2015/07/07/news/companies/womens-world-cup-prize-money/index.html.
Lines A., »FA in twitter storm over ›sexist‹ tweet after welcoming back Lionesses from Women's World Cup«, in Mirror vom 6. Juli 2015, siehe: https://www.mirror.co.uk/sport/football/news/fa-twitter-storm-over-sexist-6012903.
Longman J., »Number of women coaching in college has plummeted in Title IX era«, in: New York Times vom 30. März 2017, siehe: https://www.mirror.co.uk/sport/football/news/fa-twitter-storm-over-sexist-6012903.
Press Association, »Peter Alliss: Women who want to play at Muirfield should marry a member«, in: The Guardian vom 20. Mai 2016, siehe: https://www.theguardian.com/sport/2016/may/19/peter-alliss-women-play-muirfield-marry-member.
Rothenberg B., »Roger Federer $731 000, Serena Williams $495 000: The Pay Gap in Tennis«, in: The New York Times vom 12. April 2016, siehe: https://www.nytimes.com/2016/04/13/sports/tennis/equal-pay-gender-gap-grand-slam-majors-wta-atp.html.
Stark R., »Where are the women?« in: NCAA. Champion Magazine, siehe: https://www.ncaa.org/static/champion/where-are-the-women/.
»Top 20 tennis earners«, siehe: https://www.totalsportek.com/tennis/atp-career-prize-money-leaders/.

S. 86–87 Der globale Schönheitswettbewerb

The Great Pageant Community, siehe: https://thegreatpageantcommunity.com.
Miss Universe, siehe: https://www.missuniverse.com/about.
Miss World, siehe: https://www.missworld.com/#/.

S. 88–89 Das große Geschäft mit der Schönheit

Abraham M. »The complicated ethics of being a dermatologist in a country where many people want whiter skin«, 8. September 2017, siehe: https://qz.com/india/1072367/skin-lightening-the-dangerous-obsession-thats-worth-billions/.
Biakolo K., »Skin Lightening is a $10 billion industry and Ghana wants nothing to do with it«, 11. Juli 2016, siehe: https://qz.com/africa/718103/skin-lightening-is-a-10-billion-industry-and-ghana-wants-nothing-to-do-with-it/.
Bocca B. u. a., »Toxic metals contained in cosmetics: A status report«, in: Regulatory Toxicology and Pharmacology (Februar 2014), S. 447–467.
Brown A. »Americans' Desire to Shed Pounds Outweighs Effort«, 29. November 2013, siehe: https://news.gallup.com/poll/166082/americans-desire-shed-pounds-outweighs-effort.aspx.
Campaign for Safe Cosmetics, siehe: http://www.safecosmetics.org.
Environmental Working Group. Skin Deep Cosmetics Database, siehe: https://www.ewg.org/skindeep/.
Gallup News, Personal weight Situation, siehe: https://news.gallup.com/poll/7264/personal-weight-situation.aspx.
Moss R., »Two Thirds of Brits Are on a Diet ›Most Of The Time‹, Study Shows«, 10. März 2016, siehe: https://www.huffingtonpost.co.uk/2016/03/10/majority-brits-are-on-a-diet-most-of-the-time_n_9426086.html.
PR Newswire., »Europe Weight Loss and Weight Management Diet Market expected to grow to $3120 million by 2025«, 13. Juli 2017, siehe: https://www.prnewswire.com/news-releases/europe-weight-loss-and-weight-management-diet-market-expected-to-grow-to-3120-million-by-2025-300488234.html.
The Beauty Economy Special Report. Global Cosmetics Market, siehe: http://res.cloudinary.com/yumyoshojin/image/upload/v1/pdf/beauty-economy-2017.pdf.
Top 20 Global Beauty Companies, siehe: https://www.beautypackaging.com/issues/2016-10-01/view_features/top-20-global-beauty-companies-688974/.
Twigg M. »Where plastic is fantastic«, 5. Juli 2007, siehe: https://www.businessoffashion.com/articles/global-currents/where-plastic-is-fantastic-the-worlds-cosmetic-surgery-capitals.
Westervelt A., »Not so pretty: women apply an average of 168 chemicals every day«, in: The Guardian vom 30. April 2015, siehe: https://www.theguardian.com/lifeandstyle/2015/apr/30/fda-cosmetics-health-nih-epa-environmental-working-group.
Women in Europe for a Common Future (WECF), »Women and chemicals: The impact of hazardous chemicals on women«, 2016, siehe: https://www.wecf.eu/download/2016/March/WomenAndChemicals_PublicationIWD2016.pdf.
WWD's Top 10 Beauty Companies of 2016, siehe: https://wwd.com/beauty-industry-news/beauty-features/gallery/wwd-beauty-inc-s-top-10-beauty-companies-of-10864705/.
UNEP 2016, »Global Gender and Environment Outlook«, siehe: https://wedocs.unep.org/bitstream/handle/20.500.11822/14764/Gender_and_environment_outlook_HIGH_res.pdf?sequence=1&isAllowed=y.

S. 90 Der Wunsch nach dem perfekten Körper

American Society of Plastic Surgeons, 2016 Plastic Surgery Statistics Report, siehe: https://www.plasticsurgery.org/news/plastic-surgery-statistics?sub=2016+Plastic+Surgery+Statistics.
Wolpow N., »Plastic surgeons are mostly men, but their patients are mostly women«, 16. August 2017, siehe: https://www.racked.com/2017/8/16/16135076/plastic-surgery-gender-gap.
International Society of Aesthetic Plastic Surgery, International Study on Aesthetic/Cosmetic Procedures Performed in 2016.

S. 91–93 Weibliche Genitalverstümmelung/-beschneidung • Unter dem Messer

Center for Reproductive Rights, Female Genital Mutilation (FGM): Legal Prohibitions Worldwide, siehe: https://reproductiverights.org/document/female-genital-mutilation-fgm-legal-prohibitions-worldwide.
Lubis A. M. und Jong, H. N., »FGM in Indonesia hits alarming level«, in: The Jakarta Post vom 6. Februar 2016, siehe: https://www.thejakartapost.com/news/2016/02/06/fgm-indonesia-hits-alarming-level.html.
UNICEF, Female Genital Mutilation/Cutting Country Profiles, August 2016, siehe: https://www.unicef.org/media/files/FGMC_2016_brochure_final_UNICEF_SPREAD.pdf.
UNFPA, »For many girls, school holidays means FGM cutting season«, 10. August 2017, siehe: https://www.unfpa.org/cuttingseason.
UNFPA, Female Genital Mutilation, siehe: https://www.unfpa.org/female-genital-mutilation.
UNICEF, Female Genital Mutilation/Cutting: A Global Concern. 2016, siehe: https://www.unicef.org/media/files/FGMC_2016_brochure_final_UNICEF_SPREAD.pdf.
UNFPA-UNICEF, Joint Programme on Female Genital Mutilation/Cutting. Accelerating Change: By the Numbers. 2016 report, Juli 2017, siehe: https://www.unfpa.org/publications/accelerating-change-numbers.
WHO, »Female Genital Mutilation; Why is Malaysia still practising female genital mutilation?«, in: The Malaysian Insight vom 6. Februar 2018, siehe: https://www.themalaysianinsight.com/s/36377.

S. 95 Polizeilich registrierte Sexualstraftaten gegen Kinder

UNODC, Total Sexual Offences Against Children, siehe: https://www.unodc.org/southeastasiaandpacific/en/resources/criminal-justice/child-sex-offences.html.

S. 95 Erzwungener Sex

WHO, Violence against women, siehe: https://www.who.int/news-room/fact-sheets/detail/violence-against-women.
UN, The World's Women 2015: Trends and Statistics, siehe: https://unstats.un.org/unsd/gender/worldswomen.html.

S. 96 Sextourismus

Child sex tourism in the world – countries, siehe: https://www.meldkindersekstoerisme.nl.
ECPAT International, siehe: https://www.ecpat.org www.ecpat. org/.
ECPAT, Offenders on the Move: Global Study on Sexual Exploitation of Children in Travel and Tourism 2016, Mai 2016, siehe: https://www.ecpat.org/wp-content/uploads/2019/06/Offenders-on-the-move-Global-Study-on-the-Sexual-Exploitation-of-Children-in-Travel-and-Tourism.pdf.
UN, Report of the Special Rapporteur on the sale of children, child prostitution and child pornography,

2. Dezember 2016, siehe: https://www.ohchr.org/en/issues/children/pages/childrenindex.aspx.

S. 97 Prostitution

Garfinkel R., »A new twist on the world's oldest profession: Nab the Johns, not the prostitutes«, in: Washington Times vom 13. März 2017, siehe: www.washingtontimes.com.

Marian J., »Prostitution Laws in Europe«, siehe: https://jakubmarian.com/prostitution-laws-in-europe/.

UK House of Commons, Home Affairs Committee, Prostitution. Third Report of session 2016–17, siehe: https://publications.parliament.uk/pa/cm201617/cmselect/cmhaff/26/26.pdf.

S. 98–99 Sexhandel

Maiti Nepal, siehe: https://maitinepal.org.

Nazish K., »Women and Girls, A Commodity: Human Trafficking in Nepal«, in: The Diplomat vom 22. Februar 2014, siehe: https://thediplomat.com/2014/02/women-and-girls-a-commodity-human-trafficking-in-nepal/.

»Twin earthquakes in Nepal made it easier for traffickers to sell women into slavery«, in: South China Morning Post vom 25. April 2017, siehe: https://www.scmp.com/news/asia/south-asia/article/2090435/twin-earthquakes-nepal-made-it-easier-traffickers-sell-women.

UN Treaties Depository, siehe: https://treaties.un.org.

UNODC, Global Report on Trafficking in Persons 2016, siehe: https://www.unodc.org/documents/data-and-analysis/glotip/2016_Global_Report_on_Trafficking_in_Persons.pdf.

US State Department, Trafficking in Persons Report, 2017.

S. 100 Pornografie

Darling K., »IP Without IP? A Study of the Online Adult Entertainment Industry«, in: Stanford Technology Law Review (November 2014), S. 709–771.

Dugan A., »Men, Women Differ on Morals of Sex, Relationships. Social and Policy Issues«, 19. Juni 2015, siehe: https://news.gallup.com/poll/183719/men-women-differ-morals-sex-relationships.aspx.

EDsmart, Internet Pornography Stats, siehe: www.edsmart. org/pornography-stats/.

PornHub Insights, 2017 Year in Review.

Ruvolo J., »How Much of the Internet is Actually for Porn? «, in: Forbes vom 7. September 2011, siehe: https://www.forbes.com/sites/julieruvolo/2011/09/07/how-much-of-the-internet-is-actually-for-porn/#46000dac5d16.

Levine L. S., »Feminist Debates: Pornography«, in: Ms. Magazine vom 10. Juni 2014, siehe: https://msmagazine.com/2014/06/10/feminist-debates-1-pornography/.

Wright P. J., »US Males and Pornography, 1973–2010: Consumption, Predictors, Correlates«, in: Journal of Sex Research (November 2013), S. 60–71.

TEIL 5 GESUNDHEIT

S. 102–103 Brustkrebs

Data – world age-standardized rate per 100 000 women.

Ferlay J. u. a., »Cancer incidence and mortality worldwide: Sources, methods and major patterns in GLOBOCAN 2012«, in: International Journal of Cancer (März 2015), S. E359–E386.

IARC. Global Cancer Observatory, siehe: www.gco.iarc.fr/today/home.

World Cancer Research Fund International, Breast cancer statistics, siehe: www.wcrf.org.

S. 102 Wöchentliche Todesrate

IARC. Global Cancer Observatory, Estimated number of deaths, breast cancer, worldwide in 2012, siehe: https://gco.iarc.fr.

S. 104 Brustkrebs – die regionale Lotterie

Data – age-standardized rate per 100 000 women.

Ferlay J. u. a., »Cancer incidence and mortality worldwide: Sources, methods and major patterns in GLOBOCAN 2012«, in: International Journal of Cancer (März 2015), S. E359–E386.

S. 104 Race, Ethnie und Brustkrebs

Data – age-standardized rate per 100 000 women.

CDC, USA. Breast Cancer rates by race and ethnicity, siehe: www.cdc.gov.

S. 105 HIV im östlichen und südlichen Afrika

AVERT, HIV Around the World, siehe: https://www.avert.org/professionals/hiv-around-world.

UNAIDS, AIDsInfo, siehe: https://aidsinfo.unaids.org.

UNAIDS, Global AIDS Update 2016, siehe: https://www.unaids.org/sites/default/files/media_asset/global-AIDS-update-2016_en.pdf.

S. 106–107 Mit HIV leben

UNAIDS, AIDsInfo, siehe: https://aidsinfo.unaids.org.

UNAIDS, Global AIDS Update 2016, siehe: https://www.unaids.org/sites/default/files/media_asset/global-AIDS-update-2016_en.pdf.

CCD, HIV in the USA: At a Glance. New HIV diagnoses in the USA, siehe: https://www.cdc.gov/hiv/statistics/overview/ataglance.html.

S. 107 Wöchentliche Todesrate

AVERT, HIV Around the World, siehe: https://www.avert.org/professionals/hiv-around-world.

CDC, HIV in the United States at a Glance, siehe: https://www.cdc.gov/hiv/statistics/overview/ataglance.html.

UNAIDS, AIDsInfo, siehe: https://aidsinfo.unaids.org.

UNAIDS, Global AIDS Update 2016, siehe: https://www.unaids.org/sites/default/files/media_asset/global-AIDS-update-2016_en.pdf.

S. 108 Medikamente gegen HIV

AVERT, HIV Around the World, siehe: https://www.avert.org/professionals/hiv-around-world.

UNAIDS, AIDsInfo, siehe: https://aidsinfo.unaids.org.

UNAIDS, Global AIDS Update 2016, siehe: https://www.unaids.org/sites/default/files/media_asset/global-AIDS-update-2016_en.pdf.

S. 109 Neue HIV-Infektionen und junge Frauen

AVERT, HIV Around the World, siehe: https://www.avert.org/professionals/hiv-around-world.

UN Women, Facts and Figures: HIV and AIDS, siehe: https://www.unwomen.org/en/what-we-do/hiv-and-aids/facts-and-figures .

UNAIDS, AIDsInfo, siehe: https://aidsinfo.unaids.org.

UNAIDS, Global AIDS Update 2016, siehe: https://www.unaids.org/sites/default/files/media_asset/global-AIDS-update-2016_en.pdf.

S. 110 Tuberkulose

CDC, USA. Tuberculosis: Data and Statistics. 2016, siehe: https://www.cdc.gov/mmwr/volumes/66/wr/mm6611a2.htm.

TB Facts.Org., siehe: https://tbfacts.org/tb-statistics/.

WHO, Gender and Tuberculosis, January 2002, siehe: https://apps.who.int/iris/bitstream/handle/10665/68891/a85584.pdf?sequence=1.

WHO, Global Tuberculosis Report 2017.

WHO, Tuberculosis Factsheets. Oktober 2017, siehe: https://www.who.int/news-room/fact-sheets/detail/tuberculosis.

S. 111–112 Malaria • Jährliche Malariamortalität

Murray C. J. L. u. a., »Global malaria mortality between 1980 and 2010: A systematic analysis«, in: The Lancet (Februar 2012) S. 413–431.

Roll Back Malaria, Gender and Malaria. September 2015. Factsheet on Gender and the SDGs, siehe: www.rollbackmalaria.org.

UNDP, December 2015. Discussion Paper: Gender and Malaria, siehe: https://www.undp.org/content/dam/undp/library/HIV-AIDS/Gender%20HIV%20and%20Health/Discussion%20Paper%20Gender_Malaria.pdf.

Wang H. u. a., »Global, regional, and national under-5 mortality, adult mortality, age-specific mortality, and life expectancy, 1970–2016: A systematic analysis for the Global Burden of Disease Study 2016«, in: The Lancet (September 2017), S. 1084–1150.

WHO, Gender, Health and Malaria. Gender and Health Information sheet, Juni 2007, siehe: https://www.who.int/gender-equity-rights/knowledge/gender_malaria_leaflet/en/.

WHO. World Malaria Report 2015.

WHO. World Malaria Report 2016.

WHO. World Malaria Report 2017.

S. 113 No-go-Area

UNICEF und WHO, Progress on drinking water, sanitation and hygiene: 2017 update and SDG baselines, Juli 2017.

S. 114–115 Trinkwasser • Verschmutztes Wasser

Environmental Working Group's Tap Water Database, siehe: https://www.ewg.org/tapwater/.

Prüss-Ustün A. u. a., »Burden of disease from inadequate water, sanitation and hygiene in low- and middle-income settings: A retrospective analysis of data from 145 countries«, in: Tropical Medicine and International Health (August 2014), S. 894–905.

UNEP 2016, siehe: https://wedocs.unep.org/bitstream/handle/20.500.11822/19529/UN%20Environment%202016%20Annual%20Report.pdf?sequence=1&isAllowed=y.

Stehle S. und Schulz R., »Agricultural insecticides threaten surface waters at the global scale«, in: Proceedings of the National Academy of Sciences (April 2015), S. 5750–5755.

UN Environment, Global Gender and Environment Outlook, siehe: https://www.unenvironment.org/resources/report/global-gender-and-environment-outlook-ggeo.

UNICEF und WHO, Progress on drinking water, sanitation and hygiene: 2017 update and SDG baselines, Juli 2017.

S. 116–117 Toiletten • Das Recht zu pinkeln!

Ingraham C., »1.6 million Americans don't have indoor plumbing«, in: The Washington Post vom 23. April 2014, siehe: https://www.washingtonpost.com/news/wonk/wp/2014/04/23/1-6-million-americans-dont-have-indoor-plumbing-heres-where-they-live/.

Mundy K. u. a., »No girl left behind – education in Africa«, März 2015, siehe: https://www.globalpartnership.org/blog/no-girl-left-behind-education-africa.

OECD, Housing Quality Database. HC2.3.A1. Share of households without exclusive flushing toilet, by poverty status and year, siehe: https://www.oecd.org/els/family/HC2-2-Households-without-flushing-toilet.pdf.

Roma E. und Pugh I., Toilets for Health. A report by the London School of Hygiene and Tropical Medicine in collaboration with Domestos, London 2012.

UN Environment, Global Gender and Environment Outlook, siehe: https://www.unenvironment.org/resources/report/global-gender-and-environment-outlook-ggeo.

UNICEF und WHO, Progress on drinking water, sanitation and hygiene: 2017 update and SDG baselines, Juli 2017.

United States Census, American Community Survey 2015.

WHO, Sanitation Fact Sheet, Juli 2017, siehe: https://www.who.int/news-room/fact-sheets/detail/sanitation.

S. 118 Verschmutzter Planet

Grandjean P. und Martine B., »Calculation of the disease burden associated with environmental chemical exposures: application of toxicological information in health economic estimation«, in: Environmental Health (Dezember 2017). S. 12940–12957.

Landrigan P. J. u. a., »The Lancet Commission on pollution and health«, in: The Lancet (Oktober 2017), S. 32354–32360.

Zitat Rachel Carson aus: Carson R., Der stumme Frühling, München 2019, S. 354.

Zitat Sylvia Earle: Earle S., Natural History Museum Annual Lecture, Channel 4 News UK am 3. Dezember 2017, siehe: https://www.channel4.com/news/sylvia-earle-americas-female-aquanaut.

USA NIEHS/EPA, Children's Environmental Health and Disease Prevention Research Centers. Impact Report. 2017.

S. 119 Tödlicher Staub • Giftige Chemikalien in Innenräumen

Gore, A. C. u. a., »EDC-2: The Endocrine Society's second scientific statement on endocrine-disrupting chemicals«, in: Endocrine Reviews (November 2015), S. E1-E150.

Knower K. C. u. a., »Endocrine disruption of the epigenome: a breast cancer link«, in: Endocrine-related cancer (März 2014), S. T33-T55.

Mitro S. D. u. a., »Consumer product chemicals in indoor dust: a quantitative meta-analysis of US studies«, in: Environmental Science and Technology (Oktober 2016), S. 10661–10672.

US EPA, Indoor Air Quality. Pesticides' Impact on Indoor Air Quality, siehe: https://www.epa.gov/indoor-air-quality-iaq/pesticides-impact-indoor-air-quality.

S. 120 Tödliche Luft

Prüss-Ustün A. u. a., Preventing Disease through Healthy Environments: A Global Assessment of the Burden of Disease from Environmental Risks, WHO Genf 2012, siehe: https://apps.who.int/iris/handle/10665/204585.

Smith K. R. u a., »Millions dead: how do we know and what does it mean? Methods used in the comparative risk assessment of household air pollution«, in: Annual Review of Public Health (2014), S. 185–206.

WHO, Burden of disease from household air pollution for 2012. Summary of results.

WHO, Guidelines for Indoor Air Quality: Household Fuel Combustion, 2014.

WHO, Ambient Air Pollution: A global assessment of exposure and burden of disease, 2012.

WHO, Global Health Observatory Data: Household Air Pollution, siehe: https://www.who.int/gho/phe/indoor_air_pollution/en/.

S. 121 Finger weg vom Fisch!

Fontaine J. u. a., »Re-Evaluation of Blood Mercury, Lead and Cadmium Concentrations in the Inuit Population of Nunavik (Québec): A Cross-Sectional Study«, in: Environmental Health (Juni 2008), S. 25.

Mortensen M. E. u. a., »Total and methyl mercury in whole blood measured for the first time in the US population: NHANES 2011–2012«, in: Environmental Research (Oktober 2014), S. 257–264.

UN Environment, BRI, IPEN, Mercury Monitoring in Women of Child-Bearing Age in the Asia and the Pacific Region, April 2017.

TEIL 6 ARBEIT

S. 123 Getrennte Arbeitsbereiche

American Dental Association, Women in Dentistry, siehe: https://www.ada.org/en/publications/ada-news/2016-archive/january/women-in-dentistry-see-progress-continued-challenges.

Catalyst, Women in Male-Dominated Industries and Occupations, 30. Mai 2017, siehe: https://www.catalyst.org/research/women-in-male-dominated-industries-and-occupations/.

Chalabi M., »Dear Mona, How many flight attendants are men?«, 3. Oktober 2014, siehe: https://fivethirtyeight.com/features/dear-mona-how-many-flight-attendants-are-men/.

Gender Gap Grader, »How many women in the Airman Database?«, siehe: http://gendergapgrader.com/studies/airline-pilots/.

Joshi S., »Meet India's courageous women cab drivers«, 14. Dezember 2015, siehe: https://mashable.com/2015/12/14/indias-women-cab-drivers/?europe=true.

Kelly G., »Veterinary medicine is a woman's world«, in: Veterinarian's Money Digest vom 7. Mai 2017, siehe: https://www.vmdtoday.com/news/veterinary-medicine-is-a-womans-world.

Medical Council of New Zealand, Workforce statistics: The New Zealand Medical Workforce, siehe: https://www.mcnz.org.nz/about-us/what-we-do/workforce-survey/.

United Nations Statistics Division, The World's Women 2015: Trends and Statistics, siehe: https://unstats.un.org/unsd/gender/worldswomen.html.

UNESCO, Percentage of female teachers by level of education, siehe: http://data.uis.unesco.org/index.aspx?queryid=178.

Women in Informal Employment: Globalizing and Organizing, Women in India's Construction Industry, siehe: www.wiego.org.

World Bank, World Development Report, Chapter 5: Gender Equality and Development. 2012.

WHO, Global Health Observatory Data, siehe: http://apps.who.int/gho/data/?theme=main.

S. 124–125 Berufstätige Frauen

ILO, Labour Force Participation by Age and Sex, siehe: https://www.ilo.org/ilostat-files/Documents/Stats_sheet_labour_force_participation_EN.pdf.

OECD, Labour force participation rate (indicator) 2017, siehe: https://data.oecd.org/emp/labour-force-participation-rate.htm.

S. 124 Zeig mir das Geld

USAID, The DHS Program. Demographic and Health surveys, siehe: https://dhsprogram.com/data/available-datasets.cfm.

S. 126–127 Die Einkommenslücke

AAUW, The Simple Truth about the Gender Pay Gap, Washington 2017.

»BBC's 9 % gender pay gap revealed«, 4. Oktober 2017, siehe: https://www.bbc.com/news/entertainment-arts-41497265.

Business and Human Rights Resource Center, »Walmart Lawsuit«, siehe: https://www.business-humanrights.org/en/walmart-lawsuit-re-gender-discrimination-in-usa?page=5&dateorder=dateasc.

Drogan R., Statistical Analysis of Gender Patterns in Wal-Mart Workforce, Berkeley 2003, siehe: http://www.walmartclass.com/staticdata/reports/r2.pdf.

Eurostat, Labour Market Tables, Earnings, siehe: https://ec.europa.eu/eurostat/web/labour-market/earnings/main-tables.

»Es tut sich was in Sachen Gleichstellung«, 26. Februar 2020, siehe: https://www.sueddeutsche.de/wirtschaft/gleichstellung-arbeitsmarkt-gehalt-1.4818871.

ILO, Global Wage Report 2016/17: Wage inequality in the workplace, siehe: https://www.ilo.org/global/research/global-reports/global-wage-report/2016/lang--en/index.htm.

Kottasova I., »Iceland makes it illegal to pay women less than men«, in: CNN Money vom 3. Januar 2018, siehe: https://money.cnn.com/2018/01/03/news/iceland-gender-pay-gap-illegal/index.html.

S. 128–129 Frauenarbeit

ILO, Informal employment, siehe: www.ilo.org/ilostat/.

S. 128–129 Das globale Fließband • Exportproduktionszonen

Beneria L., Globalization and Gender: Employment Effects, Workshop, Kairo 2005.

Boyenge J., »ILO database on export processing zones (revised)«, ILO Working Papers 2007.

Enloe C., Bananas, Beaches and Bases, Berkeley 2014.

Hoskins T. »Reliving the Rana Plaza factory collapse: A history of cities in 50 buildings, day 22«, in: The

Guardian vom 23. April 2015, siehe: https://www.theguardian.com/cities/2015/apr/23/rana-plaza-factory-collapse-history-cities-50-buildings.
Sukthankar A. und Gopalakrishnan R., Freedom of Association for Women Workers in EPZs: a Manual, ILO 2012, siehe: https://www.ilo.org/wcmsp5/groups/public/---dgreports/---gender/documents/publication/wcms_186807.pdf.

S. 130 Es ist einsam an der Spitze

Bei den EU-Ländern Island und Norwegen sowie der Türkei beziehen sich die Angaben auf den Frauenanteil an den Vorstandssitzen der 50 größten börsennotierten Unternehmen des Blue-Chip-Index im jeweiligen Land (ausschließlich der im jeweiligen Land registrierten Unternehmen). »Vorstandsmitglieder« meint die Mitglieder der höchsten Entscheidungsinstanz des jeweiligen Unternehmens, beispielsweise den Vorstand eines unitär geführten oder den Aufsichtsrat eines dualistisch geführten Unternehmens. Bei Unternehmen, deren Daten auf dem MSCI (2015) basieren, beziehen sich die Angaben auf den Frauenanteil an den Vorstandssitzen, die vom »global director reference universe« erfasst werden: einer Auswahl von 4218 globalen Unternehmen, die alle Unternehmen der MSCI ACWI, World, EAFE, und Emerging Markets Indizes umfassen, sowie 1700 Large Caps und Mid Caps, darunter 900, die in den Vereinigten Staaten eingetragen sind oder hauptsächlich dort gehandelt werden. Die Niederlande, Frankreich, Deutschland, Belgien und Italien haben ab 2011 eine Frauenquote für Unternehmensvorstände eingeführt. In Indien wurde eine Frauenquote eingeführt, nach der in jedem Unternehmensvorstand eine Frau sitzen muss.
Guynn J., »Women can't crack the glass ceiling when it comes to tech boards«, in: USA Today vom 25. August 2017, siehe: https://eu.usatoday.com/story/tech/2017/08/25/women-missing-tech-boards/598706001/.
Harvard Law School Forum on Corporate Governance, »Gender Parity on Boards around the World«, 5. Januar 2017, siehe: https://corpgov.law.harvard.edu/2017/01/05/gender-parity-on-boards-around-the-world/.
Jones S., »White Men Account for 72% of Corporate Leaderships of the Fortune 500 Companies«, in: Fortune vom 9. Juni 2017, siehe: https://fortune.com/2017/06/09/white-men-senior-executives-fortune-500-companies-diversity-data/.
OECD, Female share of seats on boards of the largest publicly listed companies, siehe: https://stats.oecd.org/index.aspx?queryid=54753.
Tam P., »Join Our Board: Companies Hotly Pursue New Wave of Women in Tech«, in: New York Times vom 30. Dezember 2016, siehe: https://www.nytimes.com/2016/12/30/technology/join-our-board-companies-hotly-pursue-new-wave-of-women-in-tech.html.
The Economist, The glass ceiling index 2017, siehe: https://infographics.economist.com/2017/glass-ceiling/.

S. 131 Mutterschafts- und Vaterschaftsurlaub

ILO, Maternity and paternity at work: law and practice across the world, 2014.

S. 132 Arbeitslosigkeit

ILO, Key Indicators of the Labour Market, ILO Stats. 2017.

S. 132 Race und Geschlecht – Intersektionalität bei der Arbeit

Department of Women, South Africa, The Status of Women in the South African Economy, 2015, siehe: https://www.gov.za/sites/default/files/gcis_document/201508/statusofwomeninsaeconomy.pdf.
US Department of Labor, Bureau of Labor Statistics, siehe: https://www.bls.gov/web/empsit/cpsee_e16.htm.

S. 133 Teilzeitarbeit

ILO, Key Indicators of the Labour Market, Time-Related Unemployment, Genf 2016.
ILO, INWORK Policy Brief 7, »The Diversity of ›Marginal‹ Part-Time Employment«, siehe: https://www.ilo.org/travail/info/fs/WCMS_375630/lang--en/index.htm.

S. 134 Haus- und Betreuungsarbeit

UN Statistics Division. Unpaid work. Minimum Set of Gender Indicators. www.genderstats.un.org/#/indicators.
Fletcher R., »Women spend 50% more time in unpaid housework«, 1. Juni 2017, siehe: https://www.cbc.ca/news/canada/calgary/men-women-housework-unpaid-statistics-canada-1.4141367.
OECD Stats. Employment: Time spent in paid and unpaid work by sex, siehe: https://stats.oecd.org/index.aspx?queryid=54757.
Bureau of Labor Statistics, American Time Use Survey, Charts by topic: Household activities, siehe: https://www.bls.gov/tus/charts/household.htm.
The Unpaid Care Work and the Labour Market. An analysis of time use data based on the latest World Compilation of Time-use Surveys, 2019, siehe: http://www.ilo.org/wcmsp5/groups/public/---dgreports/---gender/documents/publication/wcms_732791.pdf, S. 45–46.

S. 135 Wer wäscht die Wäsche?

Singh A., »36 household chores men don't bother to do«, in: The Telegraph vom 6. Oktober 2014, siehe: https://www.telegraph.co.uk/women/womens-life/11141910/36-household-chores-men-dont-bother-to-do.html.

S. 136 Haushaltsentscheidungen

USAID, The DHS Program. Demographic and Health Surveys, Country Reports, siehe: https://dhsprogram.com.

S. 137 Kinderarbeit

ILO. Global estimates of child labour: Results and trends, 2012–2016. 2017.
UNICEF. Child Labor Database, siehe: https://data.unicef.org/topic/child-protection/child-labour/.

S. 138 Wasserbeschaffung • Wer geht wie viel Wasser holen?

Office of the UN High Commissioner for Human Rights, The Right to Water. Human Rights Fact Sheet #35, 2010.
UN Women, SDG 6: Ensure availability and sustainable management of water and sanitation for all, 2016.
UN Women, Progress of the World's Women, 2015–2016: Transforming Economies, Realizing Rights.
UNEP, Global Gender and Environment Outlook, 2016.
United Nations Statistics Division, The World's Women 2015: Trends and Statistics, siehe: https://unstats.un.org/unsd/gender/worldswomen.html.

S. 140–141 Landarbeit • In der Agrarforschung beschäftigte Frauen • Zugang zu landwirtschaftlicher Beratung

Action Aid, Policy Brief 2015: Delivering Women Farmers' Rights, siehe: https://actionaid.org/publications/2015/policy-brief-delivering-women-farmers-right.
Archambault C. S. und Zoomers A. (Hg.), Global Trends in Land Tenure Reform: Gender Impacts, London 2015.
Beintema N., »An assessment of the gender gap in African agricultural research capacities« in: Journal of Gender, Agriculture and Food Security. Bd. 2 (2017), S. 1–13.
Doss C. u. a., »Women in agriculture: Four myths«, in: Global Food Security (November 2017), S. 69–72.
Global Forum for Rural Advisory Services, Fact Sheet on Extension Services, Juni 2012.
World Bank, Employment in Agriculture, Female (% of female employment), siehe: https://data.worldbank.org/indicator/SL.AGR.EMPL.FE.ZS.

S. 142 Arbeitsteilung in der Landwirtschaft • Geschlechtsspezifische Arten des Pestizidkontakts

Catholic Relief Services, Women's work in Coffee, siehe: https://coffeelands.crs.org/2014/09/422-womens-work-in-coffee/.
FAO/ EU/ Pesticide Action Network, Protecting farmers and vulnerable groups from pesticide poisoning, Mai 2014–2015, siehe: http://awhhe.am/wp-content/uploads/2015/04/Final-FSU-report-PAN-UK-25-7-15.pdf.
Lusiba G. S. u. a., »Intra-household gender division of labour and decision-making on rice postharvest handling practices: A case of Eastern Uganda«, in: Cogent Social Sciences (Februar 2017).
UNEP, Global Gender and Environment Outlook. 2016.

S. 143 Fischfang • Fischverarbeitung • Fischzucht

Asian Fisheries Society, Gender in Aquaculture and Fisheries: Engendering Security in Aquaculture and Fisheries, Band 30S (2017).
Brugere C. und Williams M., Women in Aquaculture, Profile, 2017, siehe: https://www.genderaquafish.org/discover-gaf/gaf-networks-and-resources/women-in-aquaculture/.
FAO, National Aquaculture Sector Overview, (NASO) Fact Sheets, siehe: http://www.fao.org/fishery/collection/naso/en.
FAO, The State of World Fisheries and Aquaculture 2016. Contributing to food security and nutrition for all, siehe: http://www.fao.org/3/a-i5555e.pdf.
UNEP, Global Gender and Environment Outlook, 2016, siehe: https://www.unenvironment.org/resources/report/global-gender-and-environment-outlook-ggeo.
World Bank, Hidden harvest: The global contribution of capture fisheries, 2012, siehe: http://documents.worldbank.org/curated/en/515701468152718292/

Hidden-harvest-the-global-contribution-of-capture-fisheries.
World Bank/FAO, Gender in agriculture sourcebook, 2018.

S. 144–145 Arbeitsmigration • Hausangestellte

Altorjai S. und Batalova J., »Immigrant Health-Care Workers in the United States«, Migration Policy Institute, 28. Juni 2017, siehe: https://www.migrationpolicy.org/article/immigrant-health-care-workers-united-states.
Cortés P. und Pan J., »Foreign Nurse Importation to the United States and the Supply of Native Registered Nurses«, in: Journal of Health Economics (September 2014), S. 164–180.
ILO, Global estimates of migrant workers and migrant domestic workers: results and methodology, 2015.
ILO, Domestic workers across the world: global and regional statistics and the extent of legal protection, 2013.
International Migration Organization, siehe: https://gmdac.iom.int/gmdac-migfacts-international-migration.
House of Commons, Briefing Paper # 7783. NHS Staff from Overseas, 16. Oktober 2017, siehe: https://researchbriefings.parliament.uk/ResearchBriefing/Summary/CBP-7783.
Li, H., »The benefits and caveats of international nurse migration«, in: International Journal of Nursing Sciences (August 2014), S. 314–317.
McCabe K., »Foreign-Born Health Care Workers in the United States«, 27. Juni 2012, siehe: https://www.migrationpolicy.org/article/foreign-born-health-care-workers-united-states.
Philippine Government, Overseas workers, siehe: http://www.poea.gov.ph/ofwstat/compendium/2015.pdf und http://www.poea.gov.ph/ofwstat/deppercountry/2010.pdf.
WHO, Migration of health workers: the WHO code of practice and the global economic crisis, 2014.

TEIL 7 BILDUNG UND VERNETZUNG

S. 147 Durchschnittliche Schuljahre

United Nations Statistics Division, The World's Women 2015: Trends and Statistics, siehe: https://unstats.un.org/unsd/gender/worldswomen.html.
UN Women, Progress of the World's Women 2015–2016: Transforming Economies, Realizing Rights.

S. 148–149 Ohne Schulabschluss • Gendergaps beim Grundschulabschluss • Einkommen und Schulabschluss

UNICEF, Primary Education, siehe: https://data.unicef.org/topic/education/primary-education/.
World Bank, World Development Indicators. Education Completion and Outcomes, siehe: http://wdi.worldbank.org/table/2.10.

S. 150–151 Jenseits der Sekundarstufe

UNESCO. Gross enrolment ratio by level of education. www.data.uis.unesco.org/?queryid=142.

S. 150 Race, ethnische Herkunft und Geschlecht in den USA

National Center for Education Statistics, Digest of Education Statistics, siehe: https://nces.ed.gov/programs/digest/.

S. 152–153 Allmählicher Fortschritt • Hochschulbildung

D'ujanga F. M. u. a., »Female physicists in Ugandan universities«, in: AIP conference proceedings 1697 (Dezember 2015).
Reid D. M., Cairo University and the Making of Modern Egypt, Cambridge 1990.
The University of Tokyo, History of Todai Women, siehe: https://www.u-tokyo.ac.jp/kyodo-sankaku/en/activities/model-program/library/UTW_History/Page03.html.
Jones, C., »Women's access to higher education: an overview (1860–1948) «, 21. Juli 2012, siehe: https://katamachungers.wordpress.com/2013/11/18/womens-access-to-higher-education-an-overview-1860-1948/.

S. 154 520 Millionen Frauen können dies nicht lesen

World Bank, Literacy rate, adult female, siehe: https://data.worldbank.org/indicator/SE.ADT.LITR.FE.ZS.

S. 155–156 Es sieht gut aus • Große Fortschritte

United Nations Statistics Division, The World's Women 2015: Trends and Statistics, siehe: https://unstats.un.org/unsd/gender/worldswomen.html.
World Bank, Literacy rate, adult female, siehe: https://data.worldbank.org/indicator/SE.ADT.LITR.FE.ZS.

S. 157 Funktionaler Analphabetismus

ETS Research, Understanding the Basic Reading Skills of US Adults: Reading Components in the PIAAC Literacy Survey, siehe: http://www.ets.org/research/policy_research_reports/publications/report/2015/jvnx.
OECD, Time for the U.S. to Reskill? What the Survey of Adult Skills Says, Paris 2013.
Rampey B. D. u. a., Highlights from the US PIAAC Survey of Incarcerated Adults: Their Skills, Work Experience, Education, and Training. Program for the International Assessment of Adult Competencies, 2014 (NCES 2016-040), November 2016.
US Department of Education, National Center for Education Statistics, Program for the International Assessment of Adult Competencies (PIAAC), 2012 und 2014.

S. 158–159 Als Computer weiblich waren • Männerwelt

Blitz M., »The true story of ›Hidden Figures‹ and the women who crunched the numbers for NASA«, in: Popular Mechanics vom 3. Februar 2017, siehe: https://www.popularmechanics.com/space/rockets/a24429/hidden-figures-real-story-nasa-women-computers/.
Engel K., »Admiral ›Amazing Grace‹ Hopper, pioneering computer programmer«, 21. Oktober 2013, siehe: http://amazingwomeninhistory.com/amazing-grace-hopper-computer-programmer/.
Fessenden M., »What happened to all the women in computer science?«, 22. Oktober 2014, siehe: https://www.smithsonianmag.com/smart-news/what-happened-all-women-computer-science-1-180953111/.
Galvin G., »Study: Middle school is key to girls' coding interest«, in: U.S.News vom 20. Oktober 2016, siehe: https://www.usnews.com/news/data-mine/articles/2016-10-20/study-computer-science-gender-gap-widens-despite-increase-in-jobs.
Garber M., »Computing power used to be measured in ›kilo-girls‹«, in: The Atlantic vom 16 Oktober 2013, siehe: https://www.theatlantic.com/technology/archive/2013/10/computing-power-used-to-be-measured-in-kilo-girls/280633/.
Henn, S., »When women stopped coding«, 21. Oktober 2014, siehe: https://www.npr.org/sections/money/2014/10/21/357629765/when-women-stopped-coding?t=1582204891365.
National Center for Education Statistics, siehe: https://nces.ed.gov.
NPR, »›Most Beautiful Woman‹ by Day, Inventor by Night«, 22, November 2011, siehe: https://www.npr.org/2011/11/27/142664182/most-beautiful-woman-by-day-inventor-by-night.
The ENIAC programmers project, siehe: http://eniacprogrammers.org.
Varma R. und Kapur D., »Decoding Femininity in Computer Science in India«, in: Communications of the AMC (April 2015), S. 56–62, siehe: https://cacm.acm.org/magazines/2015/5/186026-decoding-femininity-in-computer-science-in-india/abstract.
Wenner M., »Hedy Lamarr, Not Just a Pretty Face«, in: Scientific American vom 3. Juni 2008, siehe: https://www.scientificamerican.com/article/hedy-lamarr-not-just-a-pr/.

S. 160 Prozentualer Anteil der Haushalte mit einem Computer • Prozentualer Anteil der amerikanischen Haushalte mit einem Desktop-Rechner oder Laptop

Anderson M. und Perrin A., »Disabled Americans are less likely to use technology«, siehe: https://www.pewresearch.org/fact-tank/2017/04/07/disabled-americans-are-less-likely-to-use-technology/.
Camille R. und Lewis JM., Computer and Internet Use in the United States: 2015, siehe: https://www.census.gov/content/dam/Census/library/publications/2017/acs/acs-37.pdf.
Internet use by gender, 11. Januar 2017, siehe: https://www.pewresearch.org/internet/chart/internet-use-by-gender/.
ITU. Key ICT indicators, siehe: https://www.itu.int/en/ITU-D/Statistics/Pages/stat/default.aspx.
Perrin A., »Digital gap between rural and non-rural America persists«, siehe: https://www.pewresearch.org/fact-tank/2019/05/31/digital-gap-between-rural-and-nonrural-america-persists/.
US Census Bureau, Computer and Internet Use in the United States: 2015, Report number: ACS-37, siehe: https://www.census.gov/content/dam/Census/library/publications/2017/acs/acs-37.pdf.

S. 161 Geschlechterkluft im Ländervergleich

ITU, Gender Internet stats 2017, siehe: https://www.itu.int/en/Pages/default.aspx.

S. 162 Digitale Kluft • Geschlechterkluft im Weltregionenvergleich

ITU, ICT Facts and Figures 2016.
ITU, ICT Facts and Figures 2017.
ITU, Measuring the Information Society, 2016.
World Bank. Individuals using the internet, percentage of population, siehe: https://data.worldbank.org/indicator/IT.NET.USER.ZS.

S. 163 Immer auf dem Laufenden: Nachrichten • Immer auf dem Laufenden: Gesundheit

ITU, Measuring the Information Society, 2016.

Pew Research Center, »Internet seen as positive influence on education, but negative on morality in emerging and developing nations«, 19. März 2015, siehe: https://www.pewresearch.org/global/2015/03/19/internet-seen-as-positive-influence-on-education-but-negative-influence-on-morality-in-emerging-and-developing-nations/.

S. 165 Cyber-Mobbing

Duggan M., »Online Harassment 2017«, 11. Juli 2017, siehe: https://www.pewresearch.org/internet/2017/07/11/online-harassment-2017/.

Williams M., »Facebook Diversity Update: Positive Hiring Trends Show Progress«, Facebook Newsroom, 14. Juli 2016, siehe: https://about.fb.com/news/2016/07/facebook-diversity-update-positive-hiring-trends-show-progress/.

Ghosh, S., »Google is making slow progress on hiring people who aren't white men«, 30. Juni 2017, siehe: https://www.businessinsider.com.au/google-diversity-statistics-2017-2017-6.

Siminoff J., »Building a more inclusive Twitter«, 19. Januar 2017, siehe: https://blog.twitter.com/en_us/topics/company/2017/building-a-more-inclusive-twitter-in-2016.html.

Wagner K., »Twitter says it ›met many‹ of its goals around diversity last year, so it's setting new goals for 2017«, 19. Januar 2017, siehe: www.recode.net.

S. 166–168 Der Mythos von der verbundenen Welt • Für manche Frauen ist die Kluft sogar noch größer • Die Kluft schließt sich • Ich kann es mir nicht leisten

Bellman E. und Malhotra A., »Why the vast majority of women in India will never own a smartphone«, in: The Wall Street Journal vom 13. Oktober 2016, siehe: https://www.wsj.com/articles/why-the-vast-majority-of-women-in-india-will-never-own-a-smartphone-1476351001.

GSMA: Connected Women. Bridging the Gender Gap: Mobile access and usage in low- and middle-income countries 2015, siehe: https://www.gsma.com/mobilefordevelopment/wp-content/uploads/2016/02/Connected-Women-Gender-Gap.pdf.

UNCTAD, Measuring ICT and gender: An assessment 2014.

World Economic Forum, Global Gender Gap Report 2016.

TEIL 8 BESITZ UND ARMUT

S. 170–171 Besitz: Die Rechte von Frauen, Land zu besitzen, es zu nutzen und darüber zu verfügen • Afrika: Land, das sich in »Privatbesitz« befindet • Prozentualer Anteil weiblicher Grundbesitzer

Anmerkung: Der Inhaber oder die Inhaberin eines landwirtschaftlichen Betriebs hat die fachliche und wirtschaftliche Verantwortung für die landwirtschaftliche Produktionseinheit.

Doss C. u. a., »Gender Inequalities in Ownership and Control of Land in Africa: Myths versus Reality«, IFPRI Discussion Paper 01308, Dezember 2013, siehe: https://papers.ssrn.com/sol3/papers.cfm?abstract_id=2373241.

FAO, Gender and Land Rights Database, siehe: http://www.fao.org/gender-landrights-database/en/.

Landesa, Rural Development Institute, siehe: https://www.landesa.org.

Massay G., »Africa's women are still waiting for equal inheritance rights«, 21. Juni 2017, siehe: https://womendeliver.org/2017/africas-women-still-waiting-equal-inheritance-rights/.

OECD, Social Instructions and Gender index 2014 Synthesis Report. United Nations Statistics Division, The World's Women 2015: Trends and Statistics, siehe: https://unstats.un.org/unsd/gender/worldswomen.html.

UNEP, Global Gender and Environment Outlook 2016.

Women Deliver, »Women's land: Closing the gender gap in Sub-Saharan Africa«, siehe: https://womendeliver.org/2017/womens-land-closing-gender-gap-sub-saharan-africa/.

S. 171 Wohneigentum in den USA

Rickert L., »US Census Bureau: Native American Statistics«, 24. November 2016, siehe: www.nativenewsonline.net.

US Census, Table 15: Annual estimates of the housing inventory by age and family status sowie Table 16: Homeownership rates by race and ethnicity, siehe: https://www.census.gov/housing/hvs/data/histtabs.html.

S. 172 Erben

Iqbal S., »Women, Business and the Law 2016: Getting to Equal«, World Bank Group, September 2015, siehe: http://documents.worldbank.org/curated/en/455971467992805787/Women-business-and-the-law-2016-getting-to-equal.

Dray K., »›This is some Jane Austen-level BS‹: why it's time to stamp out Britain's sexist inheritance rules«, Stylist 2016.

Lyall S., »Son and heir? In Britain daughters cry no fair«, in: New York Times vom 22. Juni 2013, siehe: https://www.nytimes.com/2013/06/23/world/europe/son-and-heir-in-britain-daughters-cry-no-fair.html.

BBC News: »Women could inherit if they change gender, says Earl«, 30. November 2017, siehe: https://www.bbc.com/news/uk-42182747.

World Economic Forum, The Global Gender Gap Report 2017.

S. 173 Keine Rücklagen

Demirguc-Kunt A. u. a., »The Global Findex Database 2014: Measuring Financial Inclusion around the World«, Policy Research Working Paper 7255, World Bank, Washington DC. 2015.

World Bank, Global Findex Database 2014: Measuring Financial Inclusion Around the World.

S. 174 Leben am Limit

UNDP, Human Development Reports. Multidimensional Poverty, siehe: http://www.hdr.undp.org.

S. 175 Extreme Armut

UNDP, Human Development Reports. Population living below income poverty line, siehe: http://www.hdr.undp.org.

S. 176 Armutsrisiko in Europa

Eurostat, At-risk of poverty rate by sex, siehe: https://ec.europa.eu/eurostat/en/web/products-datasets/-/TESSI010.

Die soziale Situation in Deutschland, 26. November 2019, siehe: https://www.bpb.de/nachschlagen/zahlen-und-fakten/soziale-situation-in-deutschland/61785/armutsgefaehrdung.

S. 177 Mittellos in Lateinamerika

Economic Commission for Latin America and the Caribbean (ECLAC), Social Panorama of Latin America 2015, Santiago 2016.

S. 178–179 Armutsprofil in den USA • Reichtumsprofil in den USA

Economic Policy Institute, »Racial gaps in wages, wealth, and more: a quick recap«, 26. Januar 2017, siehe: https://www.epi.org/blog/racial-gaps-in-wages-wealth-and-more-a-quick-recap/.

Economic Policy Institute, »2016 ACS shows stubbornly high Native American poverty and different degrees of economic well-being for Asian ethnic groups«, 15. September 2017, siehe: https://www.epi.org/blog/2016-acs-shows-stubbornly-high-native-american-poverty-and-different-degrees-of-economic-well-being-for-asian-ethnic-groups/.

Heller School for Social Policy and Management, »We need to talk about the Gender Wealth Gap«, 27. September 2016, siehe: https://www.huffpost.com/entry/closing-the-gender-wage-gap-isnt-enough_b_57eacf4fe4b07f20daa0fcf7.

Semega J. u. a., Income and Poverty in the United States: 2016, US Census Bureau, Current Population Reports, Washington DC 2017. US Census Bureau, Facts for Features: American Indian and Alaska Native Heritage Month, November 2015.

US Census Bureau, Wealth, Asset Ownership, and Debt of Households Detailed Tables: 2013.

S. 180–181 Reiche Welt/Arme Welt

Verhältnis von Geschäftsführergehältern zum Durchschnittseinkommen der Bürger. Anmerkung: Es handelt sich um Geschäftsführergehälter von Unternehmen, die im wichtigsten Aktienindex des jeweiligen Landes gelistet sind.

Allen K., »UK bosses will earn more in two and a half days than workers earn all year«, in: The Guardian vom 4. Januar 2017, siehe: https://www.theguardian.com/money/2017/jan/04/uk-bosses-will-make-more-by-midday-than-workers-will-earn-all-year-fat-cat-wednesday.

Bloomberg News, Bloomberg Pay Index. Best Paid Executives 2016, siehe: https://www.bloomberg.com/graphics/2017-highest-paid-ceos/.

Bloomberg News, The best and worst countries to be a rich CEO, November 2016, siehe: https://www.bloomberg.com/professional/blog/best-worst-countries-rich-ceo/.

Credit Suisse, Global Wealth Report 2017.

Die Topverdiener unter Deutschlands Managern, 18. April 2019, siehe: https://www.capital.de/karriere/deutschlands-bestbezahlte-manager.

Fat Cat Day Deutschland 2018, siehe: https://www.welt.de/wirtschaft/article204808922/Fat-Cat-Day-Jetzt-verdient-Ihr-Chef-mehr-als-Sie-im-ganzen-Jahr.html.

High Pay Centre, »10% pay rise? That'll do nicely«, siehe: http://highpaycentre.org/pubs/10-pay-rise-thatll-do-nicely.

OXFAM, 5 Shocking Facts About Extreme Global Inequality, siehe: https://www.oxfam.org/en/5-shocking-facts-about-extreme-global-inequality-and-how-even-it.

OXFAM, Reward work, not wealth: To end the inequality crisis, we must build an economy for ordinary working people, not the rich and powerful, Briefing Paper vom 22. Januar 2018, siehe: https://www-cdn.oxfam.org/s3fs-public/file_attachments/bp-reward-work-not-wealth-220118-summ-en.pdf.

Mayah E. u. a., Inequality in Nigeria: Exploring the drivers, OXFAM. 2017, siehe: https://www.oxfam.org/en/research/inequality-nigeria-exploring-drivers.

World Economic Forum, The Global Risks Report 2017.

World Economic Forum, The Inclusive Development Index 2018.

S. 182 Bankgeschäfte

Demirguc-Kunt A. u. a., The Global Findex Database 2014: Measuring Financial Inclusion around the World, Policy Research Working Paper 7255, World Bank, Washington DC. 2015.

Tavneet S. und Jack W., »The long-run poverty and gender impacts of mobile money«, in: Science (Dezember 2016), S. 1288–1292.

United Nations Statistics Division, The World's Women 2015: Trends and Statistics, siehe: https://unstats.un.org/unsd/gender/worldswomen.html.

World Bank, Global Findex Database 2014: Financial Inclusion.

TEIL 9 MACHT

S. 184–187 Frauenwahlrecht

Daley C. und Nolan M., Suffrage and Beyond: International Feminist Perspectives, New York 1994.

Inter-Parliamentary Union, siehe: https://www.ipu.org.

UNDP, Arab Human Development Report, 2005.

S. 188–189 Militärdienst

Enloe C., Globalization and Militarism: Feminists Make the Link, Lanham 2016.

NATO, Summary of the National Reports of NATO Member and Partner Nations tothe NATO Committee on Gender Perspectives 2016.

Mohan M., »Rape and no periods in North Korea's army«, 21. November 2017, siehe: https://www.bbc.com/news/stories-41778470.

South African Army, Republic of South Africa, siehe: http://www.army.mil.za.

Celebrating Women's Month: Rise of Women in the SA Army, 17. August 2017.

Stockholm International Peace Research Institute (SIPRI), Military versus social expenditure: the opportunity cost of world military spending, 5. April 2016.

Telesur News: »Saudi Arabia government to allow women to join army«, 27. Februar 2018, siehe: https://www.telesurenglish.net/news/Saudi-Arabia-Government-to-Allow-Women-to-Join-Army-20180227-0006.html.

UN Women, siehe: https://www.unwomen.org/en/what-we-do/peace-and-security/facts-and-figures.

US DoD, Annual Report on Sexual Assault in the Military.

Fiscal Year 2016, siehe: https://www.archives.gov/ogis/about-ogis/ogis-activities-calendar/activities-calendar-fy16.

»Women in the military in Africa«, 27. Januar 2017, siehe: www.joburgpost.co.za.

S. 190–191 Frauen in nationalen Regierungen

Inter-Parliamentary Union, Women in National Parliaments Database, siehe: http://archive.ipu.org/wmn-e/classif.htm.

S. 192 Frauen auf Ministerposten

World Bank. Gender Statistics, siehe: https://databank.worldbank.org/reports.aspx?source=283&series=SG.GEN.MNST.ZS (2018).

S. 193 Europäisches Parlament

European Parliamentary Research Service, Women in Parliaments, siehe: https://www.europarl.europa.eu/resources/library/images/20190912PHT60907/20190912PHT60907_original.jpg.

S. 194 Quotenregelungen in nationalen Regierungen

United Nations Statistics Division, The World's Women 2015: Trends and Statistics, siehe: https://unstats.un.org/unsd/gender/worldswomen.html.

International Institute for Democracy and Electoral Assistance, Gender Quota Database, siehe: https://www.idea.int/data-tools/data/gender-quotas.

S. 195 Frauen bei den Vereinten Nationen

Bryant N., »At the UN women play increasingly powerful roles«, in BBC News vom 17. November 2014, siehe: https://www.bbc.com/news/magazine-30012139.

UN Women, Data on the status of women in the UN, siehe: https://www.unwomen.org/en/how-we-work/gender-parity-in-the-united-nations/current-status-of-women.

S. 196–197 Feminismen

Der Pink Pussyhat war ursprünglich als Widerstandssymbol gegen den US-Präsidentschaftskandidaten Trump entworfen worden, der mit dem sexuellen Missbrauch von Frauen geprahlt hatte. Der Pussyhat wurde zum Symbol des Frauenmarsches 2017 und steht nach wie vor für den generellen Widerstand gegen patriarchalische Privilegien.

Pressman J. und Chenoweth E., Women's Marches, Crowd Estimates, siehe: docs.google.com/spreadsheets/d/1xa0iLqYKz8x9Yc_rfhtmSOJQ2EGgeUVjvV4A8LslaxY/ htmlview?sle=true#gid=0.

Women's March, siehe: https://womensmarch.com/sister-march.

BILDNACHWEIS

Seite 49: »Heirate-deinen-Vergewaltiger«-Gesetze: Werbung für ABAAD, https://www.abaadmena.org.

Seite 94: Werbung gegen weibliche Beschneidung – Straßenschild nähe Kapchorwa, Uganda. Fotograf: Amnon Shavit, Wikimedia Commons.

Seite 117: Das Recht zu pinkeln: Foto mit freundlicher Genehmigung von DNA Syndication.

Seite 135: »Wow, das ist die Revolution«-Cartoon: Abdruck mit freundlicher Genehmigung der Autorin, Nicole Hollander.